商标权

权利用尽规则研究

Research on
the Exhaustion Rules of Trademark Rights

魏丽丽——著

法律出版社 LAW PRESS · CHINA
——北 京——

图书在版编目(CIP)数据

商标权权利用尽规则研究 / 魏丽丽著. -- 北京 ：
法律出版社, 2021
ISBN 978 - 7 - 5197 - 6003 - 8

Ⅰ. ①商… Ⅱ. ①魏… Ⅲ. ①商标法－研究 Ⅳ.
①D913.04

中国版本图书馆 CIP 数据核字(2021)第 200559 号

商标权权利用尽规则研究
SHANGBIAOQUAN QUANLI YONGJIN GUIZE YANJIU

魏丽丽 著

策划编辑 刘秀丽
责任编辑 刘秀丽
装帧设计 汪奇峰

出版发行 法律出版社
编辑统筹 法商出版分社
责任校对 杨锦华 王沁陶
责任印制 胡晓雅
经　　销 新华书店

开本 710 毫米 × 1000 毫米 1/16
印张 16 **字数** 243 千
版本 2021 年 10 月第 1 版
印次 2021 年 10 月第 1 次印刷
印刷 唐山玺诚印务有限公司

地址:北京市丰台区莲花池西里 7 号(100073)
网址:www. lawpress. com. cn
投稿邮箱:info@ lawpress. com. cn
举报盗版邮箱:jbwq@ lawpress. com. cn

销售电话:010 - 83938349
客服电话:010 - 83938350
咨询电话:010 - 63939796

书号:ISBN 978 - 7 - 5197 - 6003 - 8
定价:68.00 元
凡购买本社图书,如有印装错误,我社负责退换。电话:010 - 83938349

序　言

近年来,商品经营者在从事商品分装再销售、加工再销售、回收翻新再销售以及平行进口再销售等商品转售行为中,由于对商标权人注册商标的使用而频繁引发商标侵权诉讼纠纷。由商标权与物权并行存在于同一商品所导致的权利冲突问题引起理论界与实务界的广泛关注,对此冲突,在商标权与物权之间应当作何取舍?是否应当对商标权予以限制?商标权利行使的边界何在?

商标权权利用尽规则作为协调同一商品上由商标权与物权并存引发权利冲突的重要制度安排,通过对商标权人在经其同意投入市场的商品上的商标权利以限制,确保商品在市场中自由流通,在商标权人与商品所有人之间实现利益平衡。但是,商标权权利的用尽有其条件限制,仅在符合相应条件的前提下商标权方能用尽,而且在权项内容、地域范围、时间期限、商标使用方式等方面也存在具体的限定。在立法层面,我国现行商标法尚未明确规定商标权权利用尽规则,使商标权权利用尽的具体规则处于立法缺位和空白状态。司法实践中,商标权权利用尽不能作为法定的商标侵权抗辩事由,部分法院在案件审理中也认可商标权在一定条件下应当用尽,但在具体适用中也存在诸多问题,甚至出现案情基本相同但判决结果却大相径庭的现象。市场经营中,商品经营者在对商品进行重新包装、加工、翻新之后再行销售中会面临两难困境:消除商品上原本标识的商标或者更换新的商标再行销售会基于商标反向假冒而构成商标侵权,继续标识原商标再行销售则会由于在相同或者类似商品上使用相同或者近似商标而构成商标侵权。此种商标侵权困境使得商品经营者无所适从,极其不利于市场经营模式的创新和发展,也会有违于我国的循环经济发展政策和可持续发展理念。

学界普遍认为,商品由商标权人首次售出之后,该商品上的商标权即为用尽。但是,商标权权利用尽的理论基础何在?现有的"所有权转移说""默示许可说""法律规定说"并不能足以解释其中缘由。由商标权客体的特殊性决定,商标权用尽有别于版权用尽和专利权用尽,那么,商标权在什么情况下会发生权利用尽?商标权权利用尽的条件、边界、时间界限、地域范围等问题,是界定商标权权利用尽规则的重要内容,学界尚未有深入、系统的分析和论证。基于此,对商标权权利用尽规则的研究既有重要的理论价值,也颇具现实意义。

本书首先对商标权权利用尽规则的源起和各种理论学说以分析,提出以"准相邻权"理论作为解释商标权权利用尽的理论依据,将商标权权利用尽规则的适用要件确定为:商标权人同意、商品具有同一性和商品真实信息充分披露。结合商品转售实践中的售后限制、商品状况发生改变、广告宣传等典型问题,对于商标权权利用尽规则的具体适用以重点分析。在论证我国商标法规定商标权权利用尽规则确有必要性的基础上,对商标权权利用尽规则在我国商标立法中的具体构建提出建议。碍于研究能力所限,笔者对于商标权权利用尽问题的研究尚有些许不足,也颇有进一步拓展和完善的空间,期待笔者的浅陋之作能够对我国商标法律制度的发展和完善有所裨益!

是为序。

魏丽丽

2021 年 5 月于郑州

目　录

Contents

导　言

一、问题的提出

商标是用于区分同类商品或服务来源的标志，商标只有实际使用于具体的商品或服务才能发挥其来源识别、品质保证等功能。由此，在标识有注册商标的同一商品上会同时存在所有权和商标权两种权利，该商品在被首次投入市场之前，其所有权人与商标权人为同一主体，但由商标权人或其被许可人将贴附有注册商标的商品（以下简称商标商品）投入市场流通之后，则会出现同一商品上并存的所有权与商标权为不同的权利主体分别享有之情形。所有权与商标权均为绝对权利，具有专有性、排他性效力，二者以同一商品为权利客体，且分属于两个不同的权利主体，必然会导致权利行使的冲突，此种冲突在经营者转售商标商品的经营实践中尤为凸显。

商品经营者以合法方式取得商标商品的所有权，其在转售商品中通常会继续标识该商品上原本贴附的商标，由此构成对商标权人注册商标的商标性使用。但根据我国《商标法》第 57 条第 1 款的规定，未经商标权人许可在销售商品中使用商标权人的注册商标将会构成商标侵权行为。若是经营者转售商标商品均须征得商标权人许可，必然会增加商品在后续交易流通中的时间成本、谈判成本、金钱成本等诸多成本，有碍于商品在市场中的自由流通,也有违于经营者购买该商品的初衷和本意。基于此,商标权权利用尽规则作为化解同一商标商品上所有权与商标权并存所致权利冲突的有效方式由此产生。依据商标权权利用尽规则,标识有商标权人注册商标的商品,在由商标权人或被许可人将其合法投入市场后,商标权人不得对该商品主张商标权利,以此限制商标权人商标权利的行使,在保障商标权人实现其商标利益的同时,维护商品所有权人的合法利益,确保商品的自由流通。

近年来,商品经营者在从事商品分装再销售、加工再销售、维修再销售以及平行进口再销售等商品转售行为中,由于对商标权人注册商标的使用而频繁引发商标侵权诉讼纠纷,一定程度上阻滞了商品经营者对于商品经营模式的创新,也使得消费者的多元化消费需求难以得到满足。令人困惑的是,在类似案件的审理中,法院的判决结果却不尽一致,有损司法权威性的同时,更不利于商品的自由流通和市场竞争的公平、有序。问题在于,商标权利的行使边界何在?商标权权利的用尽有无条件限制与适用限定?商品经营者能否适用商标权权利用尽规则提出商标侵权抗辩?案件审理部门可否以商标权权利用尽规则作为排除商标侵权行为成立的法律依据?

我国现行商标立法并未明确规定商标权权利用尽规则,《商标法》第 59 条规定了商标权利的三种限制:描述性合理使用限制、三维商标的功能性使用限制、商标在先使用权限制,其中并未有商标权权利用尽限制的规定,商标权权利用尽规则在我国商标立法中处于缺位和空白状态,由此导致商标权权利用尽并非法定的商标侵权抗辩事由。司法实践中,商标权权利用尽也并非判定商标侵权行为成立的前置性排除事由。对此,极有必要在我国商标立法中规定商标权权利用尽规则,在完善商标权限制制度的同时,使商标权的司法保护更加规范,也为市场经营者合法从事商品转售提供法律依据,避免陷入商标侵权困境。

我国知识产权法、商标法主流教材中均有商标权权利用尽规则的阐述,但在关于商标权权利用尽规则的理论研究中,何为商标权权利用尽?商标权权利用尽本身是否存在边界限制?商标权在何种条件下发生用尽?在什么地域范围内发生用尽?商标权用尽指向的权利内容是什么?诸如前述问题,学术界的相关探讨见仁见智,莫衷一是,而且尚未有深入、系统的分析和论证。对于商标商品在转售中的商标权权利用尽问题,相关研究主要集中于商标权限制理论的框架构建和平行进口的合法性与否问题。[①] 随着经济贸易的新发展,深度解析商标权权利用尽的理论基础以构建合理、可行的商标权权利用尽规则,应为我国商标法理论研究亟须解决的新问题。分析商标权权利用尽规则的理论依据与制度功能,论证其适用要件与边界限定,探讨商标权权利用尽规则的立法构建,即为本书的写作目的之所在。

二、研究价值

(一)理论价值

商标权权利用尽属于知识产权权利用尽,但与版权用尽、专利权用尽相比具有特殊之处,值得研究。何为商标权的权利用尽、在何种条件下商标权应当用尽、商标权在何地域范围内发生用尽等问题,理论界目前尚未深入、系统的分析和论证。本书通过梳理商标权权利用尽的制度起源、分析商标权权利用尽的制度初衷与本质功能、论证商标权权利用尽规则的法理学基础和经济学基础,提出商标权发生用尽的具体要件和限定,结合商品在分装再销售、加工再销售、回收维修再销售以及平行进口再销售等情形,分析商标权权利用尽规则的具体适用。由此对商标权权利用尽规则予以较为深入的剖析、论证和探讨,形成关于商标权权利用尽规则的系统性研究成果。

此外,商标权利扩张现象近年来已逐渐引起重视,合理界定商标权利的行使边界极有必要,也是商标权限制制度的重要内容。商标权权利用尽作为对商标权利的限制,是确定商标权边界的重要路径,既关系到商标权利的合法保护与合理行使,也是保留商标权公共领域、维护商品所有权人利益以及社会经济秩序的必要制度。因此,本书对于商标权权利用尽规则的研究既有助于确定商标权利的行使边界,也是对商标权限制制度体系的补充和完善,对于商标法律制度的研究具有重要的理论价值。

---

① 例如,我国台湾地区学者曾陈明汝在其《商标法原理》著作中,将商标专用权之限制列举为合理使用、先使用权、商标权用尽原则、授权使用之契约和真正商品平行输入共五项内容,但对于商标权用尽原则的理论基础、使用条件等问题并未予以深入论证。参见曾陈明汝:《商标法原理》,中国人民大学出版社 2003 年版,第 78 页。

（二）实践价值

商标权权利用尽是对商标权利内容的限制，对于民事主体私权利的限制须要以符合法律规定为前提。但是，我国现行商标立法并未明确规定商标权的权利用尽，商标权权利用尽也并非商标侵权的法定抗辩事由，使商品所有权人在对商品进行分装销售、加工后再销售、回收维修后再销售以及平行进口再销售等转售中使用原商标的合法性与否问题处于不确定状态，不利于商业经营的正常运转和经营模式的发展创新。本书在研究商标权权利用尽规则基本理论的基础上，分析商标权权利用尽在我国的立法、司法现状以及存在的问题，论证在我国商标立法中规定商标权权利用尽规则的必要性，并从立法体例选择以及具体制度设计方面对商标权权利用尽规则的立法构建提出建议，既是对我国商标权限制制度的完善，也是对商标侵权法定抗辩事由的补充。

本书在商标权权利用尽具体规则以及适用限定方面的研究，为商品经营者在商品转售中合法使用商标权人的注册商标提供行为指引，为商标权人合理行使商标权提供行为边界，也可以为司法审判部门对于相关商标侵权行为的判定提供借鉴和参考。

三、研究现状

（一）国外研究现状

商标权权利用尽规则源于美国、欧盟等国家的判例，关于商标权权利用尽规则的国外文献多集中于相关的案例判决以及由此展开的学理研究，主要涉及商标权权利用尽规则的理论基础、适用条件、地域范围等问题。

1. 商标权权利用尽基本理论研究综述

对于商标权权利用尽的制度功能及其正当性，学界普遍认为，商品自由流动是经济发展的前提和基础，如果商标权阻碍贸易自由，则应当对商标权利的行使做限制。① 因此,商标商品的制造者或提供者对商标的控制不能延及商品的首次销售之后,首次销售之后的再销售等处分行为,既不构成商标侵权,也不属于不正当竞争行为。② 在日本有关商标法的判例和学说中,商标机能论、重复得利机会论、流通阻害防止论、默示许可论等理论均用于解释商品所有权人在其商品上使用原商标行为的合法依据。③ 基于此,商品经营者对于标识有注册商标的商品的转售行为,目前在日本原则上被认为是构成对商标权限制的合法行为,一旦商标权人将附有商标的商品售出,那么之后该商品的销售行为将不再受到商标权人商标权利的限制。

2. 商标权权利用尽规则适用条件问题研究综述

关于商标权权利用尽的适用条件,学界普遍认为须以“商品经商标权人同意进入市场流通领域”为构成要件,此为商标权权利用尽的关键性要素,有学者因此将“权利用尽规则”称为“同意规则”。④ 在是否以“商品未发生实质性变化”为商标权权利用尽的条件方面,美国最高法院 Holmes 大法官在 Coty 案中指出,该商品的所有权由被告享有,被告有权对其合法所得的商品以压缩或改变后销售,而且被告是基于披露其所售商品的真实来源而使用原告商标,此商标使用行为不应被禁止。在日本,如果对于购买的附有商标的商品采取一定的变动行为,例如,将商品分割后附上原商标销售,私自将商品装入印有商标的小包装内并进行改造、且附有自己的商标标识和商标权人注册商标销售,将他人的墨盒重新装填后再销售等,不能简单认定为商标权利已经用尽。⑤ 另有观点认为,在披露商品真实信息的情况下,可以适用商标权权利用尽。例如,有学者提出,分包装后的商品具有变质方面的潜在缺陷,妨碍商标权人对商品质量的管控,转售商应当在商品上标识其分装事实,以此简单又适当的措施将分包装商品所具有的潜在缺陷与商标权人相分离,既无损于商标的商誉,也不会影响商

---

① See Irene Calboil, *Market Integration and (the Limits of) the First Sale Rule in North American and European Trademark Law*, Santa Clara Law Review, Vol. 51, p. 1241 – 1282(2011).

② See Irene Calboil, *Trademark Exhaustion in the European Union: Community-Wide or International*, Marquette Intellectual Property Law Review, Vol. 6, p. 47 – 90(2002).

③ 渋谷達紀『知的財産法講義』(第三卷)(有斐閣,2005 年)287 – 288 頁。

④ See Guy Tritton etc, *Intellectual Property in Europe (Third Edition)*, Sweet & Maxwell, 2008, p. 652 – 653.

⑤ 参见李龙:《日本知识产权法律制度》,知识产权出版社 2012 年版,第 341 页。

标权人对其商标商品的品质监管,也不至于欺骗消费者。[①]

3. 商标权权利用尽规则的地域范围研究综述

相关商标权权利用尽规则地域范围的研究多集中于对国内用尽、国际用尽、区域用尽的利弊探讨和选择论证。针对欧盟实行的商标权区域用尽,有学者提出区域用尽和国际用尽各有利弊,欧盟应当改变现有的区域用尽,采用美国的"共同控制例外"而非国际用尽,即可避免不同地域权利用尽方式的弊端,也有利于工业发展和消费者利益,还可以保护商标权人免受灰色市场销售商的不公平竞争的影响。[②] 也有学者对欧盟转而适用国际用尽的可能性进行探讨,根据欧盟区域用尽的发展、法院的相关判决以及商标指令的含义,提出欧盟在近期内不可能适用国际用尽。[③] 该学者随后针对法院的最新裁决提出司法实践中出现商标权权利用尽规则向限缩性适用的转变,体现在法院对"同意"规则作出的狭义界定,认为此种转变不利于商品的自由流动,也有损于消费者利益和市场竞争。[④]

4. 商标权权利用尽与平行进口问题研究综述

对于平行进口问题,日本学者田村善之认为,商标具有出处表示、品质保证和广告宣传等基本机能,经营者在平行进口或商品转售中使用他人商标,若未损害商标的来源识别等功能,则对他人商标的使用欠缺实质违法性,不构成对商标权的侵害,应为合法行为。[⑤] 在平行进口的语境中,商标权并不赋予其所有人阻却他人在真品上使用注册商标的权利,在平行进口中使用原商标不应被禁止。[⑥] 美国原则上禁止对相同商标商品的进口,但以共同控制例外允许平行进

---

① See Justin D. Swindells, *Repackaging Original Trademarked Goods: Trademark Exhaustion or Consumer Confusion*, Federal Circuit Bar Journal, Vol. 7, p. 391 – 416(1997).

② See Kimberly Reed, *Levi Strauss v. Tesco and E. U. Trademark Exhaustion: A Proposal for Change*, Northwestern Journal of International Law & Business, Vol. 23, p. 139 – 186(2002).

③ See Irene Calboli, *Trademark Exhaustion in the European Union: Community-Wide or International?* The Saga Continues, Marquette Intellectual Property Law Review, Vol. 6, p. 47 – 90(2002).

④ See Irene Calboli, *Reviewing the (Shrinking) Principle of Trademark Exhaustion in the European Union (Ten Years Later)*, Marquette Intellectual Property Law Review, Vol. 16, p. 257 – 282(2012).

⑤ 参见[日]田村善之:《日本知识产权法》(第4版),周超、李雨峰、李希同译,知识产权出版社2011年版,第540页。

⑥ See Christopher Heath, *Legal Concept of Exhaustion and Parallel Imports*, *in Christopher Heath ed.*, Parallel Imports in Asia, Kluwer Law International, 2004, p. 18.

口,在出口国商标权人与进口国商标权人为同一主体或具有母子公司等经济上的关联控制关系时,则予以允许。欧盟及其成员国仅允许欧盟区域范围之内的平行进口,有学者对此持反对态度,提出如果平行进口不太可能导致消费者混淆,则应予允许,只有在进口商品的来源或质量可能存在混淆时,才应适用国际首次销售后不用尽的政策。[①] 前述观点及不同国家对于平行进口的态度各有不同,但笔者倾向于以商标权用尽规则适用条件为视角去判定平行进口的合法性问题。

(二)国内研究现状

长期以来,国内学者对于商标权权利用尽规则的研究多集中于平行进口问题,是否应当允许商标商品的平行进口为商标权权利用尽研究的主要关注点。关于商标权权利用尽的理论基础、制度功能以及适用条件和适用限定方面的研究则少有论及,现有相关研究也存在分歧。在2013年《商标法》修订之前,将商标权权利用尽规则引入商标立法的建议亦有学者提出,但多基于商标权限制制度在商标立法中的体系化构建,普遍缺少详尽的论证和可操作性的具体建议。

1. 商标权权利用尽的适用条件与适用限定研究综述

笔者在检索、查阅"商标权权利用尽"的文献中发现,商标权权利用尽被学界时常用以分析相关行为是否构成商标侵权、相关社会现象是否合法,例如,平行进口、旧货翻新销售、商品回收再利用以及商品重新包装再销售等问题。但正如有学者所言,尽管商标权权利用尽被学界奉之以"原则",但其相关内容及具体适用并不清晰明确,存在法律逻辑上的不严密,用其解释具体行为时矛盾和冲突频现。[②] 在主流的商标法著述和知识产权法学教材中,均有关于商标权用尽规则的论述,但对于商标权用尽的界定、构成要件及适用限定却存有分歧。

在商标权是否用尽以及何种权利用尽方面,有以下不同观点:商标权用尽

---

① See Lisa Harlander, *Exhaustion of Trademark Rights beyond the European Union in Light of Silhouette International Schmied v. Hartlauer Handelsgesellschaft: Toward Stronger Protection of Trademark Rights and Eliminating the Gray Market*, Georgia Journal of International and Comparative Law, Vol. 28, p. 267 – 292 (2000).

② 参见李祖明:《析商标权利穷竭原则——兼谈反向假冒的定性》,载《人民司法》2009年第19期。

是商标商品销售权的用尽,在商标权领域不存在权利用尽问题;[①]商标权中的禁止权不存在用尽问题;[②]商标权利用尽是其中禁止权的用尽,商标权中的使用权不存在用尽问题;[③]商标权用尽仅是指商标权中使用权的用尽,禁止权不发生用尽。[④] 关于商标权利用尽规则适用的地域范围,学界的观点不尽一致,有商标权的国内用尽、商标权的区域用尽和商标权的国际用尽三种理论学说。商标权人承载于特定商品上的商标权用尽的时间界限,也存在不同观点:第一种观点认为,带有商标的商品由商标权人或其许可人首次销售之后,商标权发生用尽。[⑤] 第二种观点认为,商标权效力在最终销售时用尽,[⑥]商标权利用尽原则不应当以商品是否第一次合法销售为界,应以是否退出商业领域进入最终消费者领域为穷竭的分界线。[⑦] 在商标权用尽的构成要件方面,则少有学者提及。本书认为,现有关于商标权用尽基本问题的研究甚为薄弱,有待从其制度源起、制度功能等方面追根溯源给予深入探讨。

2. 商标权权利用尽是否适用于平行进口问题研究综述

关于商标商品的平行进口是否合法,多数学者是从商标权人权利保护、消费者利益、贸易自由化等利益取舍方面进行研究,认为平行进口是否合法取决于国家的贸易政策取向,而非法律所能解决的问题。也有学者将平行进口与商标权的国际用尽理论相结合,认为商标权的国际用尽即是平行进口合法性的依据。少有学者去探讨商标权国内用尽规则对于平行进口行为是否适用。

现有研究中,持肯定观点的学者认为,多数国家认可商标权权利用尽既存

---

① 参见李亮:《在商标领域,是通行权利穷竭还是权利限制?》,载《法治研究》2008 年第 1 期;参见张永艾:《商标权穷竭原则质疑》,载《政法论丛》2004 年第 1 期。

② 学者张永艾在《商标权穷竭原则质疑》(载(《政法论丛》2004 年第 1 期)文中提出商标权中的使用权和禁止权都不存在穷竭问题;学者李亮在《在商标领域,是通行权利穷竭还是权利限制?》(载《法治研究》2008 年第 1 期)文中也认为商标权不存在用尽问题,包括其中的禁止权在内。

③ 学者刘明江在其著作《商标权效力及其限制研究》(知识产权出版社 2010 年版,第 244 页)中提出,商标权利用尽是指商标权人禁止他人在再销售的商品上使用其注册商标的权利的用尽,属于商标权所具有的禁止权的范畴。

④ 参见袁博:《改变商品包装构成商标侵权吗?》,载《中华商标》2015 年第 3 期。

⑤ 参见王太平:《商标法:原理与案例》,北京大学出版社 2015 年版,第 362 页;参见王迁:《知识产权法教程》(第 6 版),中国人民大学出版社 2019 年版,第 535 页。

⑥ 参见凌宗亮:《论商标权效力存续的时空边界》,载《上海政法学院学报(法治论丛)》2016 年第 3 期。

⑦ 参见李祖明:《析商标权利穷竭原则——兼谈反向假冒的定性》,载《人民司法》2009 年第 19 期。

在于本国市场,也存在于国际市场,对于合法投入市场的商标商品,在再销售、进口或出口中使用商品上的商标不构成商标侵权。[①] 商标权用尽不同于版权用尽和专利权用尽,因为商标是用于区分商品来源的标志,不管使用于何地,均不应改变,否则会使消费者对商品来源产生误解,既不利于商标权人,也有损于市场稳定。[②] 持否定观点的学者认为,商标权用尽适用于解释商品的垂直销售过程,可以视为商标权人有默示授权他人使用其商标于商品的转售,但不包括平行进口至与注册商标有所抵触的行为,[③]适用商标权权利用尽规则规制平行进口问题会存在诸多局限性,[④]依据商标权的国内用尽理论,只能得出平行进口不具有合法性的结论,会妨碍对于平行进口的政策考量,丧失作为支持平行进口合法与否的工具意义。[⑤] 认为取决于贸易政策观点的学者认为,商标商品的平行进口是否适用商标权权利用尽规则、是否构成商标侵权不可一言概之,其在本质上涉及国家的贸易政策取向,也涉及进口国商标权人、平行进口商以及消费者等不同主体之间的利益取舍问题。[⑥]

3. 商标权权利用尽规则在我国商标立法中的构建问题研究综述

关于商标权用尽在我国商标立法中的构建问题,目前的相关文献多是以商标权限制制度的研究为视角展开。有学者从商标侵权抗辩体系补造角度提出,我国商标法应当规定商标权用尽抗辩制度,在具体立法表述中应该暂时模糊化平行进口问题;[⑦]也有学者认为,现行商标法对于商标权用尽没有相关的法律规定,基于理论界及司法实践对于商标权用尽的认可,非常有必要在法律中作出相应规定;[⑧]还有学者在抗辩视角下从我国商标权限制体系之完善的角度,提出我国商标立法应当明确规定商标权利用尽原则及例外情形。[⑨]

---

① 参见郑成思:《知识产权论》,社会科学文献出版社 2007 年版,第 244 页。

② 参见郑成思:《WTO 与知识产权法研究》,载《中国法学》2000 年第 3 期。

③ 参见曾陈明汝:《商标法原理》,中国人民大学出版社 2003 年版,第 81 页。

④ 参见马乐:《国际知识产权贸易中平行进口法律规制研究》,法律出版社 2011 年版,第 89 ~ 94 页。

⑤ 参见陶鑫良、袁真富:《知识产权法总论》,知识产权出版社 2005 年版,第 255 页。

⑥ 参见王迁:《知识产权法教程》(第 5 版),中国人民大学出版社 2016 年版,第 492 页。

⑦ 参见刘铁光:《商标法基本范畴的界定及其制度的体系化解释与改造》,法律出版社 2017 年版,第 149 页。

⑧ 参见刘明江:《商标权效力及其限制研究》,知识产权出版社 2010 年版,第 266 页。

⑨ 参见叶赟葆:《抗辩视角下商标权限制体系研究》,华东政法大学 2014 年度博士学位论文,第 128 页。

前述研究中尽管有商标法应当规定商标权用尽规则之观点，但对于商标权用尽规则在商标立法中的具体构建并未提起，其原因在于商标权用尽的立法构建须要涉及对商标权用尽构成要件、适用限定的分析，对是否存在适用例外、是否适用于平行进口问题的论证，对相关司法实践的梳理，而前述文献则是在商标权限制制度或者侵权抗辩体系大框架之下的论述，对商标权权利用尽规则的研究不够深入与系统。

4. 商标权权利用尽规则在商品状况改变后的适用问题研究综述

经营者对原商品进行分包装、加工、翻新、更换标识信息等改变之后使用原商标再次销售是近年来引起商标侵权纠纷的热点和难点问题，而司法判决结果不尽一致。学界对此问题的研究多是针对其中的具体行为展开讨论，例如，仅以分包装销售或以旧货回收翻新销售等为视角进行分析、探讨，前述研究缺少对此类行为表象背后共性理论问题的发现和挖掘。此外，在对前述行为是否构成商标侵权问题的探讨中，多适用商标混淆理论，以是否具有混淆的可能性为判断标准，偶有商标权权利用尽理论方面的探讨，但缺少深入的分析和论证。也有学者在此研究中从支持可持续发展、循环经济发展需要的角度提出商标法应当为旧物回收利用等此类行为提供一定的法律空间，但并未从商标权权利用尽的基本理论中探寻到相应的依据和支撑，也缺少在商标权权利用尽具体适用方面的规则设计。

四、研究方法

笔者研究商标权权利用尽规则缘于对经营者在商品转售中使用商标权人注册商标频繁引发商标侵权纠纷的长期关注，在研读国内外相关案例中发现商标权权利用尽规则本身也应当存在适用边界，由此从制度功能、法理学基础、经济学基础以及适用条件等方面对该规则展开理论研究。在考察美国、德国、日本等国家关于商标权权利用尽规则的立法规定与司法适用的基础上，对该规则在我国商标立法的引入与适用提出建议。因此，案例分析、比较分析、文本文献分析以及法律经济学分析为研究商标权权利用尽规则有必要采用的主要研究方法。

（一）案例分析研究方法

案例分析作为法学研究中较为常用的研究方法，在商标法律制度的研究中亦为重要。通过对相关案例的分析和梳理，可以从中发现商标权保护在实践中遇到的专有权效力边界问题，检视现行商标立法存在的空白和不足，为商标立法的完善奠定实证基础。

1. 对于国外典型案例的分析。商标权用尽规则在美国、欧盟商标侵权诉讼实践中是通过判例得以形成和发展的，关于商标权权利用尽的要件、范围、例外等具体适用规则均在判例中逐步完善。对于相关国外典型案例的分析和研究，有助于梳理商标权用尽规则在司法实践中涉及的具体问题和应对思路，更能够从中理解商标权用尽规则的精髓和本质。

2. 对于国内相关案例的分析。商标权权利用尽规则在我国商标立法中的制度构建，不仅需要参考国外典型案例判决规则，更需要充分考虑我国的司法实践需求。通过对国内相关案例的分析，指出现行商标侵权抗辩体系中商标权用尽法定事由缺失带来的问题，充分认识到增加商标权用尽作为商标侵权法定抗辩事由的必要性，从具体的判决研究中，解读商标权权利用尽规则在我国司法实践中的实然需求和应然导向，为具体规则的立法设计提供实践经验。

（二）比较分析研究方法

1. 与相关制度的比较分析。权利用尽作为知识产权限制制度的内容，在著作权和专利权制度领域中同样存在，但基于权利客体的不同，商标权用尽在适用要件等方面存在特殊之处。此外，商标权用尽与商标指示性使用同属于对商标权的限制，二者之间具有较为密切的联系，但在制度目的与功能以及具体适用等方面亦存在区别。通过与著作权用尽、专利权用尽、商标指示性使用等制度的比较分析，使相关商标权用尽的基本理论更加清晰明了。

2. 与其他国家或地区制度的比较分析。德国、法国、英国、新加坡等国家以及我国台湾地区和香港地区均有商标权用尽的明确规定，不同国家和地区对于商标权用尽规则的规定既有共同点，也有不同之处。通过对其制度规定和司法实践进行比较，分析其中的利弊与优劣，为我国商标权权利用尽规则的立法构建提供借鉴和参考。

(三)文本分析研究方法

研究商标权权利用尽规则须要深入剖析商标权权利用尽的基本理论,梳理商标权权利用尽理论的源起与发展,也须要对国内外相关案例、数据予以实证分析,在此基础上论证商标权权利用尽的具体适用规则。文本文字是从事法学研究的必备素材,本书写作中通过对大量文献资料的检索、梳理、甄别和分析,为研究商标权权利用尽规则提供重要理论与实践支撑。

(四)法律经济学研究方法

商标权权利用尽涉及商标权人、商品所有人、消费者等不同主体的利益,也关系到商标权保护与商品自由流通、贸易自由之间的冲突与协调,还影响国家的经济利益和贸易政策。因此,本书在探讨我国商标法是否规定商标权用尽、商标权用尽的具体规则应当如何确定等问题时,部分采用了法律经济学研究方法,并借鉴其中的相关理论予以分析论证。

五、结构安排

本书拟对商标权权利用尽的制度功能、要件、限定和具体适用以深入分析,在此基础上,探讨商标权权利用尽规则在我国商标立法中的具体构建。正文主要框架结构如下:

第一章商标权权利用尽规则的基本理论。本章旨在为商标权权利用尽规则的研究奠定理论基础,从该规则的源起、理论依据、制度功能等方面分析该规则的基本理论。在分析商标权权利用尽相比于版权用尽、专利权用尽具有特殊性和研究必要性的基础上,探究该规则的制度功能,通过对该规则法理学基础和经济学基础的分析论证其存在的正当性。本章内容是展开全文研究的基础和铺垫。

第二章商标权权利用尽规则的要件。商标权权利用尽是对商标权人注册商标专用权的限制,旨在协调由商标权与所有权并存于同一商品所导致的权利冲突,在商标权人与商品所有权人之间实现适度的利益平衡。为保护商标权人的商标利益,确保商标功能得以实现,商标权权利用尽规则的适用应当存在边界限制,其边界主要体现为适用条件方面的限制,关系特定商品上的商标权能否用尽、经营者在转售商品中使用原商标是否构成商标侵权等问题,至关重要。因此,对商标权权利用尽规则要件的探讨是全文研究的核心内容。本章将该规则的要件确定为商标权人同意、商品具有同一性和商品真实信息充分披露,并分别从原因与具体认定方面对前述三项适用条件予以具体分析。

第三章商标权权利用尽规则的限定。本章内容用以分析在符合第二章所述的要件的情况下,商标权权利用尽规则在适用对象、地域、时间、商标使用方式等方面的限定,是对权利用尽规则的进一步深入性、延伸性探讨,旨在促使对该规则的研究更加严谨、全面。本章从权利内容、地域范围、时间界限以及商标使用方式方面探讨商标权权利用尽规则的限定。强调商标权用尽是承载于特定商品上的商标权的用尽,否定商品销售权用尽之观点,提出商标权用尽应当包括使用权和禁止权的全部用尽。商标权用尽的地域范围应为国内用尽,在起止时间方面始于商品的首次销售,并适用于商品在市场中的二次流通。根据商标权权利用尽规则,经营者在商品转售中可以不经商标权人许可在所转售的商品上标识原商标,此为权利用尽规则适用中普遍认可的商标使用方式,同时,基于广告宣传是销售商品所需的惯用促销方式,也应当允许经营者基于商品销售之目的在广告宣传中使用商标权人的注册商标。

第四章商标权权利用尽规则在商品转售中的适用。基于商标权权利的用尽,经营者在转售商品中可以不经商标权人许可而进行商标性使用,此为适用商标权权利用尽规则适用于市场经营实践的集中体现。因此,本章是前述章节关于商标权权利用尽规则制度功能、要件、限定等理论研究成果的实践性应用。本章以近年来在商品转售实践中出现的突出性、典型性问题为例展开研究,针对售后限制条款与商标权权利用尽规则的冲突、转售状况发生改变的商品是否符合商标权权利用尽的适用对象、商标权权利用尽规则能否用于规制平行进口等问题,分析商标权权利用尽规则在商品转售中的具体适用。

第五章商标权权利用尽规则在我国商标法中的引入。本章既是商标权权利用尽规则全文内容的“落地性”应用,也是本书研究具有的立法参考价值之所在。本章在论证我国商标法有必要规定商标权权利用尽规则的基础上,从体例选择、要件确定、地域范围以及具体表述方面对商标权权利用尽规则在我国商标立法中的引入提出建议。在商标法中规定商标权权利用尽规则可以完善商标权限制制度，规范商标权司法保护，所以，有必要在商标立法中明确规定商标权权利用尽规则作为商标权限制制度的必要内容和商标侵权抗辩的法定事由。在考察、比较国外商标法相关规定的基础上，提出我国应当选择“内涵＋条件”立法模式，排除“内涵＋例外”立法模式的适用。将商标权权利用尽规则的要件确定为商标权人同意、商品未发生实质性变化、商品信息充分披露，选择国内用尽为其地域范围，具体表述为：由商标权人同意将附有注册商标之商品投入市场后，商标权人不得对该商品主张商标权，以该商品未发生实质性变化并且商品信息充分披露为条件。

结论部分旨在归纳商标权权利用尽规则的制度功能、理论基础，重申该规则的适用要件、具体限定及其在我国商标立法中的构建。在总结全文主要观点的基础上，对于之后的进一步研究做出展望和规划。

六、主要观点

商标权权利用尽问题由来已久，但随着商品转售模式的发展与创新，近年来由商标权权利用尽规则引发的新问题频发，司法实践中诸多的商标侵权纠纷也与此相关。在追根溯源中发现，现有文献对于商标权权利用尽规则的研究不够深入化、精细化和体系化，现行商标立法规定也未予及时回应，在一定程度上对经济社会发展产生阻碍，基于此，笔者对商标权权利用尽规则进行研究。主要观点如下：

1. 提出商标权权利用尽规则的要件。商标权权利用尽规则作为对商标权利内容的限制，是界定商标权利行使边界的重要方面。但为适度保护商标权人的商标利益，确保商标功能的正常发挥，商标权权利用尽规则也应当存在边界限制，只有在符合相应条件的情形下方能适用。笔者通过对商标权权利用尽规则制度起源和本质功能的深入剖析，结合商品在分装销售、加工再销售以及回收修理后再销售中对于商标使用的具体实践，提出商标权权利用尽规则应当具备三个要件：商标权人同意、商品具有同一性、商品信息充分披露。

2. 对商标权权利用尽规则适用例外的排除。通过对商标权权利用尽规则要件与限定条件的提取，为该规则的适用确定严谨、周密的边界限制，符合前述要件和限定，而不能适用商标权权利用尽规则的例外情形原则上不应存在。基于此,在经营者因转售商标商品而使用原商标的具体行为中,符合前述要件的,该商品上的商标权即应当用尽;不符合要件的,则不发生商标权权利的用尽。

3. 明确商标权权利用尽规则的适用对象。商标权权利用尽规则的适用对象应为经商标权人同意投放市场的原商品,经营者转售的商品与商标权人的原商品具有同一性时,该商品上的商标权用尽。在原商品由经营者分包装、加工、回收翻新后再销售中,转售商品相比原商品已经有所改变,则该商品上的商标权能否用尽值得探讨。本书在分析商标权权利用尽规则设立初衷的基础上,提出转售未发生实质性改变的商品可以适用商标权权利用尽规则,将该规则的适用对象界定为不具有实质性改变的原商品,既可以保障商标功能不受破坏,也可以为多元化的商品转售模式提供适度的法律空间,适应商品自由流通以及经济社会发展之需要。

4. 提出商标权权利用尽规则的地域范围。基于商标权用尽应以有效的商标权存在为前提,本书提出商标权用尽的地域范围应为我国主权领域范围的国内用尽,对于首次投放在国外市场的商品上承载的商标权,我国商标法原则上不应允许其在我国地域范围内发生权利用尽。商标商品的平行进口与商标权用尽的适用要件存在一定程度的契合,在符合权利用尽适用条件的情形下可以变通性适用商标权权利用尽规则。

5. 对商标权用尽规则在我国商标立法中的构建提出建议。笔者对商标权权利用尽规则的立法、司法现状及问题予以分析,论证我国商标立法有必要引入商标权权利用尽规则。在此基础上,从商标权权利用尽规则的立法体例选择以及具体立法表述等方面,对商标权权利用尽规则在我国商标法中的具体构建提出建议。认为我国应当采用“要件”模式在商标法中引入商标权权利用尽规则,并将之规定为:附有注册商标的商品经商标权人同意投入市场后,商标权人不得对该商品主张商标权,以该商品在市场流通中未发生实质性变化而且充分披露商品信息为条件。

Chapter 1 第一章

商标权权利用尽规则的基本理论

权利用尽规则作为对知识产权权利效力的限制,对于著作权、专利权、商标权、植物新品种权等知识产权普遍适用。基于商标以及商标权的特殊性,商标权权利用尽规则相比于著作权用尽和专利权用尽具有不同之处,亦具有存在的正当性和必要性。本章在梳理商标权权利用尽规则历史源起的基础上,将之与著作权用尽、专利权用尽以及商标指示性适用等相关概念相比较,探寻其理论依据和制度功能,并从法理学和经济学方面论证其存在的理论基础。

第一节　商标权权利用尽规则的内涵及理论依据

商品经济的发展使社会分工日益细化,专业从事商品销售的经营者随之出现,承载有商标权的商品由商标权人同意合法投入市场后,该商品在市场上的进一步销售和交易,商标权人通常不予干预,否则会影响正常的商业经营和商品流通。对此行为和现象,学界以"商标权权利用尽"概指,商标权权利用尽是知识产权权利用尽在商标法领域中的体现,但相比于版权用尽和专利权用尽具有其不同之处。笔者拟在分析商标权权利用尽内涵的基础上，对商标权权利用尽的理论依据给予探讨。

一、商标权权利用尽规则的内涵

（一）商标权权利用尽规则的提出

从历史上看，商标权权利用尽规则源起于19世纪晚期，制造业的兴起和商品供应量的增加使得商品的分销愈加复杂，在传统的商品营销渠道之外专业从事商品销售的经营者随之出现，商品在市场中的交易和流通更加充分有效。[①]为防止商标权人在商品进入市场之后控制商品的分销，应当避免将商标权扩大到商标法保护消费者和市场竞争的传统范围之外，有必要在生产商的知识产权和产品购买者的所有权之间划定界限，产品的所有权人应当继续享有所有权的传统特权，可以自由转售或以其他方式处理其财产。[②] 在此背景下，承载有作品、商标或者专利技术的商品由知识产权人合法投入市场后，该商品在市场上的进一步销售和交易，知识产权人通常不予干预。如果知识产权人对于其已合法售出的商品依然行使专有权从而控制商品的后续交易，则会影响正常的商业活动，阻碍市场自由竞争。为了诠释前述“知识产权人通常不予干预”现象隐含的法律问题，也为了防止知识产权人行使知识产权以控制商品的交易和流通，欧美国家先后提出相关不同的理论。

英国最先提出“默示许可”理论以解释商标权人在商标商品合法售出后无权控制该商品的进一步流通的问题。该理论认为，知识产权人对于知识产品的销售即意味着以默示方式许可购买人对于该产品的自由处分。在1871年的Betts v. Willmott案中首次适用于专利权领域中，[③]随后扩展适用于著作权利领域和商标权领域。[④]

---

① See Sidney A. Diamond, *The Historical Development of Trademarks*, The Trademark Reporter, Vol. 73, p. 222 - 237(1983).

② See Irene Calboli, *Market Integration and (the Limits of) the First Sale Rule in North American and European Trademark Law*, Santa Clara Law Review, Vol. 51, p. 1241 - 1282(2012).

③ See Betts v. Willmott (1871) LR 6 Ch A p. 239.

④ Betts v. Willmott LR 6 Ch. App. 239(1871). See David Keeling, *Intellectual Property Rights in EU Law*, Volume one, Oxford University Press, 2003, p. 77.

美国以“首次销售”理论说明商标权人在对商标商品的首次销售中已经取得经济利益,商标权的效能也已得以实现,因此不能以相同的商标权在同一商品上多次获利。在1873年的Adams v. Burke案件中,[①]美国法院确立专利权的首次销售理论,随后延伸至商标权和著作权领域。商标权权利用尽起初由美国司法部门在案件审理中提出并适用,逐渐在许多大陆法系国家得以援引,也引起相关国际条约的关注。[②]

德国适用“权利用尽”理论说明商标权人在售出商标商品之后,其在该商品上的商标权即用尽,故不可以继续行使商标权禁止购买人对其商标的使用。应该说,在世界各国的知识产权法律中,“权利用尽”理论是一个被广为接受的理论,并在判例中得以实践和完善,而后为制定法所认可和采纳,亦为我国所普遍接受。[③]

(二)商标权权利用尽规则的厘定

商标权权利用尽也称为商标权权利穷竭,理论界对其界定不尽相同:有学者认为,经商标权人许可将其有效注册商标贴附于商品上,有关商品的进一步转销、分销,乃至分销时分包装(改变商品质量的除外),如再加附同样商标,无须再度获得许可。[④] 也有学者认为,拥有商标权的商品被合法售出后,商标权人无权禁止转卖人继续使用原商标标志。[⑤] 还有学者认为,商标权用尽是指经商标权人许可或以其他方式合法投放市场的商品,他人在购买后无须经商标权人许可,可将该商品再次售出或以其他方式提供给公众,包括为此目的在广告宣传中使用该商标。[⑥]

前述观点的相同之处在于,在商标商品合法进入市场流通之后,承载于该商品上的商标权应当发生用尽。差别之处在于,对于具体用尽的权利内容的表述不尽相同:郑成思先生以“转销、分销、分包装商品使用相同商标无须获得许

---

① See Adams v. Burke,84 U. S. 453(1873).

② 参见任军民:《我国专利权权利用尽原则的理论体系》,载《法学研究》2006年第6期。

③ 参见李明德、闫文军等:《欧盟知识产权法》,法律出版社2010年版,第76页。

④ 参见郑成思:《世界贸易组织与中国知识产权法》,载《云南大学学报(法学版)》2001年第3期。

⑤ 参见王太平:《商标法:原理与案例》,北京大学出版社2015年版,第362页。

⑥ 参见王迁:《知识产权法教程》(第5版),中国人民大学出版社2016年版,第489页。

可”进行说明，王太平教授以“商标权人无权禁止转卖人继续使用原商标标志”进行表述，王迁教授则以“无须经商标权人许可，可将该商品再次售出或提供给公众，包括为此目的在广告宣传中使用商标”进行阐明。笔者认为，上述界定尽管表述不同，但在实质内涵方面基本一致。关于商标权用尽的权利内容，拟在下文中作以详尽分析，在此，笔者将其界定为：商标权人或被许可人将附载有商标权的商品首次销售后，不得以商标权利行使为由控制该商品的后续流转。界定商标权利用尽的内涵，需要注意以下方面：

第一，商标权利用尽中的商标仅限于商品商标。根据商标使用对象的不同，可以把商标分为商品商标和服务商标。商品商标的使用对象是商品，以有体物形式呈现；服务商标使用于服务上，其特点为无形性。而商标权利用尽适用于有形物因所有权转移导致其上物权与商标权冲突，进而影响商品流通问题的解决，服务商标因使用对象的无形性其在经营实践中则不可能引发此问题，因此，商标权用尽仅指向于商品商标，不适用于服务商标。

第二，商标权利用尽中的商标权仅限于特定商品上的商标权。商标权，也称为注册商标专用权，是商标所有人对注册商标享有的专有权利，其须依注册而取得，由商标权人注销、商标局撤销、无效宣告等商标法规定的法定原因而终止。在商标商品的流通中，商标商品由商标权人或其许可人合法投入市场，其所有权发生移转，但依注册而取得的商标权并未发生注销、撤销、无效等法定的终止事由。一方面，商标权人对注册商标享有的专有权依然存在，没有终止；另一方面，商标权人仍需要继续行使其商标权以在指定商品上实现商标功能并维护消费者利益，商标法也不应当对商标权人在指定商品上行使商标权设置用尽限制。因此，商标权不能普遍用尽，而只能是商标权人在该特定商标商品上承载的商标权的用尽。

此外，商标权利用尽仅发生于商标商品的特定化过程中。物有种类物和特定物之分，而商标在商品上使用，只有商品是种类物时才有意义。[①] 因为特定物以其独一无二的特征或者权利人的指定而特定化，[②]由此有别于他物而难以替代，商标对其具有的标识作用自无必要。但以品种、规格、质量或者度量衡确定

---

① 参见伍鉴萍、郭文：《商品商标权权利穷竭研究》，载《云南大学学报（法学版）》2004 年第 1 期。
② 参见魏振瀛：《民法》（第 7 版），北京大学出版社、高等教育出版社 2017 年版，第 137 页。

的种类物因具有共同特征而湮没于琳琅满目的众多商品之中,商标的识别功能使得具有共同特征的同类商品之间得以彼此区分。在商标商品的市场交易过程中,原本为种类物的商标商品因购买人的选择而从相同商品中特定化为所有权人的权利客体,因而具有特定物的性质。而商标权利用尽仅发生于商标商品由种类物至特定物的特定化过程中。

二、商标权权利用尽规则的特殊性

商标权权利用尽是知识产权权利用尽在商标法律领域的具体体现,是对商标权人行使商标权利的一种限制,属于商标权限制制度的重要内容,但其与商标指示性使用等其他商标权限制有诸多区别,也不同于版权用尽和专利权用尽,颇具特殊性,值得探究。

(一)商标权权利用尽特殊性的体现

商标权权利用尽的特殊性主要体现在与同为知识产权权利用尽的版权用尽和专利权用尽相比存有较大差异,在性质和功能方面有别于同为商标权限制的商标指示性使用。

1. 与版权用尽的比较

权利用尽原则在版权领域体现为版权用尽,其含义为:著作权人享有发行权,有权以转移所有权方式向公众提供作品的原件或者复制件,但在首次向公众销售或者赠与之后,即无权控制该特定原件或者复制件的再次流转。[①] 由此得出,版权用尽的实质是版权诸多权项内容中发行权的用尽,因此也称为“发行权用尽”。需要注意的是,发行权的用尽仅适用于已向公众提供的特定的作品的原件或者复制件。

版权用尽是对著作权人在作品上享有的版权的限制,版权以作品为权利客体,作品属于智力成果或者知识产品,基于人的创造性劳动产生,著作权人通过对作品的专有性复制、发行获取经济利益,该作品上的著作权的功能也得以一次性实现。而商标权的客体为注册商标,在商标商品的首次销售中商标权人以

---

① 参见王迁:《知识产权法教程》(第 4 版),中国人民大学出版社 2014 年版,第 143 页。

商标在商品上的标识实现一定的经济利益，但商标的识别性功能并未发挥完毕，商标权需要在整个流通过程中继续行使以表彰商品信誉并维护消费者利益。[①] 因此，不禁止他人在合法投入市场的商品上标识商标是对商标权的合理性限制，但如果商品质量发生变化，则对商标权的用尽限制应予免除，也即商标权用尽本身也存在限制或者例外。

2. 与专利权用尽的比较

专利权用尽是对专利权的限制，目的在于防止对专利权的保护超过合理的限度，对正常的经济社会秩序产生不良影响。其基本含义是：由专利权人自己或者其被许可人售出的专利产品或者依照专利方法直接获得的产品，购买者使用、许诺销售、销售、进口该产品，不侵犯该项专利权。[②] 专利权用尽仅限于专利权中使用权、销售权和进口权的用尽，适用对象为已合法售出的专利产品或者依照专利方法直接获得的产品。

与商标权权利用尽不同的是，我国《专利法》第 75 条第 1 项对专利权用尽予以明确规定，为专利权用尽原则的司法适用提供法律依据。而商标权用尽目前仅为理论界所探讨，尚未为我国商标立法所明确。

3. 与商标指示性使用的区分

商标指示性使用是使用者为了说明有关商品或服务的真实信息而对他人商标的使用。[③] 商标权利用尽与商标指示性使用均属于商标权限制制度的内容，但我国《商标法》均未予以明确规定，商标实践中易于出现对二者的混淆性适用，在重新包装、分装、加工、修理的商品的市场销售中，对原商标的使用和商品真实情况的说明尤为重要，有必要明晰二者的界限。

第一，商标使用性质的不同。在商标指示性使用中，使用者使用商标权人注册商标的目的在于说明使用者自己的商品的特点或者服务的内容，该商标使用行为不是用于识别或者区分商品的提供者，而是客观描述使用者提供的商品的真实情况，是对商标符号信息的“表达性”使用。在商标权权利用尽规则中，也存在使用者对商标权人注册商标的使用，但使用的目的是说明其所提供的商

---

① 参见张永艾：《商标权穷竭原则质疑》，载《政法论丛》2004 年第 1 期。

② 参见尹新天：《中国专利法详解》，知识产权出版社 2011 年版，第 790 页。

③ 参见王莲峰：《商标法学》（第 2 版），北京大学出版社 2014 年版，第 181 页。

品的来源,是商标的“发信号”功能的使用,①属于“商标性”使用。

第二,制度功能不同。商标的表达性功能不同于其来源识别功能,对于商标的表达性使用应当在商标专用权的效力范围之外。商标指示性使用制度旨在将表达性意义上的商标使用置于商标的公共领域,以确保商业活动中正常的商业信息交流。而商标权权利用尽规则将商品上承载的商标权的效力限定于商品的首次销售之前,以此平衡商标权人与商品所有人的利益,保障商品自由流通。

(二)商标权权利用尽特殊性的原因

商标权与著作权和专利权尽管都属于知识产权,均具有专有权利性质,但基于权利客体的不同,仍存在本质性区别。商标权属于识别性标记权,而著作权和专利权则为创造性成果权,作品具有的独创性和发明创造的新颖性、创造性均可以在特定的著作、产品等载体上得以一次性实现,而商标作为区别商品来源的标记,其识别功能以及品质保证、广告宣传等功能须以商品为载体持续存在,即使该商品的所有权已脱离于商标权人的控制,商标依然需要依附于商品上才能发挥其来源识别等作用。在流通领域,将商标从其原本标识的商品上去除或者更换会导致相关公众对商品来源的混淆、误认,增加消费者对其所需商品的搜寻成本,也会导致不正当竞争行为的出现,扰乱市场经营秩序。因此,与专利权、著作权以保障权利人排他性利用发明、作品为目的不同,赋予商标权以排他性效力旨在保护商品的出处识别机能,有必要对其区别对待。② 商标作为将一种产品与其他产品相区别的独特的符号,旨在保护消费者的期望,不同于专利、版权等其他知识产权。这种差异表明,在权利用尽方面,商标应当区别于专利和版权,因为专利和版权确实是对创造性努力所做的重大投资的保护。③

基于商标权客体商标的特殊性,以限制商标权行使为内容的商标权权利用

---

① 参见王太平、周兰:《商标指示性正当使用与商标权用尽的区分》,载《中华商标》2019 年第 3 期。

② 参见[日]田村善之:《日本知识产权法》(第 4 版),周超、李雨峰、李希同译,知识产权出版社 2011 年版,第 540 页。

③ See Lisa Harlander, *Exhaustion of Trademark Rights beyond the European Union in Light of Silhouette International Schmied v. Hartlauer Handelsgesellschaft: Toward Stronger Protection of Trademark Rights and Eliminating the Gray Market*, Journal of International and Comparative Law, Vol. 28, p. 267 – 292 (2000).

尽规则须确保商标功能的正常发挥,不能由于商标权权利的用尽而使相关公众对商品的来源和品质发生混淆或误认,由此损害商标权人应有的商标利益和商誉,也会影响市场竞争秩序。因此,商标权权利的用尽应当存在边界限制,以合理保护商标权人利益和不破坏商标功能实现为适用界限,在保障商品自由流通的同时实现商标权人和商品所有人之间的利益平衡。设置商标权权利用尽规则的适用条件即为确定其边界限制的主要途径,通过设置适用条件限制商标权权利用尽规则的适用,以保障商标权虽然用尽但商标功能不受破坏,而适用条件的限制正是商标权权利用尽规则与版权用尽、专利权用尽的主要区别之所在。

三、商标权权利用尽规则的理论依据

商标权权利用尽规则通过商标权人在经其同意投入市场的商品上的商标权的用尽,为商品所有权人对商品行使所有权排除商标侵权障碍,旨在保障商品的自由流通。但对于商标权与所有权之间的权利冲突,为何要通过商标权用尽来保护所有权人的权利行使?商标权权利用尽限制商标权的理论依据何在?本书在分析"所有权转移说""默示许可说""法律规定说"的基础上,提出笔者的一己之见。

(一)相关理论学说评析

关于商标权权利用尽的理论,学界主要有"所有权转移说""默示许可说""法律规定说",笔者拟对前述理论作以分析和探讨。

1."所有权转移说"评析

日本学者半田正夫以"所有权转移理论"说明知识产权权利用尽的合理性。该理论认为,他人以购买或者其他合法方式取得承载有知识产品的商品的所有权,则商品的所有权发生转移,买受人对该商品享有完整的所有权。同时,该商品的所有权与知识产权发生分离,商品上承载的知识产品脱离其原有的知识产权,知识产权人不能以其原有的知识产权控制买受人对商品的使用和处分。以"所有权转移"理论诠释权利用尽问题的肯定之处在于,指出在商品所有权转移的同时,所有权与商标权发生分离。但不足之处在于:

其一,以所有权的绝对性行使否定商标权的绝对权利性质,缺少充分的理论依据。因为所有权和商标权分别以《物权法》和《商标法》为法律依据,二者均为合法权利,且处于相同的权利位阶,不存在权利位阶的高低差异和产生时间的先后次序。在权利效能方面,二者均具有专有、排他性效力,都属于绝对权利。在立法无明确规定的情况下,将所有权优先于商标权行使,难以具有法理依据。

其二,以物的所有权的完全转移说明依附于物的知识产品与其原有知识产权的分离存在片面性。因为知识产品通常须以有形物为载体,使其功能与价值得以具体呈现,但物的所有权的转移并不导致知识产权的转移,承载于有形物上的知识产品和商业标识也并不必然脱离其知识产权。例如,对于商标商品而言,购买人以合法方式取得商品的所有权,但附载于商品上的商标并没有脱离商标权人的控制,商标权依然存在,购买人不能以其所有权的行使生产、销售具有相同商标的相同商品。

2.“默示许可说”评析

“默示许可”理论最早由英国法官在 Zino Davidoff 案件中提出,用以解释知识产权的权利用尽问题。按照该理论,商标权人自己或者许可他人把商标商品以合法方式投入市场,即意味着商标权人以默示方式向购买者发放许可,许可购买者可以进一步销售、分发或者赠与、使用、销毁该商品。与此相应,购买者支付对价购买承载有商标权的商品,也意味着购买者以默示方式从商标权人处获得许可,可以进一步处分其购买的标有商标权人注册商标的商品。前述中的“许可”是销售或购买行为的自然延伸和默示授权,无须销售者与购买者为此签订“明示”的许可合同。

但适用默示许可理论难以全面说明知识产权的权利用尽问题,因为依据默示许可理论,购买人对于其购得的商标商品的销售、分发源自商标权人或者其许可人销售行为的默示许可或者授权,那么商标权人完全可以通过“明示”方式保留其附载于商品上的商标权,从而限制购买者对于商标商品的再销售和转售。在商标权人对其商品的首次销售中,以明示方式保留商标权控制商品的销售和流转显然有益于商标权人,若此方式为法律所允许必将引起诸多商标权人效仿进而成为商业惯例,这将有损于商品的自由流转,导致商标权利的滥用,并且不利于市场自由竞争秩序的形成,最终损害消费者福利。

3."法律规定说"评析

"法律规定说"由德国著名法学家柯勒(Josef Kolher)提出。依据该理论,商标权人将承载有其注册商标的商品首次销售之后,其在该商品上的商标权即用尽,商标权利的用尽是基于法律的规定,由商标权的内在限制所决定,不能由商标权人以约定方式对商标权的效力予以保留或者免除。德国法院在1902年的"David Keeling"案件判决中首次适用该理论于专利产品领域,指出专利权人在专利产品上享有的权利,因该专利产品的第一次销售而用尽。[①] 该理论随后在德国扩展适用至版权产品和商标产品领域。

以"法律规定理论"阐释商标权利用尽问题的合理性在于,商标权利的用尽不能取决于权利人之间的约定,而是应由法律予以规定。但依据权利法定原则,权利的种类和内容应当由法律明确"规定"和"限定",包括商标权在内的知识产权为绝对权利,其具有普遍的排他效力和对抗效力,关于权利取得、权利内容以及权利限制必须实行权利法定原则,由法律作以明确规定,而非基于当事人的意思自治或者司法解释。因此,该理论的适用须以商标立法对权利用尽的具体条件等内容作出明确规定为前提,在我国现行商标法并未明确规定商标权利用尽的情况下,在司法实践中适用该理论尚存在障碍。

(二)以准相邻关系理论解释商标权权利用尽

相邻关系是两个或两个以上相互毗邻的不动产产权人或使用人在行使不动产权利时,相互之间应当给予方便或接受限制的权利义务关系,是法定的相邻不动产物权人权利的扩展与限制关系。[②] "相邻关系是调和邻接不动产之利用而扩张或限制不动产所有权之制度。"[③]相邻关系实质是不动产所有权和使用权的限制与扩张,旨在明晰权利边界,处理权益冲突,实现双方利益平衡。[④]

由以上学者关于相邻关系的界定可知,相邻关系发生于相邻的不动产权利

---

① See David Keeling, *Intellectual Property Rights in EU Law*, Volume one, Oxford University Press, 2003, p. 75 – 77.

② 参见高富平主编:《民法学》(第2版),法律出版社2009年版,第468页。

③ 谢在全:《民法物权论》(上册),中国政法大学出版社2011年版,第176页。

④ 参见焦富民:《容忍义务:相邻权扩张与限制的基点———以不可量物侵扰制度为中心》,载《政法论坛》2013年第4期。

主体之间,基于两个不动产相邻而在不动产产权行使中产生冲突。商标权权利用尽则发生于商标权和物权并存于同一商品而导致的权利冲突,尽管并不产生于不动产产权,但同样是基于权利的相邻而产生的权利冲突。对于相邻关系的处理,根据我国《民法典》第288条的规定,应当按照有利生产、方便生活、团结互助、公平合理的原则。① 由前述规定得出,针对两个合法的权利在行使中产生的冲突问题,主要通过对权利的限制实现物尽其用,以公平合理为原则平衡双方之间的利益,使权利的边界得以合理限定。对于商标权和所有权的冲突,商标权权利用尽是通过对商标权的限制保障所有权的行使,而权利用尽的条件设置也是对所有权行使的限制以确保商标权人的商标利益得以实现、商标功能不受破坏,以此使商品在自由流通中得以物尽其用,也使商标权人和所有权人之间的利益冲突得以协调和平衡。

基于此,可以用准相邻关系理论作为商标权权利用尽的理论依据,其中的"相邻关系"旨在说明商标权和所有权并存于同一商品导致权利行使中冲突产生,"准"是指商标权与所有权不同于相邻关系通常所指的不动产产权相邻所产生的权利冲突。但商标权权利用尽和相邻关系在处理权利冲突中的原则、理念是相同的,都是通过对权利的互相限制实现双方利益的平衡,以公平合理的方式保障双方主体实现利益最大化,因此可以通过准相邻关系解释商标权权利用尽在商标权和所有权之间的彼此限制与扩张,并由此协调和化解权利冲突。笔者认为,以准相邻关系理论解释商标权权利用尽不仅可以充分解释商标权权利用尽规则的正当性,还可以丰富商标法律制度的理论内容,具有一定的理论价值和实践应用价值。

第二节 商标权权利用尽规则的制度功能

商标权权利用尽规则旨在解决由商标权与物权并存于同一商品所导致的

① 我国《民法典》第288条规定:"不动产的相邻权利人应当按照有利生产、方便生活、团结互助、公平合理的原则,正确处理相邻关系。"

权利冲突,以限制商标权行使之方式确保商品在市场中的自由流通,防止商标权利滥用以及由此导致的不正当竞争和市场垄断。促进自由竞争和经济发展,此为商标权权利用尽规则的制度初衷和本质目的。

一、协调商标权与物权并存所致的权利冲突

(一)商标权与物权之间冲突的客观存在

1. 物权的绝对权属性

根据我国《民法典》第 114 条第 2 款规定,物权是权利人依法对特定的物享有直接支配和排他的权利。物权作为"直接支配一定之物而享受利益之排他的权利",[①]其客体须是特定、独立之物,且通常为有体物(电、光、热之自然力上亦有物权),有排除他人干涉之排他性。[②] 另外,根据权利的义务主体是否特定以及权利特点的不同,可将民事权利分为绝对权和相对权。绝对权也称为对世权,有此权利者得请求一般人不得侵害其权利;[③]其义务主体为不特定的任何人,对应义务限于不作为,即不得侵害特定权利主体对权利客体享有的权利。依此权利分类,物权属于绝对权,权利人之外的任何人均为义务主体。

附有商标的商品以有体物形式存在,其上必然产生具有排他效力的物权,商品所有人对其商品享有所有权,可以依法占有、使用、收益和处分。同时,由物权的绝对权利属性决定,所有人对商标商品享有的所有权的义务主体应为所有人之外的任何人,包括商标权人在内的不特定的义务主体均不得干扰权利人对商品的依法处分。

2. 商标权的绝对权属性

商标权是商标所有人依法对注册商标所享有的专有权。[④] 根据《商标法》第 3 条的规定,经商标局核准注册的商标为注册商标,商标注册人享有商标专用权,受法律保护。从中得知,商标权须依核准注册而取得,商标权实际是指注

① 史尚宽:《物权法论》,中国政法大学出版社 2000 年版,第 7 页。

② 参见史尚宽:《物权法论》,中国政法大学出版社 2000 年版,第 8 ~ 10 页。

③ 参见王泽鉴:《民法总则》,北京大学出版社 2009 年版,第 69 页。

④ 参见王莲峰:《商标法学》(第 2 版),北京大学出版社 2014 年版,第 81 页。

册商标专用权,其权利内容具有专有性特征,可以排除他人在相同或类似商品上使用相同或近似的商标。从法律性质来看,商标权是绝对权,而非相对权,其权利主体是特定的,义务主体是所有其他不特定的人。[①]

商标商品在以有体物形式存在的同时,也是商标权人使用其注册商标的载体,用以向社会公众表明商品的来源和出处,以避免混淆。商标权人对其注册商标享有的专用权具有独占和排他性效力,商标权人之外的任何人均为其注册商标专用权的义务主体,未经商标权人的许可不得侵害其商标权利的专有性和排他性,具体表现为商标权人对附载有商标的商品在销售、流通中的控制。

3. 商标权与物权并存中的冲突

如前所述,商标权和物权均属于绝对权利。对于特定的商标商品而言,其同时承载着物权和商标权两项权利,该商品一经商标权人或其许可人合法投入市场,商品上承载的物权发生转移,商品的物权人与商标的商标权人随之分离,不具有同一性。此时,商品的合法所有人对其享有物权,有权以销售、赠与等方式处分该商品,由物权的绝对权利属性决定商品所有人之外的任何人均不得侵害其对商品享有的占有、使用、收益和处分权利。但销售带有商标的商品同时又是商标法意义上对商标的使用行为,[②]而商品上商标的权利人对其注册商标享有专用权,商标权的绝对权利属性同样使得商标权人之外的任何人不得侵害其对商标的专有使用权利。根据《商标法》第 57 条的规定,未经商标权人许可对其注册商标的使用构成商标侵权,在商品所有权人与商标权利人之间因特定商品上物权和商标权的并存引发的权利冲突由此产生。

(二)解决商标权与物权冲突的有效路径——商标权权利用尽

1. 实现商标权人与商品所有人之间的利益平衡

在同一商标商品上同时存在商标权和物权两种权利,二者之间冲突的实质是商标权人与商品所有人之间的利益冲突。一方面,商标商品虽然进入市场流通领域,但附载于商品的商标权依然由商标权人享有,商标权人希望通过商标权的专有效力继续控制商品的流通,以最大限度地从中获取利益。另一方面,

---

① 参见王太平:《商标法:原理与案例》,北京大学出版社 2015 年版,第 154 页。

② 参见王迁:《知识产权法教程》(第 5 版),中国人民大学出版社 2016 年版,第 489 页。

商品所有人期望对其享有所有权的商品行使完全的自我处分权,摆脱商标权利人对其商品的控制,以在商品的自由流通中实现经济利益的最大化。

解决此冲突需要合理地平衡商标权人和商品所有人的利益。可以确定的是,商标权人已经通过附载于商品上的商标权在商标商品的首次销售中获得经济利益。若在商品的物权发生转移之后,商标权人继续以其附载于商品上的商标权控制商品的流通,无疑会妨害商品所有人对其商品享有的所有权的行使和实现。因此,商标权人与商品所有人之间利益平衡的关键在于商标商品进入流通领域后对商标权人商标权利的限制。

2. 限制商标权效力于商品的首次销售之后

基于知识产权与物权冲突问题的客观存在,平衡和协调知识产权人与商品所有人之间的利益关系极有必要,权利用尽制度正是因此而生。[①] 商标权权利用尽作为知识产权权利用尽制度的组成部分,是对商标权人商标权利的限制,将商标权人在特定商品上的商标权限定于该商品的首次销售之后,则在商品以合法渠道进入市场流通领域之后,商标权人不得以行使其在商品上承载的商标专用权为由继续控制商品的后续流通,以确保商品所有人对商品享有的所有权的行使。鉴于商标权人或其被许可人通过对商标商品的首次销售,已经从中获取附加于商品之上的商标利益,商标权利用尽制度以限制商标权效力于商品的首次销售之方式,在确保商标权人利益的同时,维护商品所有人对其所有权的行使,从而化解同一商品上并存的商标权与物权之间的冲突,使得商标权人与商品所有人之间的利益得以合理平衡。

二、确保商品的自由流通

(一)商标权对商品自由流通的限制

商标权以注册商标为客体,注册商标须使用于指定的商品或服务上方能发挥其来源识别等诸项功能,因此,在商业经营中,注册商标通常以附载于商品或

① 参见冯晓青:《知识产权的权利穷竭问题研究》,载《北京科技大学学报(社会科学版)》2007 年第 3 期。

服务的方式得以体现。对于有形商品而言,既是商品所有人所有权的客体,同时也是商标权人注册商标的载体。

随着商品的首次销售,其所有权发生转移,所有权人随之变化,但商品上承载的注册商标依然存在,商标权人对其注册商标享有的商标权依然存在。根据商标权具有的专有性和排他性效力,商标权人可以禁止权利人之外的任何人在相同或类似商品上"使用"与其相同或近似的商标,而商品所有人对于商标商品的销售行为属于对商标权人注册商标的"使用",由此决定,商标商品的所有人对商标商品的进一步销售需要征得商标权人的许可或者须以商标权人的同意为前提,否则根据我国《商标法》第 57 条的规定,将对商标权人的商标专用权构成侵害。这将意味着在商标商品的生产、批发、零售等各个环节,商标权人均可以对商品流转进行无限制的控制。从上述分析中可以得出如下结论,商标商品上承载的商标权已经成为商标权人控制商品流通的合法工具,对于商品所有人从事商品销售、转让等行为构成严重限制,这将妨碍商品的自由流通和市场的自由竞争,进而成为商品流通和贸易自由以及市场竞争秩序保持的阻碍。事实上,商标权人一直希望在首次销售其商标商品后继续控制商品在市场中的分销,但商标法和商标政策从未打算授予商标权人此种控制权,商标权权利用尽规则即是对此控制权的限制。[①]

(二)市场经济体制对商品自由流通的需求

在市场经济中,市场对于资源的配置具有导向性和决定性作用,但须以完善的市场机制为前提条件,而商品的自由流通和统一市场的形成则是建立完善的市场机制的重要组成部分。其中,商品流通是商品由生产领域到消费领域的转移过程,其主要功能在于消除生产环节与消费环节在时间和空间上的分离,搭建商品生产与消费之间的桥梁和纽带。商品流通不仅决定着商品的价值能否实现以及商品价值实现的程度,而且其直接参与价值创造。[②] 统一市场的形成尽管外在表现为市场空间在地理边界上的一系列突破,但其本质内涵是指商

---

① See Irene Calboli, *Reviewing the (Shrinking) Principle of Trademark Exhaustion in the European Union (Ten Years Later)*, Marquette Intellectual Property Law Review, Vol. 16, p. 257 - 282(2012).

② 参见夏春玉、丁涛:《从微笑曲线看流通与结构调整》,载《中国流通经济》2012 年第 1 期。

品交换在全国范围内按照统一规则自由进行，进而把全国经济活动融为一体。商品的自由流通是形成统一市场的基础，没有自由流通，商品的价值规律就不可能实现，建立统一市场的条件也难以具备。那么，通过商品自由流通达到形成全国统一市场的目的也难以实现。①

此外，依据市场经济理论，市场机制运行的前提是充分而有效的竞争，而竞争须在开放的市场中进行。在商品流通中，摆脱商品所有人之外的主体对于商品交易的控制是消除市场限制和竞争阻碍的条件，也是商品自由流通的保障，因此，鼓励商品自由交易、实行商业自由应为市场经济的基本原则，确保商品自由流通也是市场经济体制的基本需求。

（三）商标权权利用尽规则对商品自由流通的保障

基于市场经济体制对于商品自由流通的需求以及商标商品上附载的商标权对于商品自由流通构成的限制，有必要通过立法制度的建构和完善以回应现实问题，解决前述矛盾。对此，有学者认为，知识产权的专有与行使不能成为商品自由流通的障碍，否则会对公众利益产生严重后果，最终也将损害知识产权人的利益。② 笔者认为，商品在市场中的自由流通是市场竞争得以充分、有效进行的前提，也是市场经济体制运行的基本条件，而商标权的专有效力与商品自由流通之间的矛盾，可以界定为私人利益与社会公共利益之间的矛盾，也属于微观层面与宏观层面的冲突。对此冲突，应当首先确保在宏观层面上市场经济体制的有序运行以及对社会公共利益的优先考量，在此基础上，兼顾微观问题的解决和个体利益的保护。

商标权权利用尽将商标权人的商标权限定于商标商品的首次销售之后，使商标权人对经其许可合法投入市场的商标商品享有的商标权利得以用尽，无法再以行使商标权为由控制商品所有人对商品的自由处分。将商标专有权限制于商品首次销售之后是基于自由贸易和商品自由流动的考量，此种限制具有合理性，因为商标不得用作分销工具、营销政策或市场分割的手段，以抵消其作为

---

① 参见纪宝成、谢莉娟、王晓东：《马克思商品流通理论若干基本问题的再认识》，载《中国人民大学学报》2017 年第 6 期。

② 参见冯晓青：《知识产权的权利穷竭问题研究》，载《北京科技大学学报（社会科学版）》2007 年第 3 期。

商品来源识别的作用。[1] 商品所有人可以依其个人意志行使所有权,对商品实施销售、赠与、转让等行为,使商品在市场中得以自由流通。由此,商标权权利用尽旨在消除由商标权的专有性给商品自由流通带来的阻碍,其重要的制度功能即在于促进商标商品的自由流通。可以说,商标权权利用尽是确保商标商品自由流通的必要条件。

三、有效防止商标权利滥用

(一)权利的限制与商标权的边界

1. 权利的限制

关于权利的效力与边界,在罗马法中曾有"权利的行使对任何人都不意味着非正义"的表述,其意为享有某项权利即可以自由行为,纵然对他人不利益,也无可指责。[2] 然而,法律源于人类共同生活,行使一种权利的成本,正是他人为此蒙受的损失,若是成本过高,权利行使的正当性将遭受质疑。因此,权利必有其界限,超越该界限即非属正当。[3] 正如法国学者所言,"对个人权利无限制的制度实际上就是无权利的制度"。[4] 任何权利的实现,不仅关涉权利人的利益,而且关涉义务人的利益以及国家和社会的利益,基于维护国家利益和社会公共利益、维持民事主体之间的利益平衡以及提供经济效益等理由,应对民事权利的行使要作出必要限制。[5]

2. 商标权的边界

商标权属于绝对权利,其效力内容具有专有性和排他性,未经商标权人许可在相同或者类似商品上对其注册商标的使用均为商标法所禁止,但商标权利的行使同样应当存在边界和限制。

---

① See Irene Calboli, *Trademark Exhaustion in the European Union: Community-Wide or International*, Marquette Intellectual Property Law Review, Vol. 6, p. 47 – 90(2002).

② 参见[法]雅克·盖斯旦、[法]吉勒·古博、[法]缪黑埃·法布赫 – 马南:《法国民法总论》,陈鹏等译,法律出版社2004年版,第702页。

③ 参见朱庆育:《民法总论》(第2版),北京大学出版社2016年版,第521页。

④ [法]雅克·盖斯旦、[法]吉勒·古博、[法]缪黑埃·法布赫 – 马南:《法国民法总论》,陈鹏等译,法律出版社2004年版,第136页。

⑤ 参见王利明:《民法总则》,中国人民大学出版社2017年版,第278页。

商标权的边界是由其功能设定和限定的,商标功能是商标赖以存在的基础,也是确定商标侵权行为标准或者划定商标侵权界限的重要依据。孔祥俊教授认为,"对于商标的侵害足以达到损害其功能程度的,无论是否具有市场混淆的后果,均可以直接认定构成商标侵权行为,相反,不损害商标识别功能的使用行为通常并不构成商标侵权行为"。[①] 商标具有多种功能,其中,识别功能也即区分商品或者服务的来源的功能是商标的基本功能,此外,商标也具有质量保障、广告、表彰等衍生功能。在我国现行商标法采用混淆可能性的商标侵权判定标准下,如果不存在混淆的可能或联想的可能,商标所有人却将商标专用权用于防止商品来源混淆之外的目的,例如,排除或限制同业竞争者、发出无依据的商标侵权警告等,则属于商标权利的滥用,与商标法保护商标权的初衷背道而驰,不仅不能给予保护,而且还要加以处罚。[②] 商标法并不禁止他人对于标识有真实商标的真实商品的销售,即使该销售行为未经商标权人授权,此为商标法的基本原则。[③]

(二)商标权权利用尽规则对商标权滥用的规制

权利滥用,是指行使权利违背权利设定的目的,损害他人利益,尽管在表象上具有权利行使之形式,但实质上却有违权利之社会性。禁止权利滥用原则是权利绝对理念的必要修正与权利社会性内涵回归的产物,也是近代民法完成其特定历史任务后向社会现实回归的必然。我国《民法典》第 132 条规定"民事主体不得滥用民事权利损害国家利益、社会公共利益或者他人合法权益"表明禁止权利滥用规则的确立。商标权作为民事权利,应当受到权利不得滥用原则的约束,规制与禁止商标权利滥用规则具有适用的当然性,对于商标权利的行使不得超出商标法设定商标权利的正当目的。

商标法设定商标权的目的在于保护商标权人的利益以促进市场经营的诚实信用,维护市场竞争的公平有序。行使商标权的要义在于维护商标的识别作用,在此基础上维护市场竞争秩序并保护消费者利益,若超过此范围构成商标

① 孔祥俊:《商标与不正当竞争法:原理和判例》,法律出版社 2009 年版,第 45 页。

② 参见黄晖:《商标法》(第 2 版),法律出版社 2016 年版,第 187 页。

③ See Minnesota Mining and Mfg. Co. v. Rauh Rubber, Inc., 943 F. Supp. 1117, 1128 (D. Minn. 1996), aff'd, 130 F. 3d 1305 (8th Cir. 1997).

权的滥用,则应予禁止。[①] 商标法将销售带有商标的商品规定为对商标的"使用",是为了阻止冒牌商品的出售,防止消费者对商品来源产生混淆,并保护商标权人的利益。转售真实商标商品不构成商标侵权,是因为消费者对商品的来源并未产生混淆,转售行为也并未改变商品的来源,在商标权人授权首次销售其产品之后,商标法提供的商标权保护即已用尽,后续对此产品的转售即使未经商标权人同意,也不违反法律规定。[②] 在带有商标的商品经商标权人许可在市场公开流通的情况下,如果允许商标权人限制买受人转售其购得的带有商标的商品,就偏离了商标法的立法目的,而演变为允许商标权人对他人的所有权和有形财产的合法流通加以干涉。[③] 权利用尽规则可以限制知识产权的排他效力延续于下游商品的生产和分销,既可以为促进下游产业的创新发展发挥作用,[④]也可有效防止权利人滥用其专用、排他权利垄断市场。

笔者认为,尽管商标权是一种绝对权利,但商标权的行使不能成为商标权人限制、阻碍市场竞争的工具。允许商标权人对商标商品的转售行使商标权不仅会损害商品所有人的利益,而且会背离商标权的设立初衷,还会不正当地增加商标权人在市场竞争中的优势地位,易于导致商标权人滥用商标权利破坏市场竞争秩序,有损商品所有人利益和社会公共利益。商标的首要功能是来源识别,首先要考虑的是保护消费者,其次是保护商标所有人,任何滥用商标保护的行为迟早会给市场带来不良后果。[⑤] 商标权权利用尽规则通过对商标权人在商品转售中行使商标权利加以限制,可以有效避免商标权人滥用其商标权利控制商标商品的后续流通和转售,既是对商品所有人利益的保护,也有助于促进市场的自由竞争和充分竞争。

---

① 参见冯晓青:《商标权的限制研究》,载《学海》2006 年第 4 期。

② See Davidoff & CIE, S. A. v. PLD Intern. Corp., 263 F. 3d 1297, 1301 - 02 (11th Cir. 2001).

③ 参见王迁:《知识产权法教程》(第 5 版),中国人民大学出版社 2016 年版,第 489 页。

④ See Samuel F. Ernst, *Patent Exhaustion for the Exhausted Defendant: Should Parties Be Able to Contract around Exhaustion in Settling Patent Litigation*, University of Illinois Journal of Law, Technology & Policy, Vol. 2014, p. 445 - 480 (2014).

⑤ See Irene Calboli, *Trademark Exhaustion in the European Union: Community-Wide or International*, Marquette Intellectual Property Law Review, Vol. 6, p. 47 - 86 (2002).

四、与商标法立法目的之契合

商标法的立法目的或者立法宗旨是商标法律规则制定的出发点和根本指导，决定着商标法具体的制度设计。[①] 现行《商标法》第1条规定直接体现了我国商标法的立法目的与宗旨，[②]其中，保护商标专用权应为商标法的核心目标，而商标权利用尽则属于对商标专用权效力的限制，商标权权利用尽是否会有违于商标法保护商标专用权之立法目的？对此，笔者把商标立法之目的与商标权权利用尽规则的关系作如下分析。

（一）与商标法“保护商标专用权”目的之契合

1. 保护商标权是商标法的直接目的

保护商标权人的商标权是我国商标立法的直接目标，也是核心目标。首先，在法律性质上，商标法作为保护商标权人商标专用权之法律，旨在保护私权利益（商标权具有私权属性），规范私人主体之间的法律关系，属于私法范畴。其次，在功能上，商标法相关商标确权条件和确权程序的规定只是用于将商标权授予商标权人。此外，从商标法的全部制度设计来看，商标法并无保护消费者的制度构造，并不直接保护消费者利益。[③] 因此，由商标法的私法属性和商标确权、授权功能以及具体的制度设计决定，保护商标权是商标法的直接目的。

2. 保护商标权的实质是避免商品来源的混淆

但是，商标法保护商标权的目的并非是赋予商标权人对注册商标以独占和垄断性使用的特权，商标法对于商标权利专有性的保护也并非没有边界。根据我国《商标法》第8条的规定，[④]商标是由文字、图形、字母等要素或者组合组成

---

① 参见王太平：《商标法：原理与案例》，北京大学出版社2015年版，第31页。

② 我国《商标法》第1条规定：“为了加强商标管理，保护商标专用权，促使生产、经营者保证商品和服务质量，维护商标信誉，以保障消费者和生产、经营者的利益，促进社会主义市场经济的发展，特制定本法。”

③ 参见王太平：《商标法：原理与案例》，北京大学出版社2015年版，第34～35页。

④ 我国《商标法》第8条规定：“任何能够将自然人、法人或者其他组织的商品与他人的商品区别开的标志，包括文字、图形、字母、数字、三维标志、颜色组合和声音等，以及上述要素的组合，均可以作为商标申请注册。”

的标志,其中的文字、图形、字母等构成要素显然具有公共产品属性,而且,商标并不等同于其构成要素标志本身,具有商品来源识别功能的标志才能成为商标,基于此,商标权保护的本质并非标志本身,而是商标与商品之间的联系,[①]商标法保护商标权的实质目的在于维护商标与商品之间的真实联系,以避免消费者对商品来源发生混淆。

3. 商标权权利用尽有利于表明商品的真实来源

依据商标权权利用尽规则,商标权人在商标商品上附载的商标权穷竭于商品的首次销售,商品所有人对于标识有商标权人注册商标的商品的销售、转让等处分行为无须征得商标权人同意。笔者认为,随着商品的首次销售,商品上同时承载的物权与商标权发生分离,但商品的初始来源并未发生改变,商标与商品之间的客观联系依然存在,对于商品所有人而言,在其销售的商品上继续标识原本的注册商标即是对商品来源的真实性说明,并不导致消费者对商品来源的混淆,实际上亦不具有混淆的可能性。相反,如果商品所有人去除或者更换商品上的注册商标,则会混淆商品的来源信息,进而偏离商标法保护商标权的初衷和本质。在此方面,商标权权利用尽规则不仅具有合理性,而且极具必要性。

(二)与商标法"促进自由竞争和经济发展"目的之契合

对于商标法而言,"促进自由竞争和经济发展是商标法的重要的终极目标"似乎是一种公认的结论。[②] 自由竞争是可以自由地进行资本投入、转移和商品买卖的竞争,是经济发展的原动力,但须建立在人的有限理性和信息不完全的基础之上。商标功能的发挥可以在市场竞争中实现商品来源、质量、商誉等信息的传递,信息的有效传递可以减少消费者的搜索成本,提高经济运行效率,促进自由竞争,而商标法对于商标权的保护可以保障商标功能的正常发挥和实现,从而有助于促进自由竞争。同时,商标法通过对商标权的授予和保护,有助于阻止不法分子对他人商誉的攫取和利用,促使经营者用心培育自己的商标,提升自身商标的商誉和价值,从而实现正当、有序的自由竞争秩序,最终推动社会经济的发展。既然商标法能够促进自由竞争和经济发展,就应当为其设定促

① 参见张玉敏、凌宗亮:《商标权效力范围的边界与限制》,载《人民司法》2012 年第 17 期。

② 参见王太平:《商标法:原理与案例》,北京大学出版社 2015 年版,第 35 页。

进自由竞争和经济发展的立法宗旨或立法目的,从根本上统帅商标法的全部规则和操作实践,以确保商标保护发挥其应有之作用。①

依据商标权权利用尽规则,商品上附载的商标权穷竭于商品的首次销售,商品所有人在商品的后续转售中可以继续在商品上标识商标权人的注册商标,而不构成商标侵权,使商品与商标之间的真实性联系在商品流转中得以继续,也使商标的来源识别功能得以正常发挥,实现商品信息的有效传递,有助于促进商标法自由竞争和经济发展立法目的的实现。反之,如果商标权人在商标商品上附载的商标权没有用尽,则商品所有人对标识有商标权人注册商标的商品的销售属于商标使用,构成商标侵权。对于商品所有人而言,其只有去除商标或者更换商标方可避免商标侵权,毫无疑问,这不仅掩盖和破坏商品与商标之间的联系,使商标功能难以实现,而且有违于客观事实,此并非商标法的立法宗旨所在。

第三节　商标权权利用尽规则的法理学基础

法律以正义和秩序为其基本价值,同时兼顾社会公共利益。商标权权利用尽规则通过对已投入市场的商品上商标权利的限制,使得与商标商品相关的经济利益在商标权人和所有权人之间得以合理分配,实现利益分配的公平正义,保障商标权利的行使秩序和商品流通秩序,维护市场竞争秩序,并有利于保护消费者利益和社会公共利益。

一、实现法律的正义价值

(一)正义的概念与作用

正义有着一张普洛透斯似的脸,变幻无常、随时可呈不同形状并具有极不

① 参见王太平:《商标法:原理与案例》,北京大学出版社 2015 年版,第 36 页。

相同的面貌。[①] 古罗马法学家乌尔庇安把正义界定为“正义乃是使每个人获得其应得的东西的永恒不变的意志”。[②] 美国学者罗尔斯提出正义的两个原则为：第一，每个人对与其他人所拥有的最广泛的基本自由体系相容的类似自由体系都应有一种平等的权利；第二，社会和经济的不平等应被安排为使它们被合理地期望适合于每一个人的利益，并依系于地位和职务向所有人开放。[③] 美国法学家博登海默认为，正义的目标是“满足个人的合理需要和主张，并与此同时促进生产进步和提高社会内聚性的程度——这是维续文明的社会生活所必需的”。[④]

正义是社会制度的首要德性，某些法律和制度，不管它们如何有效率和安排有序，如果缺失正义，即应当予以改造或废除。每个人都拥有基于正义的不可侵犯性，即使以整个社会的福利之名也不能逾越。因此，正义不认为为了一些人分享更大利益而剥夺另一些人的自由是正当的，我们忍受一种不正义只能是在需要用它来避免另一种更大的不正义的情况下才有可能。[⑤]

（二）法律的正义价值

法的价值是作为客体的法对作为主体的人的需要、目的、能力的满足与适应，[⑥]沈宗灵先生认为法的价值可以蕴含以下不同层次的含义：法促进哪些价值、法本身具有哪些价值、不同价值之间发生矛盾时法对它们进行评价的标准。[⑦] 笔者认为，从根本上看，法律的制定是为了公正地实现利益、权利、义务的分配，对正义的追求是法律产生的基础和前提，法律的价值即在于通过对社会

---

① 参见[美]E. 博登海默：《法理学：法律哲学与法律方法》，邓正来译，中国政法大学出版社 2004 年版，第 261 页。

② 参见[美]E. 博登海默：《法理学：法律哲学与法律方法》，邓正来译，中国政法大学出版社 2004 年版，第 277 页。

③ 参见[美]约翰·罗尔斯：《正义论》，何怀宏、何包钢、廖申白译，中国社会科学出版社 2009 年版，第 47 页。

④ 参见[美]E. 博登海默：《法理学：法律哲学与法律方法》，邓正来译，中国政法大学出版社 2004 年版，第 263 页。

⑤ 参见[美]约翰·罗尔斯：《正义论》，何怀宏、何包钢、廖申白译，中国社会科学出版社 2009 年版，第 3 页。

⑥ 参见周文华：《论法的正义价值》，知识产权出版社 2008 年版，第 22 页。

⑦ 参见沈宗灵：《法理学》（第 4 版），北京大学出版社 2014 年版，第 40 页。

关系的调整实现社会正义。

知识产权法既具有一般法价值的构成要素，也有着其作为特别法的价值内容，包括正义、效率和创新，而实现正义是创设知识产权的第一目标。[①] 知识产权法的正义价值主要体现为利益的分配正义和权利的秩序正义，利益的分配正义在知识产权法领域意味着知识财富在知识产品的创造者、传播者和使用者等利益主体中分配的公平与合理，以社会公众可以自由使用的"公有领域"与知识产权人独占使用的"专有领域"的区分、知识产权的"独占性"与"限制性"的法律界定实现知识利益在不同主体之间的平衡和协调。权利的秩序正义要求知识产权法律以权利的合理配置确保知识产权在确权、运用和保护中具有一定的规范性、稳定性和连续性，通过规定知识产权的授权条件和权利边界，规范知识产权的许可、转让等交易行为，明确知识产权侵权责任以规制侵权行为、保护知识产权等方式实现知识产权权利的秩序正义。

（三）商标权权利用尽有助于知识产权法正义价值的实现

对于商标商品而言，商标权与物权同时并存，在商品首次销售之前，商标权人同时兼具物权人的身份。随着商品的首次销售，商标权人与物权人发生分离，但依据现行商标法规定，物权人对标识原商标销售商品属于商标使用，须经商标权人许可，其对商品享有的物权因受制于商标权而难以行使自由处分权和绝对支配权，由此产生物权人与商标权人之间的利益冲突。但在此冲突中，一方面，商标权人在特定商品上的商标权利益在首次销售中已经得以实现，若继续以商标权之由在同一商品上重复获取相同利益明显有违公平。另一方面，商品所有人对于该商标商品所有权的取得也已付出对价，对其享有所有权的商品如无法行使完全的处分权和支配权则有失公允。

正如美国法学家博登海默所说，给予每个人以其应得的东西的意愿是正义概念的重要的和普遍有效的组成部分。[②] 根据商标权权利用尽规则，商标权人在特定商品上享有的商标权穷竭于商品的首次销售之后，其无权禁止他人在该

---

① 参见吴汉东：《知识产权法价值的中国语境解读》，载《中国法学》2013 年第 4 期。

② 参见[美]E. 博登海默：《法理学：法律哲学与法律方法》，邓正来译，中国政法大学出版社 2004 年版，第 277 页。

特定商品上使用其注册商标。由此，经商标权人首次销售进入市场的商品，商品所有人可以不经商标权人的许可而销售附载有商标权人注册商标的商品，但不构成商标侵权行为，使商品所有人对商标商品的销售等处分行为可以免于商标权人的商标权控制。

不难看出，商标权权利用尽规则通过对同一商品上并存的商标权与物权的冲突和矛盾的化解，使得与商标权相关的经济利益在商标权人和物权人之间得以合理性分配，实现利益分配的公平和正义，保障知识产权法价值选择的正当性。同时，商标权权利用尽规则可以明晰商标权的权利行使边界，区分商标侵权行为及其例外的判定，对于商标权的保护更趋规范化、合理化，有利于实现商标权在确权、行使及保护中的秩序正义。

二、保障社会秩序稳定有序

法律秩序是法律调整下的人类社会的条理化状态，也是法律规范下的主体生活模式，它是任何人类社会法律所共同追求的目的。[①]

（一）人类对社会秩序的需求

在秩序、正义和个人自由之间，秩序是最基础的法律价值。[②] 一个法律制度若要恰当地完成其职能，就不仅要力求实现正义，而且还须致力于创造秩序。[③] 美国法学家博登海默指出，秩序是存在于自然进程和社会进程中的某种程度的一致性、连续性和确定性。[④] 在自然和社会现象及其发展变化中，秩序体现为规则性和条理性。基于对过去经验的遵循和对个人行为及未来后果的预期，人类活动和社会交往对社会秩序普遍具有倾向性和需求性，如马斯洛所言，“社会中

---

① 参见谢晖：《法学范畴的矛盾辩思》，法律出版社 2017 年版，第 261 页。

② 参见付子堂：《法理学进阶》（第 5 版），法律出版社 2016 年版，第 133 页。

③ 参见［美］E. 博登海默：《法理学：法律哲学与法律方法》，邓正来译，中国政法大学出版社 2004 年版，第 330 页。

④ 参见［美］E. 博登海默：《法理学：法律哲学与法律方法》，邓正来译，中国政法大学出版社 2004 年版，第 227 页。

的大多数成年人一般都倾向于安全、有序、可预见、合法和有组织的世界”。[①]

法律作为正义和秩序的综合体，旨在创设一种正义的社会秩序，以国家强制力为后盾建立起社会中人们相互关系的有条理的状态，确保人类社会在政治、经济、文化等方面活动的稳定、有序运行。知识产权法作为法律体系的重要组成部分，也应当通过权利与义务的合理配置以及权利的保护和侵权责任的设置，在体现法律正义价值的同时，保障知识产品在创造、交易和使用中的有序性、稳定性和可预测性，实现法律的秩序价值。

（二）商标权权利用尽规则对社会秩序的保障

商标权权利用尽规则在社会秩序稳定、有序方面的保障作用主要体现在以下方面：

第一，对商标权利行使秩序的保障。商标权属于绝对权利，但其效力同样应当存在边界和限制，以免权利滥用，但其界限何在，现行商标法并未予以全面规定。[②] 商标权权利用尽规则把商标权的效力限定于商品的首次销售之前，经商标权人同意投入市场的商品上承载的商标权即告穷竭，商标权人不可以继续行使其商标权以阻止商品所有人销售商品，由此明晰商标权的边界，规范商标权人商标权利的行使，确保商标权利行使的秩序化。

第二，对商品流通秩序的保障。商品的充分交易和自由流通是市场经济发展的重要条件，而在法律意义上，商品交易须以卖方对其所售商品享有完全的所有权和自由支配权为前提。在商标商品的首次销售中，商品上的物权转移给买受人所有，但商品上承载的商标权依然归属于原商标权人，商品所有人对其商品的再次销售和流转须受制于商标权人，从而阻碍商品的流转和流通。而商标权权利用尽规则通过对商标权效力的限定免除商标权人在商品流通中的控制权，商品所有人可以自由销售或处分商标商品，使商品在市场中得以自由流通，确保商品流通的秩序化。

第三，对市场竞争秩序的保障。商标权人基于其在商品上承载的商标权，

---

① Abraham H. Maslow, *motivation and Personality* (2nd Edition), Harper & Row Publishers, 1970, p. 41.

② 我国《商标法》第59条有关于商标合理使用、先用权限制的规定，但笔者认为商标权利的限制不应仅及于此，现行商标法关于商标权利限制的规定并不全面，有待完善。

可以在商品的生产、销售、流通等环节对商品的流转以全面控制,在阻碍商品自由流通的同时,限制市场的有效竞争。在市场经济体制下,市场规律的作用须依赖于市场竞争的有效开展和商品的自由流通,商品自由流通也是形成有效性、充分性市场竞争的前提和基础。商标权权利用尽规则通过对商标权效力的限定,可以有效避免商标权人对商品流转的限制,有利于市场竞争秩序的正常构建。

三、维护社会公共利益

(一)法律对公共利益的兼顾

法律通过对利益的调控实现对社会的功能。利益是"人类个别或在集团社会中谋求得到满足的一种欲望或要求",①根据主体的不同,利益有私人利益和公共利益之分。其中,私人利益意指个别化的个体利益,普遍性个体利益是个体普遍具有的利益,例如生命、健康等,因此也具有公共属性;公共利益包括普遍性个体利益和公民共同体的利益,表现为社会利益、国家利益。从一般法理学理解,"所有的法律都必须服从于私益与公益这两种利益,失去公共利益这个前提,个人自由便失去依托。一切法律无疑都是在维护社会整体利益这个前提,同时使社会成员的个别利益也得到满足"。②

在社会经济生活中,私人利益与公共利益之间的冲突在所难免,而兼顾并平衡对私人利益和公共利益的保护是法律在利益调整中的应有之策。但社会主义法律历来强调私人利益对社会利益的依赖和服从,如果行使个人权利危机社会利益,必须确认和贯彻社会利益优于私人利益原则。③

(二)知识产权法对公共利益的平衡

知识产权是私权利,知识产权法属于私法范畴,确认并保护知识产权是知

---

① 参见[美]庞德:《通过法律的社会控制法律的任务》,沈宗灵、董世忠译,商务印书馆 1984 年版,第 81 页。

② 梅夏英:《当代财产权的公法与私法定位分析》,载《人大法律评论》2001 年第 1 辑。

③ 参见付子堂:《法理学进阶》(第 5 版),法律出版社 2016 年版,第 45 页。

识产权法的主要宗旨和重要使命。但基于知识产权客体——知识产品和商业标识的公共产品属性,知识产权同时承载着更加明显的公共利益,公共利益成为知识产权法价值构成中的关键元素和内核。与贸易有关的知识产权协定(以下简称 TRIPS)第 8 条规定,成员可以采取必要措施保护公共利益,防止权利人滥用知识产权或不正当地限制贸易。

随着经济社会和科技文化的发展,知识产权立法逐渐呈现出对公共利益的回归趋势,保护并协调私人权利和公共利益成为知识产权法的两大价值构成,在充分、有效保护私人权利的基础上维护公共利益是知识产权法基本的价值取向,[①]建构知识产权与公共利益之间的平衡保护机制既存在必然性,也具有必要性。在知识产权保护中,权利限制是维护公共利益、实现私权利益与公共利益平衡的有效方式。此外,诚实信用原则、权利不得滥用原则在立法中的引入及适用也体现出对公共利益的维护。

(三)商标权权利用尽规则对公共利益的维护

在商标法律制度中,公共利益一方面表现为通过具体规定阻止具有公共资源性质的符号和标识作为商标注册,以保障社会公众利益,为商标注册的公共领域提供合理空间;另一方面则表现为完善商标权限制制度,以界定注册商标专用权的权利行使边界,保障市场竞争者利益,促进自由竞争。[②]

学者杜颖教授认为,商标权保护范围近年来不断扩大,已然改变商标权保护的根基,偏离商标保护制度的初衷,导致商标法律制度的失衡,应当科学界定商标保护中的公共领域,完善商标权利限制制度。[③] 笔者认为,公共利益是商标法中公共领域的重要组成部分,其在不同法律制度中所指向的领域有所不同,在商标法律制度领域,公共利益主要体现为市场竞争者利益和广大消费者利益两个方面。在商标法保护的不同主体的利益中,对于消费者的保护是首要的,

---

① 参见冯晓青:《知识产权法中专有权与公共领域的平衡机制研究》,载《政法论丛》2019 年第 3 期。

② 参见冯晓青:《知识产权法中专有权与公共领域的平衡机制研究》,载《政法论丛》2019 年第 3 期。

③ 参见杜颖:《商标法律制度的失衡及其理性回归》,载《中国法学》2015 年第 3 期。

对于商标权人的保护则是次要的。[①] 商标权权利用尽是商标权利限制制度的重要部分,尽管我国现行商标立法并未规定商标权权利用尽,但该制度有利于对商标法领域公共利益的维护,具体可从维护消费者利益和竞争者利益方面做如下分析:

第一,对消费者利益的维护。商标商品在首次销售之后,若承载于商品上的商标权继续具有专有效力,则商标权无限制性地绝对化行使无疑会增强商标权人对市场的控制力,进而会通过提高商品价格方式降低消费者福利,有损消费者利益。商标权权利用尽规则对特定商品上商标权效力的限制会消除商标权人对商品销售的控制,使商品在市场中得以充分交易和自由流通,商品价格受市场规律的支配和调控,最终受益于消费者,有利于对消费者利益的维护。

第二,对市场竞争者利益的维护。市场竞争者利益原本属于个体的私人利益,但涉及市场竞争秩序,因此与公共利益密切相关。在不完全自由的市场竞争中,在消费者并非经济人不能进行理性消费的情况下(事实上,市场竞争难以达到充分竞争和自由竞争的状态,大部分消费者也难以理性消费),商标保护具有造成市场垄断的倾向性。而商标权的扩张和过度保护则会增加商标权人对市场的控制力,提高其他商品提供者进入市场的成本和门槛,从而限制乃至阻碍市场竞争,自由竞争的市场秩序难以形成,有损市场竞争者利益。商标权利用尽将特定商品上商标权的效力穷竭于商品的首次销售之后,作为对商标权效力的限制,避免商标权人对商品销售环节的干预,减少商标权人对市场的控制力,有利于自由竞争秩序的形成和市场竞争者利益的维护。

第四节　商标权权利用尽规则的经济学基础

经济学以效率和效益为核心理念,商标权权利用尽规则通过对商标权人已投入市场的商品上商标权利的限制,使商标权人与商品所有人之间的权利、义

---

① See Irene Calboli, *Trademark Exhaustion in the European Union: Community-Wide or International*, Marquette Intellectual Property Law Review, Vol. 6, p. 47 - 86(2002).

务得以有效配置,由此实现各自经济效益的最大化。同时降低商品在流转中的交易成本,取得最优化的资源配置。

一、商标权权利用尽规则的效率价值分析

(一)知识产权法的效率价值目标

经济学以效率和效益为核心理念,有效配置资源以实现效益最大化是其制度目标。经济学家对于效率有许多不同的界定,罗伯特·考特和托马斯·尤伦认为,效率是无论如何变动投入都不可能以更低的成本生产出同等数量产品,或者在现有投入组合下不可能生产出更多数量产品。[①]

法律植根于经济、社会运行过程中并发挥关键性作用,不仅担负着维护社会正义之使命,亦应当兼有有效配置权利资源以提高效益、增加社会财富之功能。知识产权制度以效率为思想基础和价值目标,其效率价值体现为权利配置的合理、有效,使各方主体在权利体系中达至均衡状态。[②] 在微观经济学中,均衡是指除非被外力打破,否则将保持不变的状态,用于描述不同主体间通过相互作用而同时达到最大化目标并持久存在的形式。[③]

(二)商标权权利用尽规则对各方主体权利、义务的有效配置

商标商品的生产、销售和流转环节主要涉及商标权人、商品所有人和消费者三方主体,法律制度对以上主体之间权利、义务的有效配置将提高商品的流转效率,增加消费者福利,实现“如果在不使某人境况变差的情况下,不能使另一人情况变好的帕累托最优配置”。[④]

---

① 参见[美]罗伯特·考特、[美]托马斯·尤伦:《法和经济学》(第6版),史晋川、董雪兵等译,格致出版社、上海三联书店、上海人民出版社2012年版,第14页。

② 参见吴汉东:《知识产权法价值的中国语境解读》,载《中国法学》2013年第4期。

③ 参见[美]罗伯特·考特、[美]托马斯·尤伦:《法和经济学》(第6版),史晋川、董雪兵等译,格致出版社、上海三联书店、上海人民出版社2012年版,第14页。

④ [美]罗伯特·考特、[美]托马斯·尤伦:《法和经济学》(第6版),史晋川、董雪兵等译,格致出版社、上海三联书店、上海人民出版社2012年版,第14页。

1. 现行立法对各方主体权利、义务的实然配置

商标商品同时承载商标权和物权两种权利，且商标权与物权均为绝对权利，其中，商标权的权利主体为商品上标识的注册商标的商标权人，权利内容为在指定的商品上独占、专有使用注册商标，包括商品所有人在内的任何人均为商标权的义务主体，未经商标权人许可不得在相同或类似商品上使用相同或近似的商标。物权的权利主体为商品的所有人，商品所有人对其商品现有排他性的支配权利，可以占有、使用、处分其商品或从其商品中获取收益，义务主体则为商品所有人之外的任何人，不得妨碍权利人对其商品行使排他性支配权。

问题在于，随着商品的首次销售，商品的物权主体与商标权人发生分离，商品所有人对于商标商品的再销售构成商标使用，须经商标权人许可，由此对商品所有人的物权构成限制。一方面，增加商品销售中商标权人的许可环节和授权流程，降低商品的流转效率；另一方面，延滞商品到达消费者的时间进程，影响商品效用的发挥和价值的实现，而流转效率的降低和商品价值实现的延滞最终体现为商品价格的提高，损害消费者利益。

2. 商标权权利用尽规则对各方主体权利、义务的应然配置

根据商标权权利用尽规则，商标权人在商标商品上的商标权在商品首次销售之后即告穷竭，以此限制商标权利的行使。同时，商品所有人对商标商品的销售因商标权利的用尽而无须征得商标权人同意，使商品所有人可以行使其对商品享有的完全的物权，实现商品在市场中的自由流通，提高商品的流通效率。由此看出，商标权权利用尽规则旨在通过对商标权人在特定商品上商标权利的限制确保商品所有人物权的行使，以此方式对商标权人和商品所有人的权利、义务进行合理平衡，达到各方主体权利、义务的有效配置。

（三）商标权权利用尽规则实现各方主体效益的最大化

商标权权利用尽规则通过对商标权人和商品所有人权利与义务的合理、有效配置，实现各方主体效益的最大化。

首先，商标权人经济利益的实现。商标权的价值需要通过其具体标识的商品的销售得以实现，在商品的首次销售中，商标权的价值已经体现在商品的销售价格中，并通过商品买受人的对价支付得以实现。商标权权利用尽规则在商标立法中的引入使商标权的行使边界得以明确，以便于商标权人将商标的价值

在商品的首次销售中得以一次性全部实现,确保商标权人经济利益得以实现,也可以避免商标权人在相同商品上以相同权利重复获利、多次获利,既有违公平正义,也有损商品交易的效率。

其次,商品所有权人利益的实现。在商品的首次销售中,商品买受人以支付商品对价的方式取得对商品的包括所有权在内的物权,理应对其所购得的商品行使完全的支配权,可以在法律规定的范围内自由处分其商品。但若没有商标权权利用尽规则,在商品上附载的商标权无疑会限制、阻碍商品所有权人对物权的行使,致使商品所有人最初支付的对价难以达到其应有的期望值。商标权权利用尽规则的明确则可以确保商品所有人享有完整的物权,自由支配其付出对价所购得的商品,并在商品的使用、销售和流转中取得利益的最大化。

最后,商品经济效益的实现。商品经过生产、销售等环节最终进入消费者领域。一方面,商品的功能与效用只有在消费者的使用中才能得以发挥,其使用价值方能得以实现,因此,在商品从生产到消费的流转过程中,附加于商品之上的限制会降低商品进入消费领域的效率,影响商品自身效用的实现。另一方面,商品只有在自由竞争的市场中,才能实现充分的交易和流转,例如,对于废旧商品的回收利用、二手商品的转让、商品的分装再销售等,其自身的经济价值和经济效益才能得以最大化实现,而商标权人对其在交易和流转中的控制会限制商品的自由竞争,影响商品经济效益的实现。商标权权利用尽规则可以消除商标权人对于商品在流转中的控制和限制,充分发挥商品的使用效能,实现商品自身的使用价值和经济价值,使商品自身的效益得以最大化实现。

二、商标权权利用尽规则的交易成本理论分析

(一)交易成本理论的内涵

在法律的经济学分析中,科斯定理是其中的核心观点之一,由罗纳德·H.科斯在1960年《社会成本问题》中提出,其意为:如果交易成本为零,不管初始权利如何配置,都会实现最优的资源配置;如果交易成本不为零,则不同的权利界定和分配,会产生不同效益的资源配置,所以权利制度的设置是优化资源配

置的基础。[1] 波林斯基将科斯定理描述为:“如果存在正的交易成本,较优的法律规则是能够使交易成本的影响最小化的规则。”[2]

法经济学家罗伯特·考特和托马斯·尤伦认为,交易成本是交易过程中的成本,主要由搜寻成本、谈判成本和执行成本三部分组成,这些成本根据交易特性的不同在零到无穷之间可以有不同取值,而法律可以决定交易成本的水平并且做出相应的规定,在资源配置中把产权分配给评价最高的一方,把私人谈判的阻碍最小化。[3] 基于此,包括契约法在内的相关市场交易的法律的根本作用即在于制定市场交易的标准以减少交易成本,尽管法律制度的制定本身需要成本,但相对于减少的交易成本而言,依然是值得的。[4]

(二)商品流转中商标权的行使会增加交易成本

在商品的首次销售之后,若承载于商品之上的商标权依然具有专有效力,则商品所有人对商品的再销售行为须经商标权人同意,否则将对注册商标专用权构成侵害。由此,在商品的流转再销售中,商品上承载的商标权会增加商品销售的交易成本。具体表现为:

第一,搜寻成本的产生。商品所有人对商品的再销售若要征得商标权人同意,则须要首先搜寻商标权人。而商品所有人对于商品的买受可能不是以与商标权人直接发生交易的方式取得,且商标权人可能已将其商标权以独占许可方式或者转让方式转移给其他人,亦可能其原有登记地址、联系方式等信息已发生变化,在诸多可能变化的情形中,对于商标权人的搜寻均将花费时间成本、人力成本以及交通成本等相关成本,亦可能因此而丧失商品交易机会。

第二,谈判成本的产生。商品所有人对商品的再销售若要征得商标权人同意,则意味着商品所有人需要支付费用或者相应的对价给商标权人。在商品所有人与商标权人针对许可商标商品销售的谈判中,商标权人以其在商品上承载

---

① See R. H. Coase, *The Problem of Social Cost*, The Journal of Law and Economics, Vol. 3, p. 1 – 44 (1960).

② [美]A. 米切尔·波林斯基:《法和经济学导论》(第3版),郑戈译,法律出版社2009年版,第12页。

③ 参见[美]罗伯特·考特、[美]托马斯·尤伦:《法和经济学》(第6版),史晋川、董雪兵等译,格致出版社、上海三联书店、上海人民出版社2012年版,第80~85页。

④ 参见张乃根:《法经济学》,中国政法大学出版社2003年版,第182页。

的商标权而控制商品的再销售处于相对优势地位，商品所有人则需要在被动、劣势的谈判地位中寻求商标权人的许可，为此在支付实际的许可销售费用之外，谈判本身支出的费用和时间也将作为谈判成本构成商品再销售中增加的交易成本。

第三，执行成本的产生。商品所有人和商标权人在执行针对许可商品再销售的谈判协议中亦会产生相应的成本，例如，再销售商品数量的确认、许可费用或者对价的计算和支付、对违约方的监督和惩罚等，在谈判协议执行过程中付出的费用、时间、人力等也将增加商品再销售中的交易成本。

（三）商标权权利用尽规则与商品流转中交易成本的降低

过高的交易成本必然会给市场交易带来诸多不利影响，例如，降低商品交易量、减少商品交易的收益、阻碍商品流通、妨害经济增长等。对于消费者而言，商品在交易中的成本会连同商品的价值一起通过商品的价格得以体现，终将降低消费者福利，损害消费者利益。而新制度经济学的核心理念之一即为，制度是降低交易成本的重要途径，有利于促进经济增长。① 笔者认为，促使交易成本最小化应为市场经济体制下法律制度应当具有的基本的经济功能。

商标权权利用尽规则的适用意味着承载于商品上的商标权在该商品首次销售之后即用尽，商标权人无权以行使商标权为由控制商品的流转，商品所有人对于商品的再销售无须征得商标权人的许可，因此可以节省商品所有人寻求商标权人同意其在商品销售中标识注册商标的搜寻成本、谈判成本以及执行成本，使得商品流转中的交易成本大为降低，由此促进商品交易和自由流通，也充分体现出商标权权利用尽规则的制度价值。

---

① 参见［德］西奥多·W. 舒尔茨：《制度与人的经济价值的不断提高》，载［美］罗纳德·H. 科斯等：《财产权利与制度变迁——产权学派与新制度学派译文集》，刘守英等译，格致出版社、上海三联书店、上海人民出版社 2014 年版，第 175 ~ 179 页。

本章小结

在商品经济发展中,社会分工日益细化,专业从事商品销售的经营者随之出现,承载有知识产权的商品由知识产权人合法投入市场后,该商品在市场上的进一步销售和交易,知识产权人通常不予干预。为诠释前述现象,学界先后提出"默示许可""首次销售""所有权转移"等理论,但"权利用尽"理论被广为接受,在美国、欧盟、日本等国家相关案件的审理中得以实践和完善,也被部分国家的制定法所采纳。商标权权利用尽是知识产权权利用尽在商标法律领域的具体体现,属于商标权限制制度的重要内容,是经商标权人同意投放市场的商品上的商标权的用尽,限于特定商品上商标权的用尽,而非商标权人对其注册商标享有的专用权的终止,其中的商标为商品商标,不适用于服务商标。

标识有注册商标的商品经商标权人同意投入市场后,因商标权与物权并存于同一商品却分属于不同权利主体导致的权利冲突不可避免,商标权权利用尽规则以将承载于该商品上的商标权视为用尽之方式,保障商品所有人对其商品所有权的行使,确保商品在市场中的自由流通,由此实现商标权人与商品所有权人之间的利益平衡,也是协调商标权与物权冲突的有效路径。商标权权利用尽规则也是界定商标权行使边界的重要方式,有利于维护商标与商品之间的客观联系,以防止商标权滥用,与商标法促进自由竞争和经济发展之目的相契合。

商标权权利用尽规则的法理学基础在于该规则有助于商标法正义价值的实现,通过对商标权利行使秩序和商品流通秩序的保障,维护市场竞争秩序和社会秩序。在经济学意义上,根据商标权权利用尽规则,商标权人承载于商品上的商标权在商品首次销售之后即为用尽,以此限制商标权利的行使,使得商品所有人对商品享有完全的处分权,转售商品中使用原商标无须征得商标权人同意,既提高商品在市场中的流通效率,也降低商品流转中的交易成本,最终有益于消费者。在此过程中,商标权人、商品所有人和消费者三方主体之间的权利、义务得以有效配置,实现各方主体效益的最大化,因此具有效率价值,也符合法律经济学分析中的交易成本理论。

Chapter 2
第二章 商标权权利用尽规则的要件

商标权权利用尽规则以限制商标权效力为方式保障所有权的行使,协调商标权与所有权并存于同一商品导致的权利冲突。在此利益平衡中,既要防止商标权利被滥用,也要维护商标权人应有商标利益的合理实现,确保商标功能的正常发挥,以免造成对商品来源的混淆或误认,影响市场公平竞争秩序。因此,商标权权利的用尽应当存在边界限制,仅在具备一定条件的情形下方可用尽,而商标权权利用尽规则要件的设定即是确定商标权用尽边界的重要方面。但关于商标权权利用尽规则的要件,学界观点并不一致,且缺少深入、系统的分析和论证,基于现行立法中相关规定的缺失,司法实践中的判决也存在分歧。笔者在本章中将商标权权利用尽规则的要件确定为商标权人同意、商品具有同一性和商品信息的充分披露,并对其原因和具体认定作以详尽分析。

第一节 商标权人同意

商标权权利用尽须以“商标权人同意”为前提,此处的商标权人同意要件并非是指商标权是否用尽取决于商标权人的同意与否,而是指标识有商标的商品须经商标权人同意投入市场,才具有在该商品上发生商标权用尽的可能性。问题在于,商标权人同意为何是商标权权利用尽规则适用的必备要件?商标权人同意是否可以包括默示同意在内?商标被许可人对其生产的商标商品投入市场销售是否也须征得商标权人同意,方可发生商标权的用尽?在商标权人与商品生产商存在关联控制关系的情形中,由生产商首次销售的商品适用商标权权利用尽规则是否也须征得商标权人同意?笔者拟对于前述问题做如下分析。

一、以"商标权人同意"为要件的原因分析

商标权权利用尽规则是对商标权人在特定商品上商标权权利行使的限制,但这种限制须以商标权人在特定商品上的商标权利益得以实现为前提。在确保商标权人取得其应有的商标利益的前提下,通过商标权权利用尽规则限制商标权人在特定商品上的商标权,保障商品所有人对其商品享有的物权的行使,由此实现商标权人与商品所有人之间的利益平衡,化解商标权与物权并存于同一商品引发的权利冲突。

商标权人的商标权利益具体体现于标识有商标权人注册商标的商品上,商标权人通过对商品的销售或者市场交易取得商标的经济价值,实现商标的商誉价值。商标权权利用尽是已经进入市场流通领域的商品上的商标权权利的用尽,商品经商标权人同意而进入市场流通领域是商标权人遵从内心意愿处分其承载于商品上的商标价值的体现,也是确保商标权人实现其在该商品上的商标权利益的重要条件。基于此,商标权权利用尽规则须以"商品经商标权人同意进入市场流通领域"为要件,此为商标权权利用尽的关键性要素,有学者因此将"权利用尽规则"称为"同意规则"。①

需要说明的是,商品经商标权人同意进入市场流通领域,既可以是商标权人本人对商品的销售或者交易,也可以是取得商标权人许可的被许可人对标识有商标权人注册商标的商品的销售或者交易。在被许可人销售商品情形中,基于商标许可合同的法律性质和效力,也应视为符合商标权人的意愿、取得商标

---

① See Guy Tritton etc, *Intellectual Property in Europe* (*Third Edition*), Sweet & Maxwell, 2008, p. 652 – 653.

权人的同意将商品合法投入市场流通领域。

二、“商标权人同意”要件的认定

(一)生产商将商标商品投入市场的同意要件分析

生产实践中存在较多的定牌加工现象,即商标权人委托他人以相应的标准生产加工商品,并按照要求在商品上标识商标权人的注册商标,而后由生产商将其生产加工的商品交付商标权人。在前述定牌加工行为中,受托方依据合同约定生产加工标识有商标权人注册商标的商品,并交付商标权人,该商品应由商标权人以合法方式投入市场。问题在于,如果受托方自行将商品投入市场,是否发生商标权权利用尽呢?笔者拟分以下情形予以探讨:

第一种情形,生产商对于瑕疵商品的销售。受托方生产的商品因为存在瑕疵等质量问题未达到合同约定的质量要求,商标权人因此拒绝接受生产商交付的瑕疵商品。在此情况下,受托方对于瑕疵商品的销售不适用商标权权利用尽规则,因为瑕疵商品上标识有商标权人的注册商标,但商品本身不符合商标权人的质量要求,商标权人选择放弃市场利益而拒绝接收不予销售,自然也不同意生产商销售标识其注册商标的瑕疵商品。

在德国 Tchibo 公司委托生产商加工“Tchibo”餐具案中,商标权人 Tchibo 公司因生产商生产的标识有“Tchibo”商标的定制餐具存在质量问题而拒绝接收,不过允许生产商自行销售去除“Tchibo”商标后的餐具,但生产商在未去除“Tchibo”商标的情况下销售了这批餐具。Tchibo 公司认为生产商侵犯其商标权并将其诉诸法院。德国最高法院认为,本案不发生商标权权利用尽,因为商标权人仅允许生产商在去除“Tchibo”商标的前提下销售餐具,并未同意生产商销售标识有“Tchibo”商标的这批餐具。[①]

笔者认为,本案所涉及的商品是标识有商标权人注册商标的商品,生产商对于商标商品的首次销售没有遵从商标权人提出的去除商标标识的附加条件,

---

① See federal court of justice, decision of 3 February 2011, I ZR 26/10. 转引自王迁:《知识产权法教程》(第5版),中国人民大学出版社2016年版,第490页。

商标权人也未通过使用商品上的商标实现其商标权利益,应视为未经商标权人同意销售商标商品,不具有适用商标权权利用尽规则的“同意”要件,不发生商标权权利用尽。此外,涉案商品存在质量问题,在有质量问题的商品上贴附商标权人的注册商标且未经商标权人同意投入市场销售,会严重贬损商标的商誉价值,对商标权造成侵害。

第二种情形,生产商对于超出约定数额部分商品的销售。在定牌加工中,商标权人与受托方通常以合同方式约定商品的生产数额,如果受托方在商标权人不知情的情况下超出约定数额生产产品,在交付之后将剩余的产品进行自行销售,是否发生商标权权利用尽?例如,商标权人与受托方约定生产3000件商品,受托方实际生产数量为5000件,在交付商标权人约定的3000件之后,自行销售剩余的2000件商品。在此情形中,生产商加工生产的产品并不存在质量瑕疵,其自行销售的产品与商标权人投入市场的商品在外观和质量方面均无差异,但生产商对商品的销售行为不发生商标权权利用尽,原因在于生产商销售的商品标识有商标权人的注册商标,而商标权人并未同意生产商的销售行为,也未从商品的销售中取得体现于该商品上的商标权利益。商标权权利用尽规则是在确保商标权人实现其商标权利益前提下的权利用尽,未经商标权人同意销售标识有注册商标的商品不能保证商标权人的应得利益,不发生商标权权利用尽。

第三种情形,生产商基于商标权人的违约行为自行销售商品。生产商如期提交符合合同约定的商品,商标权人无故不予接收,基于商标权人的违约行为,生产商自行销售该批商标商品,是否发生商标权权利用尽?

在美国第九巡回上诉法院审理的“Mont Carlo”衬衣案中,美国Mont Carlo公司向韩国大宇公司定制一批男式衬衣,并提供了衬衣的款式、尺寸、面料等具体要求。大宇公司如约交付衬衣,但Mont Carlo公司因错过销售季节而拒绝接收,大宇公司遂自行销售该批标识有“Mont Carlo”商标的定制衬衣,Mont Carlo公司为此提起商标侵权诉讼。审理法院认为,大宇公司销售的衬衣是真品而非仿制品,不存在消费者混淆的可能性,不构成商标侵权。[①] 该案中,生产商销售的商品来源于商标权人的设计,并由生产商依据合同生产,也无质量瑕疵,可以理解为是真品,法院以不具有混淆可能性为由判决不构成商标侵权。笔者关注的是,生产商销售

---

① See Mont Carlo Shirt, Inc. v. Daewoo International Corp., 707 F. 2d 1054 (9th Cir. 1983).

的商品尽管是“真品”，也不存在消费者混淆的可能性，但从商标权权利用尽角度分析，生产商对于“真品”的销售基于未经商标权人许可之原因，不发生商标权权利用尽，即使其未经商标权人许可销售商品的行为不构成商标侵权。

综上，商标权人同意是适用商标权权利用尽规则的必备要件，不以商品有无质量瑕疵、是否为真品、商标权人是否违约而发生改变，也不以是否具有消费者混淆的可能性而改变。在生产商销售标识有商标权人注册商标的商品的行为中，不经商标权人许可必然不发生商标权的权利用尽，但未必会构成商标权侵权。

（二）被许可人将商标商品投入市场的同意要件分析

在商标使用许可法律关系中，商标权人许可他人使用其注册商标，监督被许可人使用其注册商标的商品质量。基于商标权人与被许可人之间的商标使用许可合同，被许可人对于使用商标权人注册商标的商品的销售可以视为取得商标权人的同意，商标权人在商标使用许可费的收取中已经实现其应有的商标权利益。在此情况下，由被许可人将标识商标权人注册商标的商品投入市场同样发生商标权权利用尽，商标权人在被许可人投入市场的商品上享有的商标权自首次销售之时即为用尽，商标权人或者被许可人不得以行使商标权为由控制或阻止已售出商品在市场中的进一步交易和流转。

值得注意的是，在商标权人与被许可人签订的商标使用许可合同中，存在商标权人对被许可人销售商品作出条件限定的情况，例如，限定被许可人生产的商品的销售区域、规定被许可人销售商品的场地、要求被许可人在销售场地中只能销售标识其注册商标的商品等。被许可人在销售商品时如果没有满足其与商标权人约定的附加条件，那么被许可人对于商品的销售是否可以认定为经过商标权人的同意？在被许可人售出的商品上是否发生商标权权利用尽？

我国商标法对于商标使用许可中相关商品质量、商品信息标识以及备案、公告等事项予以明确，根据《商标法》第 43 条的规定，[①]商标权人许可他人使用

---

① 参见我国《商标法》第 43 条的规定，商标注册人可以通过签订商标使用许可合同，许可他人使用其注册商标。许可人应当监督被许可人使用其注册商标的商品质量。被许可人应当保证使用该注册商标的商品质量。经许可使用他人注册商标的，必须在使用该注册商标的商品上标明被许可人的名称和商品产地。许可他人使用其注册商标的，许可人应当将其商标使用许可报商标局备案，由商标局公告。商标使用许可未经备案不得对抗善意第三人。

其注册商标,应当监督被许可人使用其注册商标的商品质量,将其商标使用许可报商标局备案,并由商标局公告。此外,被许可人的名称和商品产地也需要标注于商品上。笔者认为,基于许可人与被许可人在商标局备案公告的商标使用许可、标明有被许可人名称和商品产地的商品信息以及商品上标识的许可人的注册商标等客观依据,对于从被许可人处合法取得商品的所有权人而言,其有合理的理由认为,被许可人对于商品的销售已经取得许可人也即商标权利人的同意,承载于由被许可人售出的商品上的商标权发生用尽。而且,许可人与被许可人之间的商标使用许可基于在商标局的备案和公告而具有对外公示效力,因此具有对抗善意第三人的法律效力。对于商标权人与被许可人之外的第三人而言,在由被许可人投入市场的商品上的商标权应当发生权利用尽,除非在商品上明确标识有禁止销售或投放的区域。

关于商标权人与被许可人在商标使用许可合同中约定的附加条件的法律性质和法律效力以及对商品的后续流转是否产生约束力等问题,笔者认为此部分内容属于商标权权利用尽与合同效力的冲突,涉及商标权与债权冲突中优先性选择的相关问题。首先,合同关系发生于特定主体之间,基于合同约定所产生的法律效力对于特定的合同主体具有当然的约束力。但是,商标权属于绝对权利,其义务主体为商标权人之外的不特定主体,商标权的权利内容及其限制应由法律明确规定,商标权用尽作为对商标权权利内容的限制,亦具有公示效力。因此,特定主体之间的合同关系不能对抗由商标权权利用尽规则产生的商标权的效力内容。

(三)子公司将商标商品投入市场的同意要件分析

笔者认为,同意要件既可以是商标权人的明示性同意,也可以包括商标权人的默示性同意在内,此点在分析、判断具有母子关系的公司将商标商品投入市场是否发生商标权权利用尽中具有重要意义。

根据我国《公司法》第 14 条第 2 款的规定,公司可以设立子公司,子公司具有法人资格,依法独立承担法律责任。但基于母公司与子公司之间控制与被控制关系的存在,子公司在公司事务的决策与管理中通常难以具有真正的独立性。在商标商品投放市场的行为中,如果商品上标识的注册商标的所有人与投放商品至市场的行为人之间存在母子公司关系,即使投放商品至市场的行为并未取得注册商标所有人的明示性同意，不具有商标使用许可合同中的明确授权，但考虑商标权利人与商品销售人之间的控制关联关系，依然可以根据母子公司之间的控制关系作出商标权利人默示同意的认定。

前述内容近似于英美法系中的“共同控制”原则。英国法院在 1979 年对 Revlon 案件的审理中就已提出“共同控制”之理念。法院认为，Revlon 公司作为母公司可以控制其所有的子公司（包括在英国的子公司），其子公司并不具有真正的独立性，不允许在美国的母公司以其子公司在英国取得的商标权来阻止由美国母公司同意投入美国市场的商品进口至英国，此行为在英国不应构成商标侵权。[①]

在美国，“共同控制”原则源自美国海关制定的《海关条例》，《海关条例》在规定“未经商标权人同意禁止进口”条款之外，设置适用前述禁止条款的例外情形，其中，外国和本国商标所有人为母子公司关系或共同所有或控制关系即为例外情形之一，也是“共同控制”原则在美国的立法渊源。[②] 美国联邦最高法院在 K-mart 案件审理中确立了《海关条例》中“共同控制”原则与美国《关税法》第 526 条规定[③]的相容性。法院认为，在国外生产的商品所标识的商标由国内公司注册，而该国内公司与外国公司具有母子公司关系或者实为同一公司，在此情形下，标识有与美国商标相同的商标的商品被进口至国内。那么，进口至国内的商品由于国内外公司的母子关系或者同一关系不应被认定为在国外生产的商品，应属于禁止进口的例外。[④] 由此看出，美国法院在对“共同控制”例外的有效性认定上，更多考虑的是相关人的关联性和控制性，而非合同意义上的授权。[⑤]

---

① See Revlon Inc. v. Cripps & Lee Ltd. ,Court of Appeals(Civil Division)(1979),[1980]FSR 85.

② See 19 CFR § 133.21(1988) or 19 CFR § 133.22 – § 133.23(2016).

③ 参见根据美国《关税法》第 526 条规定，任何将在外国生产的商品标识有美国公民或者公司、协会、组织在美国商标专利局注册的商品，进口到美国的行为是非法的，除非在进口时得到该商标所有人的书面同意。See 19 U.S. Code § 1526(a).

④ See K-mart Corp. v. Cartier,Inc. ,486U.S.281(1988).

⑤ 参见赵西巨：《论知识产权权利穷竭原则中的“同意”规则——以欧盟法和英美法为主导》，载《山东大学法律评论》2004 年第 1 期。

第二节　商品具有同一性

本书中提出的"商品具有同一性"是指经商标权人同意投入市场的商品与适用商标权权利用尽规则所指向的商品为同一商品，此为商标权权利用尽规则的另一必备要件。关于商标权权利用尽以"商品具有同一性"为要件的原因，以及在反向假冒、分装再销售、加工再销售等情形的具体认定，笔者拟作如下分析。

一、以"商品具有同一性"为要件的原因分析

（一）"商品具有同一性"要件解析

在商标权权利用尽规则中，基于商标权人的同意将标识有注册商标的商品投入市场，则商标权人在此商品上的商标权发生用尽，商标权人无权以行使注册商标专用权为由控制该商品在市场中的流通。但注册商标依然存在，注册商标专用权也依然有效，且注册商标所有人并不因权利用尽规则的适用而丧失其对注册商标享有的商标专用权。也即商标权权利用尽是商标权利人在已投入市场的商品上的商标权的用尽，而权利用尽的本质原因在于该商品投入市场已经取得商标权利人的同意，商标权人已经从该商品投放市场中实现其在该商品上的商标权利益。因此，经商标权人同意投入市场的商品与适用商标权权利用尽规则所指向的商品应为同一商品，商标权权利用尽是商标权在已合法投入市场的原商品上的用尽。被诉商标侵权人欲主张商标权权利用尽抗辩，必须举证证明涉案商品与经商标权人同意投放市场的商品具有同一性。

商标权权利用尽须以"商品具有同一性"为要件即意味着：其一，不得以部分商标商品投放市场已经取得商标权利人同意为由，主张标识有相同注册商标的所有相同商品上的商标权均发生权利用尽。其二，不得以此商标商品是经商标权人同意投放市场为由，主张标识相同注册商标的另一商品上的商标权发生

权利用尽。其三,不得以特定商标商品投放市场已经取得商标权利人同意为由,对已经发生改变的商标商品依然主张商标权权利用尽。

笔者认为,“商品的同一性”是指经商标权人同意投入市场的商品即为在市场流通中发生商标权权利用尽的商品,而且该商品在投入市场之后的进一步流通中并没有发生实质性改变,也没有损害注册商标的功能和商誉。商品的实质性改变不仅包括商品在质量、功能、构造方面的改变,也包括商品在外观、标识以及包装、售后服务等方面的改变。因为商标立法的目的并不在于保证真实的商标,而是保证售出的每一件标识有商标的商品都是真实的商标产品,而非替代品。① 商品在首次销售之后如果发生实质性改变,则其与原商品实为不同的商品,使用原商标销售会违反商标立法保护商标的本意。实践中,对于已投入市场的商标商品进行标识更换、加工、重新包装等行为,都将导致商品发生一定程度的变化,也将影响商标权权利用尽规则的适用,需要结合实际情形以具体判断。

(二)商品具有同一性要件保障商标功能的实现

实践中,商品的质量参差不齐,同一种类的商品也会因为生产者的不同而在质量、性能方面存在差别,而商标在某种意义上直接代表着商品的生产者,也代表着商品的品质,消费者通过商标选择其所需要的商品,这也是商标可以降低消费者搜寻成本的主要原因。但商标须使用于指定的商品或服务上,与商品或服务产生稳定的对应关系,方能实现其识别、广告、品质保证等功能。注册商标所有人正是通过标识商标于商品之上,由商标商品在市场流通和消费使用中逐步积累商誉。因此,标识有商标权人商标的商品的质量和品质,是决定商品信誉和商标信誉的关键。②

由商标权人同意投入市场的商品,如果在后续流通中发生实质性改变,在性质上已不同于初始的商标商品,却继续标识原注册商标,自然会使消费者误认为已经发生改变的商品依然来自商标权人,将改变后的商品的品质错误理解为是商标权人商品的品质。此时若允许适用商标权权利用尽规则,将严重影响

---

① See General Elec. Co. v. Speicher, 877 F. 2d 531, 534 (7th Cir. 1989).

② 参见王莲峰:《商标法学》(第 3 版),北京大学出版社 2019 年版,第 4 页。

商标权人对其商品质量的控制权,最终造成商标价值的贬损。[①] 有学者认为,在商品状况改变后使用原商标再销售中,适用商标权权利用尽规则存在理论障碍和现实危害。[②] 笔者赞同前述观点,商标权权利用尽规则应以商品具有同一性为要件,在商品状况改变后适用权利用尽,可能会造成消费者对商品来源的混淆和误认,破坏商品的品质保证功能,阻碍商标功能的实现。

二、"商品具有同一性"要件的认定

(一)反向假冒中"商品具有同一性"要件的否定

反向假冒通常是指假冒者从市场上购买带有他人注册商标的商品后,撤掉商品上原有的注册商标,重新标识假冒者自己的注册商标,并把商品再次投向市场的行为。问题在于,在商标反向假冒行为中,商标权人已经将标识其注册商标的商品投入市场,那么商标权人在该商品上的商标权是否用尽?购买者以商标权用尽作为商标侵权抗辩理由是否成立?

在我国首例反向假冒案中,新加坡鳄鱼公司授权北京同益公司在北京销售"卡帝乐"系列服饰。同益公司低价购买北京京工服装一厂生产的"枫叶"牌西裤,更换西裤上的"枫叶"商标为"卡帝乐"商标后,以每条560元的价格在百盛购物中心销售。服装一厂认为同益公司侵犯其商业信誉并构成不正当竞争,将其诉至法院。北京市第一中级人民法院审理认为,同益公司利用原告的优质产品为其牟取暴利,且妨碍原告商业信誉、品牌的建立,违反诚实信用原则和公平竞争原则,对原告的商业信誉和正当竞争的权利造成一定程度的损害,其行为构成侵权。[③] 需要说明的是,由于原告以同益公司侵犯其商业信誉、构成不正当竞争为由提起诉讼,法院在该案中基于同益公司对原告商业信誉的侵害而认定其构成侵权,并未对反向假冒是否属于商标侵权行为做出回应。

---

① 参见刘文琦、李晓光:《从商标功能审视商标权利穷竭原则适用的限制》,载《中华商标》2018年第2期。

② 参见杨源哲、杨振洪:《商品状况改变后的权利穷竭问题研究》,载《知识产权》2014年第1期。

③ 参见北京市第一中级人民法院民事判决书,(1994)中经知初字第566号,载郑成思主编:《知识产权研究》(第6卷),中国方正出版社1998年版,第252~259页。

在“温蓝得”商标反向假冒案中，被告北京华娜公司将温菲尔德公司生产出售的女式真丝上衣上的“温蓝得”商标去除后标识自己的商标销售，北京市第二中级人民法院审理认为，被告的行为违反诚实信用原则，有损于市场公平竞争，商标侵权行为成立。[①] 审理法院首次认定商标反向假冒行为属于侵犯注册商标专用权行为，为我国商标立法规制反向假冒提供司法实践支持。

在如皋市印刷机械厂（以下简称印刷机械厂）诉如皋市铁德物资有限责任公司（以下简称铁德公司）侵犯商标专用权纠纷案中，印刷机械厂以受让方式取得“银雉”商标的商标权，铁德公司多次购买他人使用过的“银雉”牌旧印刷机械，除去机械铭牌，经修理后重新喷涂，以无标识的形式销售给用户，买受人并不清楚印刷机的原生产厂家。印刷机械厂认为，铁德公司的行为侵犯其注册商标专用权。注册商标中的商品商标，作为商标权人与商品使用者之间的纽带，只有附在核准使用的商品上随着商品流通，才能加强商品的知名度和竞争力，使商品使用者认知商品生产者及其商品的全部价值，增加商品的市场交易机会，满足商标权人实现其最大经济利益的目的。所以，商品商标与商品具有不可分离的属性，商标权人有权在商品的任何流通环节，要求保护商品商标的完整性，保障其经济利益。在商品流通过程中拆除原有商标的行为，显然割断了商标权人和商品使用者的联系，不仅使商品使用者无从知道商品的实际生产者，从而剥夺公众对商品生产者及商品商标认知的权利，还终结了该商品所具有的市场扩张属性，直接侵犯了商标权人所享有的商标专用权，并最终损害商标权人的经济利益。因此，铁德公司在商品交易中擅自将印刷机械厂的“银雉”牌商标与该商标标识的商品分离，是侵犯印刷机械厂商标专用权的行为。[②]

我国《商标法》在 2001 年修订时增加了反向假冒构成商标侵权行为的规定。现行《商标法》第 57 条第 5 项亦规定，“未经商标注册人同意，更换其注册商标并将该更换商标的商品又投入市场”属于商标侵权行为。笔者认为，商标立法规定商标反向假冒为商标侵权行为的主要原因在于，反向假冒行为割裂了商标与商品之间的真实联系，导致消费者对商品的来源发生混淆，是对商标的

---

① 参见“温蓝得”商标反向假冒案。转引自王莲峰：《商标法学》（第 2 版），北京大学出版社 2014 年版，第 134 ~ 135 页。

② 参见江苏省南通市中级人民法院民事判决书，(2003)通中民三初字第 15 号。

来源识别功能的侵害。

尽管有前述司法判例和商标立法的规定，也有反向假冒破坏商标识别功能、导致消费者发生来源混淆作为其侵犯注册商标专用权的理论基础，但对于商标反向假冒行为的法律性质，在学术界依然存在不同观点。第一种观点认为，根据商标权“耗尽”理论，反向假冒不构成商标侵权行为。理由为注册商标所有人将其商品合法置于流通过程，从购买者处取得对价后，商标权已经用尽，购买者无论以何种形式继续流通该商品，均无损于注册商标所有人的商标权益。① 认定反向假冒为侵害商标权行为同时存在物权转让理论障碍和商标权理论障碍。② 第二种观点认为，反向假冒符合商标权用尽的条件，规定反向假冒侵害商标权应为商标权权利用尽规则的适用例外。③ 在理论上，可以认为我国《商标法》第 57 条第 4 项所规定的反向假冒侵权是商标权用尽的例外。④ 第三种观点认为，商标反向假冒不应属于合法行为，但无法以商标权权利用尽规则解释商标反向假冒行为的违法性。⑤ 第四种观点认为，商标权权利用尽是商标权人无权禁止他人在已出售的商品上使用原商标而不是无权禁止他人撤换原商标，不适用于商标反向假冒行为。⑥ 笔者认为，前述不同观点均没有准确理解商标反向假冒与商标权权利用尽的关系，而根源在于没有清楚界定商标权权利用尽规则的构成要件。

主张商标权权利用尽的商品应为经商标权利人同意而投入市场的商品，且该商品并没有发生实质性改变。在商标反向假冒行为中，购买者对商品上贴附的商标进行去除或者更换，即使此行为并不影响商品的质量与性能，但无商标或者贴附不同商标的商品与有商标权人注册商标的原商品相比显然存在改变，此种改变首先是对商品外在标识的改变，更是对商品来源信息的改变，破坏了

---

① 参见张序九：《商标法教程》（第 3 版），法律出版社 1997 年版，第 204 页。

② 参见刘春田：《商标与商标权辨析》，载《学术论坛》1998 年第 1 期。

③ 参见汪东峡：《商标权用尽原则的例外及法律协调》，中国政法大学 2007 年硕士学位论文，第 7 页。

④ 参见刘铁光：《商标法基本范畴的界定及其制度的体系化解释与改造》，法律出版社 2017 年版，第 147 页。

⑤ 参见学者刘明江在其《商标权效力及其限制研究》（知识产权出版社 2010 年版，第 245 页）中指出，商品首次投放市场之后，商标权人禁止他人使用其注册商标的权利穷竭，这一点确实没法解释商标反向假冒，但并不能表明商标反向假冒属合法行为。

⑥ 参见冯晓青：《商标侵权专题判解与学理研究》，中国大百科全书出版社 2010 年版，第 32 页。

原商品的真实性和完整性。基于商品的改变而不具备商标权权利用尽的“商品的同一性”要件，无法适用商标权权利用尽规则，也即商标反向假冒行为不符合商标权权利用尽的构成要件。因此在购买人去除、更换商标的商品上不能发生商标权的权利用尽，当然也不存在商标权权利用尽规则的适用例外。

前述分析同样适用于隐性反向假冒，隐性反向假冒是去除原商品的注册商标后不加任何商标标识再次进行销售的行为。[①] 对于隐性反向假冒行为的法律性质，我国现行商标法并未明确，其是否构成商标侵权行为尚在探讨中。但从商标权权利用尽理论的视角分析，在隐性反向假冒中，再次销售的商品尽管未贴附任何商标，但已将原商品上的注册商标去除，依然是对原商品的改变，不具备商品的同一性要件，亦不能适用商标权权利用尽规则，更不属于商标权权利用尽的例外。

（二）商品分装再销售中“商品具有同一性”要件的辨析

商品在分装、重新包装后使用原注册商标再次销售已经成为常态化的商品经营模式，但此种行为是否构成商标侵权，我国司法实践中的判决不尽一致。有学者认为，对于重新包装后转售行为，基于商标法一般不规制在真品上适用真正的标志的情况，一般不被认定是侵权。[②] 笔者认为，重装再销售行为中涉及的商品通常是由商标权人或被许可人合法投入市场的商品，在适用传统的商标侵权判定标准之前，应当首先确定其是否符合商标权权利用尽的构成要件，而再销售的商品与经商标权人同意投入市场的商品是否具有同一性则为决定商标权是否用尽的核心所在。

商品在分装之后是否具有同一性取决于商品自身是否因为分装行为而发生改变。基于商品形态、性能等方面的差异以及分装方式的不同，有些商品在分装之后没有发生任何变化，有些商品则因为分装行为而影响商品质量，甚至完全改变商品的品质。笔者认为，商品分装行为是在改变原商品包装中的商品组装数量之后重新包装以满足不同的消费需求，判断商品在分装后是否发生改

---

① 参见王莲峰：《商标法学》(第 3 版)，北京大学出版社 2019 年版，第 138 页。

② 参见吴祎：《从美国司法实践看重新包装后转售行为的商标侵权问题》，载《中华商标》2016 年第 6 期。

变应当重点分析商品是否因为分装行为而在质量、品质、性能方面有所改变。需要注意的是,商品分装行为必然会改变商品的外包装,但商品外包装的变化未必会导致商品本身的改变,应当结合具体情形对商品在分装之后的状态是否发生改变分别作出判断。具体可分为以下情形:

第一种情形,商品的外包装与商品本身关系密切。由于商品的特殊性而对商品包装具有包装材料、包装方式以及包装技术方面的要求,例如,液态的饮料、酒水以及真空包装的食品等,打开商品的包装即会对商品造成一定的破坏,应当将商品包装理解为商品不可分割的部分。再如,茶叶、红酒等商品对外包装的材质和包装方式会有特别要求,不当的外包装会影响到商品的口感和品质。前述情形下,对原商品本身的分包装均会导致商品质量、品质的改变,或者存在较大的改变的可能性,在此情形下应当认定商品因分装行为而发生改变,不再具有商品的同一性。

2010 年 4 月 17 日,A 品牌机油生产厂家投诉称,其代理商从厂家购进大桶装 A 品牌机油,分装至与 A 品牌机油相同规格的小桶,贴附与 A 品牌小桶装机油同样的标贴后对外销售。A 厂家认为经销商私自分装的机油品质没有保证,因此投诉至工商局。对此,执法人员持有不同意见:有意见认为,机油分装后,内在品质并无实质性改变,分装机油后使用原注册商标销售的行为不构成商标侵权;另有意见认为,分装后的机油仍然是 A 品牌机油,使用原商标销售分装后的机油不构成商标侵权,但擅自委托他人印制与 A 注册商标相同的标贴,属于商标侵权行为;也有意见认为,分装后的机油不一定能保持原有品质,应当视为不同于分装前机油的新产品,未经商标权人同意使用原商标销售新产品,应为商标侵权行为。[①] 笔者倾向于从机油在分装前后有无发生改变的角度,分析其是否适用商标权权利用尽。本案的涉案商品是机油,机油作为发动机使用的润滑油,具有润滑减磨、辅助冷却降温、密封防漏、防锈防蚀、减震缓冲等功能。机油中含有杂质和水分会加速机械部件的磨损,并会堵塞油路造成润滑失效,也会导致油品氧化,降低机油的品质和性能。生产厂家之外的经营者擅自分装机油,极易混入灰尘、纤维等杂质或渗入水分,从而导致机油质量和品质的改变。

① 参见黄璞琳:《"化整为零"的法律难题——经销商分装机油后使用原注册商标对外销售是否构成商标侵权探析》,载《中国工商报》2010 年 8 月 5 日,B03 版。

鉴于机油自身的特性，分装后的机油与分装前的机油存在着较大的改变的可能性，不能视为是同一商品，不应适用商标权权利用尽规则。

第二种情形，商品的外包装与商品本身不具有必然的联系。商品自身对商品的外包装并不具有特殊的要求，其质量、性能等要素可以不依赖于商品的外包装而发生改变，商品在分装之后重新包装通常不会影响到商品的质量和性能。此种情形下，应当视商品与其外包装分别独立存在，商品的分装行为不会使商品本身发生改变，商品的同一性要件依然存在。

在老凤祥股份有限公司诉苏果超市（淮安）有限公司侵害商标权纠纷案中，涉案商品是标有"中华"商标的铅笔，原告基于经营需要将由被告生产的10支装"中华101绘图铅笔"分包装为每袋4支，并制作4支装铅笔的吊袋包装，标识有原告的注册商标、商品型号、供应商等信息。[①] 笔者认为，此案中的涉案商品是铅笔，由铅笔的外形、性能等特点决定，其对外包装并不存在特定的要求，应当承认铅笔本身的独立性，铅笔对外包装不存在依附关系。本案中的分包装行为是将原有的10支装改变为4支装，经销商制作4支装吊袋包装并分装铅笔的行为不会改变铅笔本身的质量和性能，商品本身并未发生改变。尽管法院以在分装销售的铅笔上使用原注册商标属于对商标权人注册商标的合理性使用为由，判定不构成商标侵权，但笔者更倾向于以分装商品未做改变适用商标权权利用尽规则为由排除商标侵权行为。

在杭州不二家食品有限公司诉钱某某、浙江淘宝网络有限公司侵害商标权纠纷案中，涉案商品是贴附有"不二家"商标的糖果，被告将16斤装的不二家糖果分包装为100克、138克、258克后使用原注册商标销售，但对里面的糖果包装未做改变。[②] 本案中，涉案商品糖果是由一定数量和重量的若干个独立的单个糖果组合而成，每一单个糖果均有独立的小包装，被告对单个独立的糖果及其包装未做改变，仅是减小单个糖果的组合的数量和重量，由此涉案的分装行为是对糖果组合数量的分解和再次包装，分解糖果的组合显然不会对糖果造成改变，糖果带有独立包装，对糖果的组合的外包装通常不存在特别的要求，而现有的外包装在材质方面不会影响糖果的质量和口感，在外观方面不会降低消费

① 参见江苏省淮安市中级人民法院民事判决书，（2014）淮中知民初字第0007号。

② 参见杭州市余杭区人民法院民事判决书，（2015）杭余知初字第416号。

者对糖果的品质的判断。因此,笔者认为,被告对不二家糖果的分装行为没有对糖果发生改变。在商标权权利用尽规则得以立法明确的情况下,认定原告在被告分装的糖果上的商标权已经用尽,对于用尽的商标权自然不存在商标侵权的权利基础,商标侵权行为难以成立。

第三种情形,分装后的外包装会明显降低相关公众对商品的判断。经营者在分装商品后使用的外包装在材料、质量、外观等方面如果明显差别于原商品的外包装,则不可避免会导致消费者对商品品质的判断,也会降低商品上使用的注册商标的商誉,甚至会丑化商品及其贴附的注册商标。尽管商品与外包装并不具有不可分割的密切关系,但商品外包装材质的明显降低会有损于消费者对商品本身价值的评价,应当视为分装行为对商品进行改变。对于善意、诚信的经营者而言,此种情形在实践中出现的可能性较小,但在理论分析上确实有此种可能性。

(三)商品加工销售中"商品具有同一性"要件的分析

从商品的生产和流转形态看,所有商品均是由初始的原材料状态经过加工最终呈现可以满足消费者不同需求的多种状态,商品加工也是增加商品附加值、提高商品性能、满足消费者需求的重要方式。问题在于,经营者在市场上购买标识有商标权人注册商标的商品,对其购得的商品进行加工改造后依然贴附商标权人的注册商标并在市场上再次销售,经营者在销售加工后的商品中对商标权人注册商标的使用,是否构成商标侵权?能否适用商标权权利用尽规则呢?笔者认为,在对商品的加工再销售中,判断商标权利是否发生用尽的关键在于,经商标权人同意投入市场的商标商品在经营者加工之后是否发生改变,也即是否具备适用权利用尽的"商品同一性"要件。通常情况下,对商品的加工行为会涉及商品外观、性能方面的改变,而外观、性能属于判断商品是否发生改变的重要指数,也是消费者做出消费选择的重要考量因素,应当认为经营者加工之后的商品相比原商品已经发生了实质性改变,即使加工之后的商品相比于原商品性能更加优化、外形更加美观,但在本质上属于不同于经商标权人同意首次投入市场的商品,不应当适用商标权权利用尽规则。

在之宝制造公司(Zippo Manufacturing Company)诉李某生侵害商标权及不正当竞争纠纷案中,原告之宝制造公司是世界著名的打火机制造商,也是ZIPPO

系列注册商标所有人,其生产销售的打火机产品既有光板打火机,也有雕花打火机。被告购买由原告生产的光板打火机,以激光方式在火机上雕刻图案,委托包装公司生产带有 ZIPPO 标识的包装盒用以包装前述增加雕刻图案的打火机,使用原告的 ZIPPO 商标再行销售。法院认为,被告未经原告许可在加工原商品后依然使用原注册商标,且没有附加相关商品加工的信息或者作出不同的标识,在原告也销售雕花打火机,且二者在包装装潢与防伪标识相近似的情况下,会使消费者误认为加工后的打火机依然是原告产品,造成商品来源的混淆,构成商标侵权。①

本案中,被告对其购买的由原告生产并有 ZIPPO 标识的打火机进行激光雕花,原有的光板打火机在增加了原本不具有的图案、装饰之后,在整体外观方面有了较大的变化,此种变化已导致打火机的实质性改变,与其最初购买的原光板打火机相比,已属于两个不同的产品。基于商品发生改变而不具有商品的同一性要件,因此不能适用商标权权利用尽规则作为商标侵权的阻却事由。正如祝建军法官所言,经营者通过雕刻加工方式对其所购商品以实质性改变,继续使用原商标在市场销售,会导致消费者对该实质性改变商品的来源产生混淆,不应适用商标权用尽原则,实质上构成商标侵权。②

在佛山市东鹏陶瓷集团诉佛山市诺可可艺术砖有限公司侵犯商标权纠纷案中,东鹏陶瓷集团是“东鹏”注册商标(第 19 类)所有人,从事瓷片、腰线、花片等陶瓷产品的生产、销售。被告诺可可艺术砖有限公司与无锡市元兴装饰装潢服务有限公司签订委托加工合同,为元兴公司加工腰线、花片等产品,为履行前述委托加工合同,被告购买东鹏公司生产的没有图案和花纹的瓷片,将之加工成腰线和花片后贴附“东鹏”注册商标交付委托方或自己直接销售。法院认为,被告未经许可对原告注册商标的使用,有明显的通过误导消费者进行营利的意图,侵犯原告的注册商标专用权。③ 笔者认为,从商标权权利用尽规则的视角分

---

① 参见广东省广州市中级人民法院民事判决书,(2012)穗中法知民初字第 54 号;广东省高级人民法院民事判决书,(2014)粤高法民三终字第 101 号。

② 参见祝建军:《购进商品后添加图案再销售不适用“商标权穷竭原则”——评美国之宝制造公司诉李某侵犯商标权案》,载《中国知识产权报》2014 年 12 月 31 日,第 009 版。

③ 参见刘红:《购买带有商标的产品加工后出售的行为——构成商标侵权》,载《人民法院报》2001 年 9 月 22 日,第 003 版。

析,适用商标权权利用尽须以商品没有发生实质性改变为条件,但本案中,被告将其购买的原告生产的瓷片加工成腰线和瓷片,加工行为致使商品的形态和图案发生变化,此种变化导致商品的实质性改变,基于商品不具有同一性要件,不能适用商标权权利用尽规则。

(四)旧货翻新再销售中"商品具有同一性"要件的分析

旧货翻新再销售可以充分实现物尽其用,有利于节约自然资源、保护生态环境,符合经济循环发展和社会可持续发展的需要。但在旧货翻新之后的销售中,经营者通常因继续使用原注册商标或者去除、更换原注册商标而陷入商标侵权纠纷困境中。[①] 解决旧货翻新再销售是否侵犯商标权的核心问题在于其是否适用商标权权利用尽规则,理论界与实务界对此存有分歧。否定观点认为,旧物翻新行为使得商品的性质发生改变,不应当适用商标权权利用尽规则。[②] 销售翻新手机会导致消费者对手机来源产生混淆,经营者在销售时的告知不会造成售中混淆,但不能避免售前混淆和售后混淆,其行为构成商标侵权行为。[③] 肯定观点认为,对旧的商品进行翻新使其外观甚至效能得以恢复一定的水平,更符合权利用尽之理,非但书适用之情形。应当细致区分合法与违法的界限,为合法的旧货翻新销售行为留足空间。[④] 另有观点认为,商标权权利用尽规则的简单适用显然会在回收利用问题上造成利益失衡,[⑤]简单肯定或否定其在旧货翻新销售的适用均不尽妥当,会破坏商标权权利用尽规则利益平衡功能的发挥,悖理循环经济社会的发展理念。[⑥]

笔者认为,翻新行为通常不会导致原商品上注册商标的去处,经营者在翻

---

① 例如,诺基亚公司诉深圳市富鑫盛贸易有限公司侵犯商标专用权案,参见广东省深圳市中级人民法院民事判决书,(2007)深中法民三初字第421号;参见如皋市印刷机械厂诉铁德公司侵犯商标专用权纠纷案,载《最高人民法院公报》2004年第10期。

② 参见袁博:《论"旧物翻新"的商标侵权实质与刑事责任延伸》,载《科技与法律》2013年第2期。

③ 参见胡平:《浅谈如何界定经营者翻新旧手机后再销售行为》,载《中国市场监管报》2011年12月29日,第B03版。

④ 参见宁立志、芦加人:《旧货翻新销售行为的商标法检视》,载《暨南学报(哲学社会科学版)》2017年第10期。

⑤ 参见李士林:《回收利用中的商标权穷竭》,载《云南大学学报(法学版)》2010年第1期。

⑥ 参见李晓秋、吴罡:《旧货翻新销售中商标侵权判定的是与非——以商标权用尽原则的适用为分析中心》,载《重庆邮电大学学报(社会科学版)》2014年第6期。

新原商品后使用原注册商标再行销售的行为,能否适用商标权权利用尽规则的关键依然在于是否具备商品的同一性要件,也即翻新后再销售的商品与经商标权人同意投入市场的商品是否为同一商品。翻新并非法律术语,一般是指产品由于使用在外表、性能等方面产生一定的磨损,经过加工处理使其恢复或接近产品的初始状态。[①] 前述问题取决于经营者所采取的翻新方式和翻新程度,不可一概而论,应当进行类型化分析。

第一种情形,涉及旧商品表面的、非实质性的翻新。因为在使用中产生损耗,旧商品在性能、品质方面相比于新商品有所降低,但仍然是由原商标权人生产的商品,而非其他人制造。此种情形下,通过翻新行为使旧商品尽可能恢复至原有的状态,翻新方式通常为清洗、打磨、维修、零部件更换等,但不涉及产品主要部件的翻新和更换,属于非实质性的翻新。经过此种方式翻新后再销售的商品与原商品在外观、性能、构造、完整性方面基本相同,具有商品的同一性。

在美国最高法院审理的"Champion"火花塞案中,被告收集旧的"Champion"火花塞,经翻新后保留原商品上的"Champion"商标再次销售。最高法院认为,尽管是使用过的火花塞,但仍为"Champion"火花塞,经过修理的火花塞并没有形成一种新的设计,被告在产品上标识修理字样以披露详情的情形下,无须去除"Champion"商标继续销售。[②]

在诺基亚公司诉深圳市富鑫盛贸易有限公司侵犯商标专用权案中,原告诺基亚公司以生产手机著称,是"NOKIA"注册商标所有人。被告深圳市富鑫盛贸易有限公司对原告生产的旧手机通过更换外壳、零部件方式进行翻新,使用"NOKIA"商标销售,但主机板未予更换,更换的外壳为原告生产。审理法院认为,被告未经商标权人许可,销售标识有"NOKIA"注册商标的外壳更新手机,构成商标侵权。[③] 有学者认为,该案的审理忽视了商标权用尽原则的适用,殊为可惜。[④] 笔者认为,被告所售商品为经过翻新的旧手机,判断商标权是否用尽的关键在于翻修后的手机与原手机是否为同一商品,本案中,被告实施的翻新行为

---

① 参见搜狗百科网,https://baike. sogou. com/v181402037. htm? fromTitle = 翻新。

② See Champion Spark Plug Co. v. Sanders,331 U. S. 125(1947).

③ 参见广东省深圳市中级人民法院民事判决书,(2007)深中法民三初字第 421 号,参见祝建军:《"旧手机换新壳"侵犯注册商标专用权》,载《中华商标》2019 年第 11 期。

④ 参见贺炯:《商标权用尽原则及其限制》,载《检查风云》2011 年第 13 期。

主要是对手机的外壳和已经坏掉的零部件进行更换,并没有触及手机的主板、芯片等核心部件,通过翻新使旧手机在外观和性能方面得以一定程度的恢复,不同于产品的升级或再造,而且翻新使用的外壳和零部件亦为原告生产,可以认为此翻新保持了商品的同一性要件,在符合其他要件的情况下,应当适用商标权权利用尽规则。

第二种情形,对旧商品进行根本性、实质性的翻新。此种翻新方式在美化商品外观的同时,通常会涉及商品核心部件或者大部分部件的更换以及内部构造的改变、使用性能的升级,虽为旧物翻新或者维修,但属于实质性、根本性的翻新,实为商品的升级或再造。此种情形下,基于核心部件的更换,翻新后的商品与原商品难以认定为是同一商品,不具有商品的同一性。如李明德教授所言,对二手产品或者修理过的产品而言,如果有关的修理是根本性的,以至于改变了产品的基本性质,继续使用原有商标有可能造成消费者的混淆。①

在美国第七巡回上诉法院于1964年审理的"Bulova"案中,原告制造并销售"Bulova"手表,被告购买原告生产的手表后,取出其中的表芯放置于自制的手表外壳中销售,标识自己商标的同时,在表盘上保留"Bulova"字样。巡回上诉法院认为,被告把原告的表芯放置于非原告生产的手表外壳中,已经形成一个不同于原手表的新产品,不得在欺骗或误导社会公众的意义上使用原告商标。②

在张某假冒注册商标案中,被告人张某从市场收购旧的苹果手机,同时购买标识有苹果公司注册商标的手机外壳等配件,在对旧手机的主板进行维修、更换假冒的苹果手机外壳和配件之后,将经过翻新的旧苹果手机作为新手机在市场上销售。一审法院认为,未经商标权人同意,在同一种商品上使用与其注册商标相同的商标,情节严重,构成假冒注册商标罪。③ 被告人张航不服一审判决,提出上诉,二审法院裁定维持原判。④ 本案中,被告人从事的手机翻新行为涉及对手机主板的维修和手机外壳的更换,手机主板是手机的核心、主要部件,但本案中并未更换主板,仅是对主板的维修,可以视为保持了主板的同一性。手机外壳作为配件,不属于手机的核心部件,但本案中更换的手机外壳并非苹

① 参见李明德:《美国知识产权法》(第2版),法律出版社2014年版,第542页。

② See Bulova Watch Co. v. Allerton Co., Inc., 328 F. 2d 20(7th Cir. 1964).

③ 参见广东省深圳市福田区人民法院刑事判决书,(2010)深福法知刑初字第3号。

④ 广东省深圳市中级人民法院刑事裁定书,(2011)深中法知刑终字第207号。

果公司生产,却使用了与苹果公司注册商标相同的商标,且未经商标权人许可,属于假冒商品。使用假冒商品更换旧手机的配件,在手机销售中并未表明手机的真实情况,此行为应定性为加工、组装、生产新产品,与原商品不是同一商品,不具有商品的同一性要件,不能适用商标权权利用尽规则。

需要说明的是,保持商品同一性仅是判断旧货翻新再销售适用商标权权利用尽规则的要件之一,并不意味着商标权的必然用尽且不构成商标侵权行为。因为适用商标权权利用尽规则还须具备同一性要件之外的其他要件,拟作为第三个要件在下文中探讨。此外,若翻新后再销售的旧货可以适用商标权权利用尽规则,但在经营者中存在以旧充新、以次充好现象,则可以受《商标法》之外的其他法律规制,例如,《反不正当竞争法》和《循环经济促进法》的相关规定等。正如孔祥俊教授所言,"商标权的边界是相对清晰的,但侵害商标权益的行为会不断翻新,若侵害行为因不在商标权效力范围之内而无法给予商标权保护,但又必须制止,则可以选择制止不正当竞争方式以保护"。①

(五)标注信息改变中"商品具有同一性"要件的分析

商品标注信息改变是指商品本身未发生改变,但商品上有关商品具体信息的说明发生改变。关于商品具体信息的说明主要包括商品的商标、型号、等级、成分、规格、原料等信息,通常标注于商品之上,以向消费者传递商品的相关信息,与商品融为一体,属于商品不可分割的一部分。商品标注信息是对商品真实情况的说明,也是消费者作出消费选择的重要考量因素,标注信息的改变会向消费者传达不真实乃至错误的信息,导致消费者在相同商品范围内对商品之间差异的混淆和误认,进而影响消费判断和决策。因此,在商品本身未改变的情况下,改变商品的标注信息应当认定为是对商品的改变,不应适用商标权权利用尽规则。需要注意的是,对商品标注信息的改变如果只是用于对商标信息作出更加详尽的说明或者解释,并没有违反商品的真实、客观情况,不会在商品与标注信息之间产生错误的对应关系,则不属于本书所指的标注信息的改变。

在米其林集团总公司诉胡某平侵犯商标专用权纠纷案中,原告米其林集团总公司是轮胎生产商,也是第 1922872 号注册商标"MICHELIN(轮胎人图形及

---

① 孔祥俊:《反不正当竞争法的创新性适用》,中国法制出版社 2014 年版,第 248 页。

MICHELIN 文字组合)”的所有人。被告胡某平是长沙市雨花区欢乐轮胎经营部的经营者,其购买并销售由原告在日本生产的轮胎,轮胎上标识有原告的注册商标之外,同时标注有“225/55R16”“95Y”等技术指标,以及“pilot preceda pp2”花纹、产地为日本、3C 认证标志、产品代码 534938 等信息。原告确认轮胎胎体的真实性,但认为被控侵权轮胎系 225/55R16 型产品,该型号轮胎速度的级别应当是 Q、S、T、H、V、W 级之一,不可能是 Y 级,存在更改轮胎标注信息的行为。法院认为,被告存在“改胎”行为,其“改胎”行为对注册商标的识别、指引功能造成损害,构成商标侵权。① 本案中,被告对于其销售的轮胎本身未做改变,轮胎的质量、性能、外观等与原告生产的商品并无差异,但对轮胎速度级别的标注信息进行更改,将不属于 Y 级速度的轮胎标记更改为最高速度级别的 Y 级轮胎标记。而标识轮胎速度级别的符号应当与轮胎的真实速度级别相对应,该符号应当标识于商品之上,是商品作为整体的不可或缺的一部分,对此标注信息的变更应当视为是对商品的改变,从商标权权利用尽的适用规则分析,本案销售的虽然是原告生产的产品,但基于对商品的改变而不能适用商标权权利用尽规则。

在绝对有限公司、保乐力加(中国)贸易有限公司与苏州隆鑫源酒业有限公司商标侵权纠纷案中,原告绝对公司是第 525723 号、第 1466538 号、第 3377850 号、第 3377856 号注册商标所有人,保乐公司为独占使用许可权人,被告隆鑫源公司销售的绝对伏特加商品为被告生产的原装商品,但在原装商品上擅自加贴中文标签并且磨毁了原有的产品识别码,法院判决被告构成侵犯注册商标专用权和不正当竞争。② 本案中,原产品识别码是表示商品特定信息的标识,包括产品的生产日期、生产批次、产地、销售地等信息。在商标权人对较大区域范围内相同商品使用同一商标的情形下,该识别码与商标相结合能够方便商标权人和相关公众更好、更准确地区分、识别商品的准确来源,包括产品质量、生产和销售来源等。因此,产品识别码作为商标之外的另一标识,与商品融为一体,被告对原产品识别码的磨毁行为破坏了商品的完整性,是对原商品的改变,在商品状况发生改变的情况下不能适用商标权权利用尽规则。

---

① 参见湖南省长沙市中级人民法院民事判决书,(2009)长中民三初字第 0072 号。

② 参见江苏省苏州市中级人民法院民事判决书,(2013)苏中知民初字第 0175 号。

在美国第九巡回上诉法院于1993年审理的"Intel"案中,Intel公司制造并销售"Intel"计算机处理器,在产品上标示有Intel 286－6、Intel 286－10等型号标记以区别处理器速度。被告将其购买的标示Intel 286－6型号的处理器更改为Intel 286－10,并使用"Intel"商标销售给电脑组装商。美国第九巡回上诉法院审理认为,被告销售的产品是真实的"Intel"计算机处理器,但在销售中擅自改变产品的型号标识不仅欺骗消费者,而且损害原告的商誉,被告对于兰哈姆法的解释仅集中于商标的来源识别功能,忽视了商标法具有的保护商誉和消费者的功能,因此构成商标侵权行为。[①] 本案中,被告擅自更改用以区分计算机处理器速度的型号标识,其销售的产品确为Intel公司制造,而且依然使用"Intel"商标,显然,被告使用原商标销售标注信息改变后的商品并未损害商标的来源识别功能。但是,改变速度型号标识会使消费者对于"Intel"计算机处理器的性能和质量发生误解,损害了消费者对原告商品质量的信赖,导致商标的品质保证功能受损。美国法院以被告改变商品标注信息的行为会损害原告的商誉以及商标的品质保证功能为由,认定被告的行为构成商标侵权。

笔者认为,一方面,商标法在保护商标的来源识别功能之外,是否对品质保证功能以独立保护,尚存在许多疑问之处。[②] 另一方面,商品质量发生变化并不必然导致商标品质保证功能理论的适用,应当以商品品质受损且消费者会发生混淆为适用限制,避免商标权保护范围的不合理扩张。在美国,当产品本身存在缺陷或者潜在缺陷且消费者没有能力发现时,法院通常接受质量控制理论。[③] 在商品改造行为的司法实践中,我国法院往往并未论及"商标品质保证功能"的损害与否,而是在来源识别功能下讨论商品来源主体的混淆可能性。[④] 鉴于此,对于改变商品标注信息后使用原商标再销售行为,笔者倾向于适用商标权权利用尽理论解释其商标侵权问题。具体而言,商品标注信息是商品性能、质量等信息的具体说明,类似于商品的"身份"证明,应当视为商品不可或缺的必要组成部分,改变商品标注信息会破坏商品与其身份说明之间的对应联系。因此,标注信息改变后的商品与原商品不具有"同一性",不具备商标权权利用尽的

---

① See Intel Corp. v. Terabyte International, Inc., 6 F.3d 614 (9th Cir. 1993).

② 参见张鹏:《品质保证功能在商标侵权判断中的地位》,载《知识产权》2020年第10期。

③ 参见刘维、陶钧、范静波:《商标法:原理与案例》,中国法制出版社2020年版,第284页。

④ 参见张鹏:《品质保证功能在商标侵权判断中的地位》,载《知识产权》2020年第10期。

“同一性”要件，未经商标权人同意，使用原商标销售标注信息改变后的商品构成商标侵权。

第三节　商品真实信息的充分披露

商品真实信息的充分披露要求经营者在商品及包装上善意、详尽地说明商品的来源、变化、提供者等真实信息，是商标、商标权人、商品三者之间的对应关系得以客观反映的有效方式，避免相关公众对商品的来源、品质等信息发生混淆或误认。商品信息充分披露要件旨在确保商标的功能不受破坏，在商品状况有所改变的转售行为中，对于保护商标权人利益和消费者利益极具必要性。

一、商品信息充分披露以保障商标功能的实现

如前所述，商标权权利用尽规则是基于保障商品自由流通而对商标权人的商标权利予以限制，其合理性在于对商标权利的限制以确保商标权人的利益实现为前提，在此基础上，实现商标权人与物权人之间的利益平衡。值得说明的是，商标权权利用尽规则虽然是对商标权利的限制，但其适用与商标功能的实现并不冲突和矛盾。商标权用尽意味着经商标权人同意投入市场的商品上的商标权发生用尽，商标权人无权控制他人在商品的继续流通中使用其注册商标，但基于对商品真实信息充分披露的要求，依然可以保障商标功能的实现。

（一）商标来源识别功能的发挥

从商标指示商品来源、防止消费者混淆的角度看，商标商品由商标权人同意合法投入市场，购买人使用或者转售该商品，其商标所具有的来源指示功能依然存在，不因商品使用主体或转售主体的变化而变化，相关公众基于商标来

源指示作用的发挥不会产生混淆或误认。[1] 适用商标权权利用尽规则,转售者在其转售的商品上标识原商标销售具有合法性的根本原因在于,购买者或经营者再次投入市场流通的商品不是假冒注册商标的商品,与商标权人初始投入市场的商品相比并未发生实质性改变,商标标识于商品上可以正常区分商品来源,不具有导致消费者混淆的可能性。事实上,商标保护原本是为防止销售劣质商品严重欺骗公众行为而采取的措施,对商标侵权的法律规制亦源于该行为的欺骗性质。[2] 如果商品在市场的进一步流通中已经发生变化,例如,商品是由转售商经过重新包装、翻新或者加工之后再次销售的,此种变化存在影响商品质量和性能的可能性,应当将此变化信息标识于商品上以向消费者充分披露,避免对消费者造成欺骗,也可以防止消费者对商品来源产生误解,损害商标权利人的商誉。因此,商品真实信息的充分披露应为商标权权利用尽的另一适用要件。在商品首次投放市场后发生重新包装、翻新等改变的情况下,如果经营者未将商品的真实信息向消费者充分披露,则易于使消费者混淆商品的真实来源,损害商标的来源识别功能,不能适用商标权权利用尽规则,商标权人有权禁止该商品的进一步流通。

(二)商标品质保证功能的实现

商标具有来源识别、品质保证及广告宣传功能,便利于消费者寻找其所需要的商品,可以节约消费者对商品的搜寻成本,识别使用商标的商品所具有的不可观察的特征,进而作出消费决策。商标的这些功能均可以概括为信息的传递,这大概是经济学将商标作为消除信息不对称的工具的根本原因。[3] 在此意义上,标识商标的商品在相关事实或信息发生改变时,经营者应当将商品的真实情况向消费者进行充分披露,以保障商标功能的实现。

需要注意的是,品质保证并不是商标使用人应当承担的法定义务,商标的品质保证功能也并不是保证标识商标的商品应当具有高品质和高质量,而是表

---

① 参见祝建军:《"旧手机翻新行为"的商标法定性——iPhone 苹果商标案引发的思考》,载《知识产权》2012 年第 7 期。

② See Frank I. Schechter, *The Rational Basis of Trademark Protection*, Harvard Law Review, Vol. 40, p. 813 – 833(1927).

③ 参见王太平:《商标法:原理与案例》,北京大学出版社 2015 年版,第 4 ~ 5 页。

明以同一商标标识的商品或服务具有同样的品质,即具有品质的统一性。[①] 商标不是法律意义上的保证,它仅表示标识那个标志的商品具有一致的质量。[②] 商标品质功能的实质是具有相同商标的相同商品具有相同的品质水准,该功能实现的前提在于注册商标所有人对商品品质的完全控制,确保从初始投放市场到最终抵达消费者不会被其他主体改变。[③]

在转售商对原商品进行分包装后再销售中,劣质、易碎、品质低下或降低产品整体配置这样的潜在缺陷会隐藏于分包装等行为中,由此妨碍商标持有人对其商标产品质量的控制。在此情况下,转售商应当采取适当措施,防止消费者误认为重新包装与商标持有人有关联或得到商标持有人的认可,而在重新包装的商品上标识"由某某重新包装"即为最简单又适当的措施。转售商不会因此玷污商标持有人的商誉,商标持有人也不会因此而禁止转售商使用其商标,消费者也不会因此而被隐瞒的相关事实所欺骗。[④] 笔者认为,前述学者对于转售分包装商品须披露商品信息的论述同样适用于使用原商标转售加工、翻新后的商品,尽管分包装、加工、翻新等行为可能并不涉及商品的根本性、实质性改变,但显然会使商品的质量和品质脱离商标权人的监管,为避免消费者对于标识商标的商品的品质发生误解,也为保障经营者对商品所有权的行使,对于商品真实信息进行充分披露是化解前述矛盾的有效方式。

二、"商品真实信息充分披露"在美国的适用考察

(一)在重装再销售中以披露商品信息为准许使用原商标的条件

在美国最高法院于1924年判决的Prestonettes公司与Coty公司商标侵权纠

① 参见邓卓:《如何理解商标的品质保证功能》,载《中国知识产权报》2015年11月6日,第005版。

② See J. Thomas, Mccarthy, *McCarthy on Trademarks and Unfair Competition*, 4th ed., Thomson West, 2006, p. 3 – 10.

③ 参见成文娟、张书青:《破坏商标品质保证功能构成商标侵权——"不二家案"判前判后的思考》,载《电子知识产权》2016年第6期。

④ See Justin D. Swindells, *Repackaging Original Trademarked Goods: Trademark Exhaustion or Consumer Confusion*, Federal Circuit Bar Journal, Vol. 7, p. 391 – 416 (1997).

纷案中,[①]原告 Coty 公司是一家生产香水和香粉的法国公司,拥有“Coty”注册商标专用权。被告 Prestonettes 公司购买原告生产的香粉,经过压缩工艺并添加黏合剂后将其重新包装成块,放入金属盒中销售。此外,被告还购买了原告制造的瓶装香水,将其分装在小瓶中销售。被告在对重新包装或分装的香粉和香水再销售中,均使用了原告的“Coty”商标,原告诉讼至法院要求被告禁止使用其“Coty”商标。联邦地区法院认为,被告可以在其销售的产品上使用原告的“Coty”商标,但须在产品上标明“香水是 Coty 公司生产,由 Prestonettes 公司在纽约独立重新瓶装,Prestonettes 公司与 Coty 无关”“粉饼由 Coty 香粉与 Prestonettes 公司自制黏合剂混合制作,Prestonettes 公司与 Coty 无关”,并且要求前述标识内容应使用相同字体、颜色、大小以具有普通的辨别性。鉴于香水易于挥发、易于变质、易于掺假的特性,巡回上诉法院推翻地方法院的判决,发布禁令要求被告不得使用原告的商标。

最高法院认为,被告基于对原告所售商品的购买而享有所有权,有权对其购买的商品进行压缩、分割、改变后加以销售。原告不能阻止被告使用其商标用以标明商品的成分、来源和性质,因为被告是在行使其所有权,并且对产品的真实情况进行说明。商标并不赋予商标所有人禁止他人将商标作为词语使用的权利,商标仅在保护商标所有人商誉的范围内禁止他人使用,以阻止将他人的商品作为商标所有人的商品。当他人对于商标的使用没有欺骗公众时,我们没有权利阻止他人使用商标来说明事实。商标不是禁忌。如果被告以不同的字体使用“Coty”商标,购买者可能会受到欺骗,但在用以说明事实而未突出使用时,被告有权以某种方式作出声明。因此,应该撤销巡回上诉法院的判决,恢复地区法院的法令。

上述案例中,被告将原告生产的香水分装后再销售,尽管香水具有易于变质的特性;被告还将原告生产的香粉添加黏合剂加工成块状再销售,尽管改变了原产品的形状和成分。但是,在充分披露商品真实信息的情况下,仍然可以使用原商标销售分装、加工后的商品,尽管本案中对于商标的使用属于说明实情的附带性使用。美国最高法院在此案中的判决无疑强调了商品真实信息充分披露的重要性,信息披露也可以尽可能避免消费者对商品来源发生混淆或

① See Prestonettes, Inc. v. Coty, 264 U. S. 359 (1924).

误认。

(二)在旧货翻新中充分披露商品信息可以保留原商标再销售

在Champion公司诉Sanders商标侵权及不正当竞争纠纷案中,[①]原告Champion公司是火花塞制造商,在销售的火花塞商品上使用其注册商标"Champion"。被告收集使用过的Champion火花塞,经修理、翻新后在市场上再次销售,保留原产品的"Champion"商标,同时在所售商品上印制"Renewed"字样,并在包装盒上印有"Champion""完美翻新的火花塞"和"质量保障"字样。联邦地区法院认定,被告侵犯了原告的注册商标专用权,责令被告停止销售修复和翻新的火花塞,除非:去除火花塞上的商标和型号;用耐久的颜色重新油漆火花塞;在火花塞上以显著方式标识"修理"字样;在包装上标明所售火花塞是使用过的,由原告制造、被告修理,最多使用1万英里。巡回上诉法院认为,被告侵犯了原告的注册商标专用权,并且构成不正当竞争,但是修改了禁令,不要求被告去除商标和型号,须标识出"修理过"或"使用过"字样。

最高法院认为,对于被告侵犯原告商标权并且构成不正当竞争的结论不存在异议。问题在于,被告应当采取何种救济措施才可以继续销售经其翻修的火花塞,是否有必要在火花塞上去除"Champion"商标。最高法院论证说,本案涉及的是二手商品,尽管使用过,但仍然是"Champion"火花塞,而非他人制造。有证据支持人们所怀疑的这些翻新的使用过的火花塞达不到新火花塞的性能标准,但二手的福特和雪佛兰轿车也是如此。我们不会认为更换阀门和火花塞的福特或雪佛兰轿车,须去除"Ford"或"Chevrolet"商标才能销售。翻新过的火花塞并没有形成新的设计,只是在可能的范围内恢复至原有的状态,在热范围和其他质量方面的确不及新品,但在大多数二手商品上该情况是可预料的。巡回上诉法院要求标明"修理"字样符合信息充分披露的要求,被告没有欺诈和仿冒情节。在禁令能够使案件得以公正处理的情况下,判决维持巡回上诉法院的判决。

上述案例中,被告收集原告生产的使用过的火花塞,在翻新后保留原告商标再次销售,审理法院要求被告在火花塞上注明修理字样,原产品上的商标可

---

① See Champion Spark Plug Co. v. Sanders,331 U.S. 125(1947).

以继续保留。从最高法院和巡回上诉法院的判决看出,未改变产品基本性质的翻新商品可以保留原产品的注册商标销售,是基于商品真实信息的充分披露。显然,充分披露有关商品的真实信息,也是对原产品制造者提供应有的保护。[①]

三、"商品真实信息充分披露"要件在我国的适用

由前述美国最高法院在商品分装、加工、翻新后再销售中使用原商标引发商标侵权纠纷典型案件的审理可以看出,美国对于商标权用尽的适用采用较为宽松的态度,只要能够将商品的真实信息向社会公众以充分披露,使消费者对商品内容及其来源不发生混淆或者误认,即可适用商标权权利用尽。而国内法院的相关判决在思路上似乎有些不同。[②] 司法实践中,我国一些法院将旧手机翻新再销售认定为假冒注册商标罪,[③]将商品重新包装再销售认定为商标侵权行为,[④]对于商品经翻新、重新包装后使用原商标再销售行为,并未提供在"商品真实信息充分披露"前提下为法律所允许的可能性。

对于商标权权利用尽规则的适用,我国理论界也存在不同观点:在旧货翻新销售中,有学者认为,翻新者如果能够在翻新中保持原产品的同一性,并且充分披露翻新详情,以商标权权利用尽原则作为商标侵权的抗辩理由应予支持。[⑤]在不二家(杭州)食品有限公司诉钱某某、浙江淘宝网络有限公司侵害商标权纠纷案中,[⑥]也有学者提出,如果被告未在包装盒上使用涉案商标,而是标明商品分装事实和主体信息,便属于正当的分装转售,基于权利用尽原则不再构成商标侵权。[⑦]

笔者认为,随着经济贸易的发展,对商品实施分装、加工、翻修后再销售可

---

① 参见李明德:《美国知识产权法》(第2版),法律出版社2014年版,第542页。

② 参见王太平:《商标法:原理与案例》,北京大学出版社2015年版,第373页。

③ 参见深圳市中级人民法院刑事判决书,(2018)粤03刑终2054号。

④ 参见杭州市余杭区人民法院民事判决书,(2015)杭余知初字第416号。

⑤ 参见李晓秋、吴罡:《旧货翻新销售中商标侵权判定的是与非——以商标权用尽原则的适用为分析中心》,载《重庆邮电大学学报(社会科学版)》2014年第6期。

⑥ 参见杭州市余杭区人民法院民事判决书,(2015)杭余知初字第416号。

⑦ 参见成文娟、张书青:《破坏商标品质保证功能构成商标侵权——"不二家案"判前判后的思考》,载《电子知识产权》2016年第6期。

以满足不同消费主体的多元化消费需求，也是实施循环经济发展和可持续发展的需要。以旧物回收为例，据美国彭博新闻社驻中国记者站记者亚当·明特所言，全球回收业每年的营业额高达5000亿美元，约等于挪威的国内生产总值，是全球雇员人数仅次于农业的行业。[①] 我国工业和信息化部工信数据显示，2018年和2019年手机淘汰量分别为4.61亿部和4.99亿部，而在5G商用后，年废旧手机数量将增至5.24亿部。尽管如此，中国目前二手手机的回收率不足2%，绝大多数并未进入产业链的循环。相比回收模式较为成熟的欧美国家，中国回收的声音要小很多。[②] 应当肯定的是，旧物回收再利用作为绿色产业经济的重要组成部分，已经为我国政府愈加关注。但是，在商品回收利用中，不仅涉及商标权人、回收者、消费者等不同主体的利益，也涉及商标侵权以及商标权是否用尽的问题。一方面，经营者对其合法购买的标识有注册商标的商品，基于所有权的享有而有权利对商品进行任意处分。另一方面，基于对再销售商品的分装、加工、翻新等行为，经营者在商品再销售中对于原商标的使用，会存在导致消费者混淆、损害商标功能、贬损商誉的可能性，也为商标权权利用尽规则的适用带来阻碍。在再销售中，要求对于商品真实信息进行充分披露，是实现商品信息在经营者与消费者之间沟通交流的重要方式，可以在一定程度上避免消费者对于商品性质、内容及其来源发生混淆，也有利于对注册商标所有人的保护和商誉的维护，更为商标权权利用尽规则的合理性适用提供一定的制度空间。

此外，我国《循环经济促进法》对于再制造产品和翻新产品在销售中的信息披露问题也予以明确。根据该法第40条规定，在质量符合国家规定标准的前提下，将在售产品为再制造产品或者翻新产品的真实信息标识于其显著位置，则对于再制造产品和翻新产品的销售应予允许。[③] 由此，对商品真实信息的充分披露不仅是适用商标权权利用尽规则的要件，也与我国相关立法规定相一致。

---

① 参见[美]亚当·明特：《废物星球：从中国到世界的天价垃圾贸易之旅》，刘勇军译，重庆出版社2015年版，第2页。

② 参见换换君：《二手手机回收是新风口？解决行业痛点是关键》，载微信公众号"换换回收"2020年4月10日。

③ 参见我国《循环经济促进法》第40条第2款规定：销售的再制造产品和翻新产品的质量必须符合国家规定的标准，并在显著位置标识为再制造产品或者翻新产品。

本章小结

商标权权利用尽规则的适用应当存在边界限制，以保障商标功能的正常发挥，而设定适用条件即为确定其边界的重要方面。商标权权利用尽规则的要件应为商标权人同意、商品具有同一性、商品信息充分披露。

商标权人同意要件是指标识商标权人商标的商品须由商标权人同意投入市场销售，则该商品上的商标权可以用尽，也即只有经商标权人同意投入市场的商品，才可以适用商标权权利用尽规则。设定该条件的目的在于确保商标权人体现于商品上的商标利益得以实现，商标权用尽是以商标权人合法利益得以保护和实现为前提的用尽。同意包括明示同意和默示同意在内，在商标使用许可中，由于商标权人已经从商标使用许可费的收取中实现其应有的商标利益，被许可人对于使用商标权人商标的商品的销售可以视为已征得商标权人同意。在商标权人与商品的生产销售商具有母子公司关系等关联控制关系的情形中，可以作出商标权人默示同意销售商品的认定。

商品具有同一性是指经商标权人同意投入市场的商品即为在市场流通中发生商标权权利用尽的商品，旨在强调商品自投入市场之后在外观、标识、包装、品质、性能等方面未发生实质性改变，依然为原商品，以此确保商品与商标之间的对应关系不被破坏，商标的来源识别、品质保证等功能得以正常发挥，不会导致相关公众对商品来源的混淆和误认。经营者再销售商品是否与原商品具有同一性，可以从商品标识信息更换、分包装、修理、加工等行为对商品改变的程度等方面作以判断，也须综合考量商品自身的品质、特性等因素。

商品信息披露要件要求经营者在商品及包装上对商品的真实信息以充分说明，避免消费者对其购买的商品在来源、品质等方面产生误解，此为保障商标功能不受损害，避免相关公众对商品、商标、商标权人之间真实关系发生混淆的有效方式。美国法院在“Coty”香粉案和“Champion”火花塞案等相关案件的审理中已充分说明此要件适用的合理性，我国《循环经济促进法》对此也有明确规定，在商标权权利用尽规则的适用中强调商品真实信息的披露既有必要性，也与相关立法规定保持一致性和协调性。

Chapter 3 第三章

商标权权利用尽规则的限定

在符合商标权权利用尽规则要件的前提下，商标权人承载于经其同意合法投入市场的商品上的商标权用尽。但是，商标权的用尽是指商标权的全部用尽抑或其中部分权利的用尽？商标商品在一国市场内的销售是否可以导致该商品上的商标权在世界范围内用尽？商标权用尽是否适用于商品的二次流通？基于商标权的用尽，经营者使用商标权人商标的方式是否仅限于商品销售？前述问题涉及商标权权利用尽规则指向的权利内容、地域范围、时间界限以及商标使用方式，是在具备适用条件前提下对商标权权利用尽规则的进一步限定，是界定商标权权利用尽规则边界的另一重要方面。本章拟从商标权权利用尽规则的权利内容、地域范围、时间界限以及商标使用方式方面对其适用限定以分析探讨。

第一节　商标权权利用尽的权项内容

依据商标权权利用尽规则，承载于商品上的商标权由商标权人或其许可人合法投入市场后即视为用尽。但是，商标权是由使用权、许可权、转让权、禁止权等单项权利组成的权利集合体，那么商标权权利用尽具体指向商标权的何种权利呢？对此问题，学界颇有争议，有必要予以探究和澄清。

一、"商标商品销售权用尽"之否定

有学者认为，商标权权利用尽是商标商品销售权的用尽，在商标权领域不存在权利用尽问题。[①] 笔者认为，销售权不是商标权的权利内容，也不存在商标商品销售权的用尽。理由如下：

首先，商标商品销售权应属于物权范畴。绝对权利具有对世性，权利主体之外的任何人均有不得侵害或妨碍权利行使之义务，由此也称为对世权。为确保该权利对于不特定人的对抗效力，应依据权利法定原则创设绝对权利，即权利的种类和内容均须由法律予以规定。

从字面理解，商标商品销售权应为商标商品上存在的销售权，客体为商标商品。而商标商品首先以有体物形式存在，其上应产生物权。我国《民法典》第116条规定："物权的种类和内容，由法律规定。"根据大陆法系各国的立法规定和学理研究，物权法定既是指物权类型和内容的法定，也要求物权的效力及其公示方法须由法律予以明确规定。[②] 但包括《物权法》在内的我国现行立法并无关于销售权的明确规定，笔者因此对销售权的权利基础提出质疑，并且认为，前述学者提出的商标商品的销售权应属于物权范畴，是所有权处分权能中的内容。

其次，商标商品销售权不存在用尽。所有权具有永久性特点，随标的物的存在而永远存续，不罹于时效而消灭，除了因标的物灭失、所有人抛弃、取得时效等事由而消灭之外，以永久存续为其本质。[③] 商标商品销售权作为商品所有权中处分权能的内容，以商标商品为客体，理应因商标商品的存在而存续，除非由法律明确规定，否则不发生用尽。在商标商品由其初始权利主体以合法方式投入市场时，发生商品所有权的转移，销售权依附于所有权随之转移给

---

① 参见李亮：《在商标领域，是通行权利穷竭还是权利限制?》，载《法治研究》2008年第1期；张永艾：《商标权穷竭原则质疑》，载《政法论丛》2004年第1期。

② 参见梅夏英、高圣平：《物权法教程》（第3版），中国人民大学出版社2015年版，第7页。

③ 参见梁慧星、陈华彬：《物权法》（第6版），法律出版社2016年版，第106页。

商品购买人,但商品所有权及其中的销售权依然存在,不存在用尽问题。对于商标商品的初始权利主体——商标权人而言,其在商标商品上的享有的所有权因其销售行为而转移给买受人,包括销售该商品的权利随之转移给买受人。

二、商标权的权利内容分析

笔者认为,探讨商标权权利用尽规则适用的权利内容应在商标权范围内分析其中某一项或者几项抑或者全部权项内容是否发生用尽,此问题的解决需要首先对商标权的权利内容作以梳理。

商标权人对其注册商标享有的商标权并非是一项单一的权利,而是由一系列子权利组成的权利束。商标权的具体内容有使用权、转让权、许可权、禁止权、续展权和出质权。[①] 据此,笔者将商标权的权利内容分为两个方面:一是使用权,即商标权人自己在核定的商品或服务上专有使用其注册商标的权利,转让权、许可权和出质权等项权利则由使用权派生;二是禁止权,即禁止、排除他人未经许可在相同或类似商品上使用与其注册商标相同或近似的商标的权利。

使用权和禁止权均为商标权的权利内容,且均以注册商标为权利客体,是对同一注册商标予以保护的正反两个方面。二者互为依存,使用权是禁止权得以存在的前提,禁止权是使用权得以专有性行使的保障。但禁止权的行使范围要大于使用权的行使范围,因为使用权的范围仅涉及核定注册的商标和核定使用的商品,禁止权则包括与注册商标相同或近似的商标以及与核定使用商品相类似的商品,因为商标权人不仅可以禁止他人在核定的商品上使用其注册商标,也可以禁止他人在类似商品上使用与注册商标相同或近似的商标。

基于以上商标权权利内容的分析,笔者将针对商标权中使用权和禁止权是否用尽作以分析。

---

① 参见王莲峰:《商标法学》(第 2 版),北京大学出版社 2014 年版,第 83 页。

三、商标权中禁止权的用尽

在商标商品由商标权人或其许可人合法投入市场之后，承载于该特定商标商品上的商标禁止权是否发生用尽？对此问题，学界存在两种截然相反的观点：第一种观点认为，商标权中的禁止权不存在用尽问题。[①] 理由是在已售出的商品上继续使用商标权人的注册商标是商标的应有之义，除非商品发生变化有损商标信誉，否则商标权人不可能会禁止他人在其投放市场的商品上继续使用原注册商标。[②] 第二种观点认为，商标权权利用尽是其中禁止权的用尽。[③] 学者刘明江教授认为，他人在再销售的商品上使用商标权人的注册商标理应被商标权人制止，但为便于商品流通，商标权人不得禁止他人在再销售商品上使用其注册商标，实为禁止权的用尽。[④]

笔者不赞同第一种观点，第二种观点虽然具有合理性，但缺少说理性论证。笔者认为，在商标商品的再销售过程中存在商标权中禁止权的用尽问题，具体分析如下：

首先，商标权中存在禁止权的用尽问题与商标法律原理相符合。依据商标法律原理，商标权具有专有效力，其权利主体为商标权人，权利人之外的任何人未经许可不得在相同或类似商品上使用与注册商标相同或近似的商标。但在商标商品的再销售中，销售人在其销售的商品上继续使用原注册商标，构成商标性使用，而销售人为非商标权人，也未经商标权人许可，属于《商标法》第 57 条第 1 项所规定的侵犯注册商标专用权行为。[⑤] 此乃由商标权权利性质和商标立法规定得出的必然结论。但这与市场交易和商品流通中的便捷性要求显然

---

① 学者张永艾在《商标权穷竭原则质疑》(载《政法论丛》2004 年第 1 期)文中提出商标权中的使用权和禁止权都不存在穷竭问题；学者李亮在《在商标领域，是通行权利穷竭还是权利限制？》(载《法治研究》2008 年第 1 期)文中也认为商标权不存在用尽问题，包括其中的禁止权在内。

② 参见张永艾：《商标权穷竭原则质疑》，载《政法论丛》2004 年第 1 期。

③ 参见学者刘明江在其著作《商标权效力及其限制研究》(知识产权出版社 2010 年版，第 244 页)中提出，商标权利用尽是指商标权人禁止他人在再销售的商品上使用其注册商标的权利的用尽，属于商标权所具有的禁止权的范畴。

④ 参见刘明江：《商标权效力及其限制研究》，知识产权出版社 2010 年版，第 243 页。

⑤ 参见我国《商标法》第 57 条第(一)项规定：未经商标注册人的许可，在同一种商品上使用与注册商标相同的商标。

存在矛盾,对商标权的行使予以限制便极有必要。鉴于商标权的绝对权利属性,对其专有效力的限制只能通过也必须通过商标立法的明确规定得以实现。因此,由商标法规定"商标权中的禁止权在一定条件下发生用尽",既是在不动摇商标法律基本原理的前提下得出的问题,也是在符合商标法律基本原理的前提下提出的解决路径。而前述第一种观点所提出的"在已售出商品上继续使用原注册商标是商标的应有之义"明显有违商标权的专有性特征,也与商标侵权行为的判定原理相矛盾,不符合商标法律基本原理。

其次,商标权中存在禁止权的用尽问题与商标法律实践相符合。前述第一种观点中也提到,商标权人不可能会禁止他人在其售出商品上使用其注册商标,除非商品发生变化影响商标。但与之相反,由商标权人因他人在已售出商品上使用其注册商标而提出的商标侵权诉讼案件近年来频繁发生。[①] 司法实践中,诸如禁止权是否用尽、适用条件是什么、是否存在限制和例外、适用的边界何在等问题尚处于立法空白状态,致使相关案件的审判无据可依,亟须商标立法给予回应,也说明了商标法律实践对明确商标权中禁止权用尽问题的迫切需要。

此外,依据亚当·斯密的"经济人"理论假设,市场经济条件下,商标权人同样具有经济人特性。即使其已经从商标商品的首次销售中获取经济利益,即使购买人在再销售中贴附其注册商标有益于识别商品来源实现商标功能并积累商誉,但基于追求经济利益最大化的目标,商标权人依然希望通过行使商标权控制商标商品的后续交易以获取更多的经济利益。为确保商品在市场中的自由流通,明确商标权中禁止权的用尽有助于阻止商标权人的趋利本性,防止商标权利的滥用。

综上,商标权中禁止权的用尽意味着商标权人在商标商品首次销售之后即无权禁止他人在该特定商品上继续标识其注册商标,禁止权的用尽在商标商品的市场交易中普遍存在,既符合商标法律原理,也反映司法实践需要,更有助于

① 相关案例涉及已售出的商标商品在分包装、再加工、回收利用、维修之后再销售中对原注册商标的使用。例如,不二家(杭州)食品有限公司诉钱某某、浙江淘宝网络有限公司侵害商标权纠纷案,参见浙江省杭州市余杭区人民法院民事判决书,(2015)杭余知初字416号;江苏省南京市中级人民法院民事判决书,(2014)宁知民终字第16号;诺基亚公司诉深圳市富鑫盛贸易有限公司侵犯商标专用权案,参见广东省深圳市中级人民法院民事判决书,(2007)深中法民三初字第421号。

商品的自由流通，保障市场竞争秩序。因此，在商标商品的交易和流转中，承载于商品上的商标权的禁止权发生用尽，此为实然，也是应然。

四、商标权中使用权的用尽

关于商标权中的使用权是否发生用尽，学界也存在不同观点。第一种观点认为，商标权中的使用权不存在用尽问题。[①] 该观点的核心思想在于，如果商标权中的使用权发生用尽，中间销售商的反向假冒行为则不构成商标侵权，他人对商标权人投放入市场的商品上的商标可以进行包括去除、更换等方式在内的任意处置，这显然严重损害商标权人的利益，重要的是破坏商标与商品之间的真实联系。

第二种观点认为，商标权中的使用权存在用尽。持此观点的学者认为，承载于该特定商品上的全部商标权发生用尽，包括其中的使用权在内。[②] 商标权人将其商品合法置于流通过程，从购买者处取得对价，表现于该商品的商标权已经用尽，归于消灭。因此，购买者以任意形式对该商品以继续交易和流通，均无损于商标权人的商标权益，但购买者如将商品进行修理、加工或将容器内容更换后重新置于市场，并使用原注册商标，应构成商标侵权。[③]

第三种观点认为，商标权权利用尽仅是指商标权中使用权的用尽，禁止权不发生用尽。商标权利用尽规则涉及的商标权是商标权中的使用权而非禁止权，禁止他人未经许可擅自使用注册商标的权利在商标流转中没有用尽。[④]

笔者认为，在商标商品被合法投入市场之后的再销售中，切实存在商标权的使用权用尽，而且商标权的使用权也应当用尽。

首先，商标权中禁止权的用尽意味着其中使用权的用尽。使用权与禁止权是商标权利的核心内容，二者是对同一权利客体——注册商标保护的正反两方

---

① 参见伍鉴萍、郭文：《商品商标权权利穷竭研究》，载《云南大学学报（法学版）》2004 年第 1 期；张永艾：《商标权穷竭原则质疑》，载《政法论丛》2004 年第 1 期。

② 马强在《商标权权利穷竭研究》（载《现代法学》2000 年第 1 期）文中提出，经商标权人或经其同意的许可人以合法的方式销售或转让，权利人就不再享有商标权。

③ 参见张序九：《商标法教程》（第 3 版），法律出版社 1997 年版，第 204 页。

④ 参见袁博：《改变商品包装构成商标侵权吗？》，载《中华商标》2015 年第 3 期。

面,互为依存,紧密相连。可以说,使用权是禁止权存在的前提,禁止权是使用权得以专有性行使的保障。禁止权的用尽应以使用权用尽为前提,只有在使用权发生用尽已终止的情况下,以使用权为存在基础的禁止权才可以用尽。商标权中禁止权的用尽前文已给出论证,而禁止权的用尽必然意味着使用权已经用尽。

其次,商标权人在特定商品上的商标经济利益的取得使该商品上的商标权全部用尽。如前所述,在商标商品被合法投入市场之后,体现于该商品上的商标禁止权用尽,也即商标权人无权禁止商品的所有人在再销售该商品时使用其注册商标,此为基于实然性和应然性分析得出结论。那么,禁止权何以用尽呢?笔者认为,是禁止权赖以存在的基础——商标权发生用尽。在商标商品被合法投入市场(销售、赠与等方式)之后,尽管商标功能需要在持续使用中方能得以全部实现,但商标权人已经取得其在该商品上的商标利益,商标权人在该商品上的商标权已经用尽,包括使用权和禁止权在内的全部商标权发生用尽。

最后,特定商标商品上商标权的用尽是商标功能得以持续实现的保障。承载于已合法投入市场的商标商品上的商标权用尽,意味着在该特定商品上使用注册商标的权利不再由商标权人专有,他人可以不经商标权人许可,在销售或流转其享有所有权的商品上继续使用商标权人的注册商标。在商品所有人在特定商品上对商标权人注册商标的使用中,商标与商品之间的联系得以维持,商标的识别功能得以实现。

事实上,也只有商标权人在该商品上的商标权用尽,商品所有人才可以不经许可即自由使用商标权人的注册商标以标识于其合法取得的商品上,用于该商品的后续交易和流转,包括在为此进行广告宣传中使用该商标。商标与商品之间的客观、真实联系也由此可以在商品的继续销售中得以延续,商标对于商品的来源识别等功能在商品所有人对商标的继续使用中得以持续实现。

需要补充的是,对于第一种观点中提到,商标使用权的用尽使得商标反向假冒合法化,由商标使用权用尽与商标反向假冒之间的矛盾否定使用权的用尽。对此,笔者已在前文中论及,商标反向假冒不符合商标权权利用尽规则的构成要件,因此不能适用商标权权利用尽,更不能以商标反向假冒否定商标使用权的用尽。

第二节　商标权权利用尽的地域范围

从法律的角度来看,商标权权利用尽的界定取决于国家商标法对这一规则的承认,以及权利用尽规则适用的地理区域的确定。[①] 关于商标权利用尽规则适用的地域范围,学界的观点不尽一致,有商标权的国内用尽、区域用尽和国际用尽三种理论学说。实践中,前述三种理论也分别为不同国家或地区所选择和适用。笔者认为,商标权国内用尽理论在目前具有普遍适用性,区域用尽和国际用尽理论则具有适用的条件性和特殊性,本章从商标权利的产生机理和行使依据方面对此做以分析论证。

一、商标权国际用尽之条件性

一般认为,商标权国际用尽是指商标商品由商标权人或经其许可合法投入市场后,该商品上的商标权在国际范围内用尽,商品所有人可以在商品上继续标识原注册商标在国际范围内销售或者流转其商标商品,而无须征得原商标权人同意。[②] 其中的问题显而易见:

第一,商标权人在某国享有的商标权,在其他国家亦有商标权效力吗?众所周知,商标权具有地域性特征,商标权作为具有专有、排他效力的绝对权利,须由国家法律予以明确规定,由国家法定机关依据法定的授权条件和授权程序授予,其效力仅限于本国主权领域范围之内,除非由国际条约、双边或多边协定特别规定。而《保护工业产权巴黎公约》和 TRIPS 协定并未取消商标权的地域性,因此,商标权人依据某国商标法规定取得的商标权仅在该国具有专有效力,不能延及其他国家。

---

① See Irene Calboli, *Trademark Exhaustion in the European Union: Community-Wide or International*, Marquette Intellectual Property Law Review, Vol. 6, p. 47 – 90(2002).

② 参见刘明江:《商标权效力及其限制研究》,知识产权出版社 2010 年版,第 253 页。

第二,既无有效的商标权,何谈商标权利的用尽?商标权用尽是商标权效力的终止,以商标权的有效存在为前提。如前所述,商标权人享有的在核定商品上专有使用注册商标的权利仅在授予其商标权的国家有效,在其他国家不具有商标权的专有效力,也不存在合法、有效的商标权。既无商标使用权,也无商标禁止权,探讨商标权利用尽的实质基础自然不存在。即使在该国的商标权人就相同商标在其他国家也享有商标权,那也是依据其他国家法律规定另行取得的商标权,不同于在原属国核准注册的商标权,二者并非同一概念,为两个不同的商标权。而在商标权用尽中,用尽的商标权是商品上初始标识的商标所承载的商标权,也是商标商品在首次售出之前即存在的商标权,因为商品的售出而发生商标权的用尽。

此外,也有学者提出,应当区分权利存在与权利行使,权利存在确有地域限制,但权利行使则通常超出一国范围,需要从更大的地域范围看待权利行使的限制问题。[①] 笔者认为,该观点错误地理解了权利存在与权利行使的关系,权利行使须以权利存在为基础,权利的内容与效力直接决定权利行使的范围,超越权利存在的地域范围,权利即不存在,又何以有权利的行使呢?

第三,基于商标商品在一国市场的销售行为,该商标在该国享有的商标权用尽的同时,能否及于相同商标在其他国家享有的商标权?商标权利用尽是对商标权利的限制,而商标权为法定权利,也为绝对权利,对于绝对权利的限制须以法律明确规定为要件。基于商品销售国的法律规定,发生相同商标在该国的商标权利用尽,但销售国的法律不可能对他国的商标权利效力作出规定。相同商标在他国的商标权是否用尽应由他国的法律予以明确。

《保护工业产权巴黎公约》对于商标权利的范围未予明确,也未有权利用尽方面的规定。TRIPS 对于包括商标权在内的知识产权的权利用尽问题采取回避态度,交由各国立法自行规定。[②] 由此,商标商品在合法投放市场之后,该商品上承载的在本国享有的商标权不可能发生国际范围内的用尽。事实上,商标权国际用尽理论也未曾在实践中得以实施和应用。

---

① 参见吴永福:《浅析商标权利用尽制度》,载《山西省政法管理干部学院学报》2014 年第 2 期。

② 参见 TRIPS 第一部分第 6 条规定:就本协定项下的争端解决而言,在遵守第 3 条和第 4 条规定的前提下,本协定的任何规定不得用于处理知识产权的权利用尽问题。

值得注意的是,在同一人对相同商标在不同国家分别享有商标权的情况下,基于商标权的地域性特征,尽管商标商品依据销售国的法律规定会在该国发生商标权用尽,并不延及相同商标在其他国家的商标权用尽。但是,商品输入国完全可以根据商品在销售国市场的销售行为,规定权利人在输入国的商标权是否受到限制。若对权利人对相同商标在本国的商标权不予限制,则为禁止平行进口;若考虑商品在他国市场的已销售情况,限制权利人在本国享有的商标权,则为允许平行进口。有学者提出,国内商标权因他国发生的行为而受到的限制绝不是我们已赋予特定含义的商标权用尽。① 笔者认为,尽管以上理解不应为商标权国际用尽的原本含义,但此种理解似乎已为学界所普遍接受,新加坡有该规定,我国的香港地区和台湾地区也有此规定。在此情况下,为探讨此种惯用理解和立法实践的所需,本书倾向于将商标权的国际用尽界定为通过本国商标法的规定明确,在任何地方销售的商标商品在本国视为商标权用尽,对本国的商标权不构成侵害。显然,商标权的国际用尽涉及国家的经济利益和国际贸易政策,已非商标法律基本原理所能解决,但若某国家或地区基于其经济发展需要考虑在其商标立法中对此予以明确,则具有法律效力,笔者因此将商标权的国际用尽归结为"适用之条件性"。

二、商标权区域用尽之特殊性

商标权利区域用尽理论认为,商标商品由商标权人或经其许可合法投入市场后,该商品上的商标权在一定的区域内用尽,商品所有人可以在商品上继续标识原注册商标并在该区域内销售或者流转其商标商品,无须征得原商标权人同意。该理论目前主要适用于欧盟范围内,但适用对象仅为"欧盟商标",在欧盟成员国取得注册的商标不能适用于商标权在欧盟范围的区域用尽。

(一)欧盟商标的商标权区域用尽

欧盟商标是根据《欧盟商标条例》(欧盟议会和理事会第 2017/1001 号指令)规定的条件和方式取得注册的商标。其只能在欧盟范围内注册、转让、放

---

① 刘明江:《商标权效力及其限制研究》,知识产权出版社 2010 年版,第 255 页。

弃、宣告无效或禁止使用，而且在整个欧盟范围内具有同等的排他性权利效力。

《欧盟商标条例》第 15 条第 1 款规定："商标所有人或他人经其许可将其商标下的商品投入欧盟市场后，商标所有人则无权禁止与该商品相关的使用。"根据该规定，标识有欧盟商标的商品在欧盟范围内的任一成员国投入市场销售之后，该商标在已销售商品上的商标权即在欧盟区域内发生用尽，既不受制于欧盟商标权的排他性效力，也不受成员国商标法的规制。由此，标识有欧盟商标的商品基于其在欧盟市场的首次合法销售，便可免于商标权人的商标权控制，在欧盟区域内自由流通。笔者认为，欧盟商标能够适用商标权区域用尽理论是基于以下原因：

其一，由欧盟商标的产生和行使依据所决定。欧盟商标原本就是依据《欧盟商标条例》在欧盟知识产权局获准注册的商标，商标所有人在欧盟范围内具有排他、专有使用商标的效力，其效力的限制和权利用尽的范围自然依从于《欧盟商标条例》的相关规定。

其二，根源于欧盟成立的目的以及商品自由流动的优先考量。由 27 个成员国组建成立欧盟即是为了建立欧洲经济共同体以形成统一、共同的欧洲市场，实现货物、贸易、服务、人员和资金在欧洲市场的自由流通，促进欧洲经济、贸易的一体化发展。

为了实现商品在欧盟市场内的自由流动，《欧洲共同体条约》第 3 条第 1 款第 1 项规定：就商品的进出口而言，禁止成员国之间的关税限制和配额限制，以及其他的具有等同效果的措施。但是，考虑到成员国的一些特殊利益，以及知识产权作为专有权利存在与行使的合理性和必要性，又不得不允许基于公共利益、知识产权保护等原因在某种程度上限制商品的自由流动。

应当说，《欧洲共同体条约》第 30 条所规定的例外与"共同市场"的目标存在一定的冲突。[①] 基于此，对于欧盟及各成员国而言，有必要在商品自由流通

---

① 《欧洲共同体条约》第 30 条规定：第 28 条和第 29 条的规定，对于禁止或者限制商品进口、出口或者转口的某些措施，不应当适用，只要这些禁止或者限制是基于：公共道德、公共政策和公共安全；保护人类的健康和生命，保护动物和植物；保护具有艺术、历史和考古价值的国家宝物；以及保护工商业产权。但是这种禁止或者限制对于成员国之间的贸易来说，不应当构成任意歧视的手段，或者隐蔽的限制。参见李明德、闫文军等：《欧盟知识产权法》，法律出版社 2010 年版，第 28 页。

与知识产权保护之间寻求平衡,既能实现建立单一市场和商品自由流通的目的,也能保障知识产权的存在和行使以维护知识产权的价值取向。而实行知识产权在欧盟区域内的用尽,以适度限制知识产权行使的方式优先考虑商品的自由流通,是商品自由流通与知识产权保护之间博弈之后的最佳平衡路径。事实上,在欧盟的相关判决中,对于《欧洲共同体条约》第 30 条规定采取严格限定的态度,从而把共同市场和商品自由流动放在优先考虑的地位上。[①]

(二)成员国商标适用商标权区域用尽的条件

由于欧盟各成员国依然有各自制定的国内商标法律制度,依据欧盟各成员国国内商标法的规定产生商标专用权的商标,在本书中用“成员国商标”代称,需要指出的是,成员国商标并非法律概念和学理概念。

如前所述,在商标权人将其商标商品合法投入市场之后,该商品上的商标权在商品销售国发生用尽,此为商标权权利用尽规则的初衷,也由多数国家的商标法明确规定。基于国内立法的空间效力所致,并不能够导致同一权利主体对于相同商标在其他国家享有的商标权利的用尽。从此角度分析,依据成员国商标法产生的商标权不可能发生欧盟范围的用尽,也即在通常情况下,成员国商标不适用商标权利的区域用尽。

应当注意的是,一个国家的国内商标法可以根据本国市场上的商标商品在其他国家的投放市场行为,确定该商标商品上的商标权在本国市场发生用尽,前提是相同商标在其他国家和该国的商标权主体为同一人。刘明江教授将此视为商标平行进口对本国商标权的限制,不属于该国商标权的用尽。[②] 在此前提下,基于成员国之间缔结的多边或双边条约,成员国可以在其国内商标法中规定,将商品在国外一定区域范围内的市场销售作为本国商标权权利用尽的要件,由此产生以两个或两个以上国家商标法明确规定为前提的商标权的区域用尽,笔者因此称为商标权区域用尽的特殊性。

---

① 参见李明德、郃中林等:《欧盟知识产权法》,法律出版社 2010 年版,第 30 页。

② 参见刘明江:《商标权效力及其限制研究》,知识产权出版社 2010 年版,第 256 页。

三、商标权国内用尽之普遍性

依据商标权利国内用尽理论,商标权权利用尽的地域范围只能为国内。其原因在于:第一,商标权为私权利,具有专用、排他权利属性,由权利法定原则决定,商标权的取得、内容须有法律明确规定。事实上,依据我国现行商标法规定,商标权须依注册授权取得,商标权的权利内容及权利限制均由商标法予以明确,因此,依据法律规定取得的商标权自然在法律效力可及范围之内有效。第二,商标权用尽是以商标权的有效存在为前提的权利用尽,而商标权仅能在其授权确权国的主权领域范围之内具有专有权效力,具有国内效力的商标权自然不可能在域外产生专用权效力,专用权效力用尽的地域范围仅限于国内。

通常认为,商标权国内用尽会导致国际范围内的市场分割和价格差异,也会阻碍贸易自由。但也有学者提出应当修改 TRIPS 第 6 条规定以要求成员国统一实行国内用尽,原因在于,国内用尽可以避免转售商搭乘商标权人的商誉便车和售后服务,激励商标权人提供优质商品和服务,也促使转售商提高其售后服务,最终有益于消费者,而国际用尽则会由于淡化不同国家在消费需求和消费能力方面的差异,促使商标权人为满足地区差异而改变商品质量。① 笔者认为,在商标权权利用尽的地域范围方面,国内用尽、区域用尽和国际用尽各有利弊,也关系到国家利益和政策取向问题。在某国家的商标立法无特别规定采用国际用尽或区域用尽的情况下,基于商标权的地域性特征,应当默认适用商标权的国内用尽,商标权国内用尽具有正当性和普遍适用性。

第三节　商标权权利用尽的时间界限

商品在退出流通领域之后由经营者回收二次进入流通领域是否可以适用

---

① See Stephanie Peatman, *Moving Toward Uniform International Trademark Protection: How Amending the Trips Agreement will Make Parallel Importing of Gray Goods Less Gray*, Southwestern Journal of International Law, Vol. 20, p. 445 – 467(2014).

商标权权利用尽规则？此问题涉及商标权权利用尽规则适用的时间界限，包括商标权用尽的始点和终点，关系到旧物回收再销售经营模式的商标侵权问题，值得探讨。本节在梳理不同观点论证的基础上，结合商标权权利用尽的基本原理和司法实践探其究竟。

一、商标权权利用尽的时间起点

（一）商标权权利用尽始点的论争

注册商标所有人在特定商品上的商标权应当从何时发生用尽？对此问题，尚存在不同观点：第一种观点认为，带有商标的商品由商标权人或其许可人首次销售之后，商标权发生用尽。由学界对商标权权利用尽的概念界定看出，此种观点也是现有商标权权利用尽理论的主流观点。[①] 有学者进一步指出，具体应以商品所有权首次移转的时间为标准，不能以商品投放市场的时间为标准，因为商品投放市场时物权未必发生移转，商品仍可能由商标权人控制。[②]

第二种观点认为，商标权效力在最终销售时用尽，[③]商标权权利用尽原则不应当以商品是否第一次合法销售为界，应以是否退出商业领域进入最终消费者领域为穷竭的分界线。[④] 此观点的主要依据是，商品在未最终到达消费者之前，仍处于商业流通之中，商标的使命尚未完成，商标权依然存在。现代商品的销售模式不是生产者直接将商品卖给消费者，而是要经过复杂的销售渠道和环节，商标权只有在商品到达最终的消费者后才用尽。[⑤]

（二）商标权权利用尽始于商品的首次销售

前述两种不同观点中，笔者赞同第一种观点，认为特定商品上的商标权应

---

① 参见王太平：《商标法：原理与案例》，北京大学出版社 2015 年版，第 362 页；王迁：《知识产权法教程》（第 6 版），中国人民大学出版社 2019 年版，第 535 页。

② 参见刘明江：《商标权效力及其限制研究》，知识产权出版社 2010 年版，第 256 页。

③ 参见凌宗亮：《论商标权效力存续的时空边界》，载《上海政法学院学报（法治论丛）》2016 年第 3 期。

④ 参见李祖明：《析商标权利穷竭原则——兼谈反向假冒的定性》，载《人民司法》2009 年第 19 期。

⑤ 参见王莲峰：《商标法学》（第 3 版），北京大学出版社 2019 年版，第 138 页。

当在该商品首次售出之后发生用尽,而第二种观点则混淆了商标功能的实现与商标权权利用尽规则的制度初衷。具体分析如下:

首先,商标权权利用尽规则的主要目的在于促进商品自由流通。商品自由流通是市场经济运行和发展的必备要件,但在商品从生产者到消费者的销售、中转环节中,会存在同一物上商标权与物权并存却分属于不同权利主体的情形。为确保商品所有人基于所有权的享有而自由处分商品,有必要对商标权人的商标权行使予以必要的限制。在商品由商标权人或其许可人首次销售之后,商标权人已经从商品销售中获取其商标权体现于该商品上的经济利益,此时商标权发生用尽,既实现了商标权人的合理利益,又可以保障商品所有人对于商品的自由处分和交易,促进商品在市场交易中的自由流通。

依据前述第二种观点,商标权人体现于特定商品上的商标权在退出流通领域后用尽,则商标权在商品由商标权人或其许可人售出之后依然存在,商标权人可以基于依然存在的商标权去控制已售出商品在市场中的后续交易,既是对商品所有人物权行使的限制,也阻碍了商品在市场中的自由流通,更与商标权权利用尽规则的制度初衷相背离。因此,从商标权权利用尽规则的制度目的考量,特定商品上的商标权应当在商品首次售出之后用尽。

其次,商标权利的用尽与商标功能的实现并不矛盾。特定商品上的商标权随着该商品的首次售出而用尽,但基于商标权权利用尽规则构成要件的限制,权利用尽并不影响商标基本功能的发挥和实现,更不意味着商标体现于特定商品上的功能的终止。因为商品在首次售出之后,虽然脱离于商标权人的控制,但商标依然标识于商品之上,商标依然可以发挥其来源识别功能,帮助消费者降低搜索成本,避免消费者对商品来源发生混淆或者误认。而且,标识商标的商品与原商品实际上属于同一商品,商品与商标之间的对应关系并未被打破,商标的品质保证功能依然存在。即使由于重新包装、翻新等行为会存在部分改变,但此种改变仅限于非实质性的改变,而且必须将真实信息进行充分披露,是在不具有混淆可能性前提下对商品的改变,不会影响商标的品质保证功能和商标所有人的商誉。此外,商标商品的首次销售须经商标权人同意,也是商标权人实现应有经济利益的重要保障。由上述分析不难得出,商标权自商品首次售出后用尽并不影响商标功能的发挥,也不会损害商标所有人的利益,从商标所有人与商品所有人利益平衡视角考量,商标权在商品首次售出之后用尽也颇具合理性。

二、商标权权利用尽存续于商品流通领域

商标权权利用尽规则始于商品的首次销售之后，并适用于商品的流通过程中。商品在退出流通领域进入消费领域之后，由经营者或购买者再次将该商品投入流通领域，也即使用原商标销售旧商品是否可以适用商标权用尽而免于商标侵权呢？旧物回收再销售可以界定为商品的二次流通，也属于流通领域，商标权权利用尽规则适用于商品的二次流通具有应然性，但存在相应的边界和限度。

（一）商标权效力存续于商品的二次流通

商标权权利用尽以商标权的有效存在为前提，商标权以商品为载体，其专用权效力存续于商品的流通领域，再销售的旧物处于市场流通过程中，承载于该商品上的商标权有效存在，具备商标权权利用尽的适用前提。

商标是商品跨时空流通的产物，商标使用并非仅是将商标标识于商品之上，而是在商品流通过程中使用商标以区分商品来源。[①] 商标的来源识别功能既可以在商品流通过程中实现，也可以在退出流通领域之后实现，但商标权的专用效力仅存续于商品流通过程中，在商品退出流通领域进入最终消费领域时商标权专有效力终止。在商品离开流通领域进入消费者的消费领域后，该商品上的商标权不再受法律保护，基于此，消费者在购买汽车或者服装之后，去除服装上的商标或者更换汽车上的商标，不会构成商标侵权，其原因在于去除或更换商标的行为发生于消费者的消费领域中。在此领域中，商标标识于商品上（包括去除或者更换）尽管也具有来源识别功能，但在此情形中对于商标的使用不以商品流通为目的，不构成商标法意义上的商标使用，而判定商标侵权应以存在商标法意义上的商标使用为前提，因此商标侵权行为不成立。

需要注意的是，商标权效力在消费领域的终止并不等同于商标权的终止。

---

① 参见凌宗亮：《论商标权效力存续的时空边界》，载《上海政法学院学报（法治论丛）》2016 年第 3 期。

商标权终止是由注册商标注销、撤销和无效等法定情形导致的商标权的灭失，而商标专用权在特定商品进入消费领域时虽然会发生效力终止，但商标权在其他时空中依然存在，其专用权效力依然受法律保护。如果商品在进入消费领域之后再次回到流通领域，例如，回收利用、旧物翻新的商品投入市场销售，尽管是商品的二次流通，但依然处于市场流通领域，则该商品上的商标权效力基于商品处于流通领域而恢复存在。

（二）商标权权利用尽适用于商品的二次流通

商品二次流通主要涉及旧物回收后的再销售问题，其中引发的商标侵权、产品质量纠纷颇受社会关注。商标法领域的核心问题是，旧物在回收利用后标识原商标再销售是否构成商标侵权？如前所述，商标专用权效力存续于商品的流通过程中，旧物回收后再销售是商品的二次流通，依然属于流通领域范畴，商标权效力依然存在。因此，该问题的关键在于商标权权利用尽规则是否适用，权利用尽规则的适用条件已在第二章论及，本部分主要从时间界限角度分析商品二次流通中权利用尽规则的适用。

关于商标权权利用尽规则是否可以适用于商品的二次流通，学界目前存有争议。持赞成观点的学者认为，商标权人在商品的首次销售中已经实现其应有的经济利益，不能对同一商品重复获取相同利益，应以商标权权利用尽为由认定翻新销售行为为商标侵权行为的例外。[①] 持反对观点的学者认为，使用原商标销售旧物会挤占商标权人的市场份额，易于导致售后混淆而损害商标权人的商誉，而且在正规售后服务等方面的缺失也会有损于消费者利益，不利于维护市场秩序。因此，经过某种程度的消费或使用再次进入市场流通的商品，基于商品内容或者性质的变化不予适用商标权权利用尽。[②]

笔者认为，旧物回收利用可以实现物尽其用，有利于节约资源，也是经济循环发展和可持续发展的需要，商标立法应当为商品回收后的再销售提供适度的法律空间。根据我国《循环经济促进法》第 40 条的规定，销售翻新产品在质量

---

① 参见胡平：《浅谈如何界定经营者翻新旧手机后再销售行为》，载《中国工商报》2007 年 9 月 27 日，B03 版。

② 参见袁博、黄伯青：《"旧物翻新"行为之刑法规制》，载《人民法院报》2012 年 4 月 25 日，第 006 版。

符合国家规定标准的前提下，在显著位置标识所售商品为翻新产品，则对于翻新商品的销售应予允许，《循环经济促进法》在设定相应条件的同时准予销售翻新商品的规定值得商标立法借鉴。从商标权权利用尽规则适用的时间维度考量，旧物回收后的再销售属于商品的二次流通，再售商品处于市场流通领域而非消费领域，标识于该商品上的商标可以正常发挥其商标功能，该商标的商标权依然具有专用、排他效力。因此，符合商标权权利用尽规则的时间限定。但应当明确的是，二次流通符合权利用尽规则的时间限定，但并不必然导致商标权的用尽，因为商标权权利用尽规则具有适用条件限制，须同时确保商标功能不受破坏，这需要根据商品的翻新、改变程度以具体分析。

第四节 商标权权利用尽的商标使用方式

商品由商标权人同意合法投入市场后，附载于该商品上的商标权应当用尽。基于商标权利的用尽，商品所有权人在销售商品中对于商标权人商标的使用不构成商标侵权。但实践中对于权利用尽规则所允许的商标使用方式尚有分歧，除却经营者在商品转售中标识商标权人商标于商品之外，在广告宣传中对于商标权人商标的使用是否可行？是否存在相应的限定条件？笔者拟对此予以分析和探讨。

一、转售者不经商标权人许可进行商标性使用的方式

我国《商标法》第 48 条对商标法意义上的“商标使用”予以界定，从商标使用的方式和使用目的两方面规定构成商标使用应当具备的条件。根据前述规定，商标使用的方式主要有：在商品以及商品的包装或容器上使用，在广告宣传、展览、商品交易文书等其他商业活动中的使用。

而在商品经营实践中，经营者不经商标权人许可使用商标的方式通常表现为，在商品销售中对于商标的使用以及在广告宣传中对于商标的使用。根据经营者是否将商标直接使用于商品，可以将经营者对于商标权人商标的使用分为

以下两类:第一,将商标使用于商品及其包装上,使商标与商品合体并以有形物——标识有商标的商品形式体现,作为商品转售的直接对象。第二,将商标使用于门店、招牌、互联网、宣传手册等广告宣传性商业活动中,此种方式并不直接使用商标于商品上,而是将商标使用于与商品经营相关的商业活动中,旨在为商品转售提供便利性条件。

不难得出,前述两类商标使用情形均属于商标法意义上的商标性使用,根据商标权的专有性和排他性,商标性使用应当征得商标权人的许可。那么,商品经营者基于转售商品的需要不经商标权人许可而进行商标性使用,是否均可以依据商标权权利用尽规则而不构成商标侵权呢?在第一种情形中,经营者在商品转售中使用商标于商品及其包装上,其所转售的商品为标识有商标权人商标的商品,是经营者所有权与商标权人商标权在特定商品上的聚合与冲突,也符合商标权权利用尽规则的适用初衷,此种商标使用方式应为商标权权利用尽规则所允许。在第二种情形中,经营者使用商标于广告宣传等商业活动中,如果出于推广转售商品之目的,则可以将其理解为实现商品转售目的的方式或手段,具有商标使用的合理性。笔者认为,在商品转售中,基于商标权权利用尽规则的适用,《商标法》第 48 条规定列举的商标使用方式均可为经营者在不经商标权人许可的情况下使用,包括在门店、招牌、网络、宣传手册等非商品转售中的使用,但应当以不逾越相应的商标使用边界为条件。关于转售者可以在广告宣传中不经商标权人许可进行商标性使用的原因以及使用商标的边界,拟在下文予以分析。

在大班面包西饼有限公司与北京恒瑞泰丰科技发展有限公司商标侵权纠纷案中,大班面包西饼有限公司(以下简称大班公司)对第 1626752 号“大班”商标及图形商标享有注册商标专用权,北京恒瑞泰丰科技发展有限公司(以下简称恒瑞泰丰公司)从案外人北京方卓精诚贸易有限责任公司处购买多种款式的大班月饼礼券,自行注册并经营网站“大班月饼网”(首页网址为“www.dabancake.com”),在该网站上宣传大班公司的月饼,展示样品图片,并公布订货电话,在此网站介绍、展示和推荐中使用与大班公司注册商标相同的标识。大班公司认为,恒瑞泰丰公司在其经营的网站上使用大班公司相关涉案注册商标以及将与相关涉案注册商标近似的文字注册为域名的行为构成商标侵权。

一审法院认为,被告使用商标权人注册商标的行为是否构成商标侵权,取决于该使用行为是否会导致相关公众对商品来源产生混淆。本案中,被告在网站上介绍、推荐“大班”月饼时对于涉案注册商标的展示,旨在突出商品的来源,属于正当使用,不会导致相关公众对商品来源的误认,不构成商标侵权行为。①二审法院认为,被控侵权商标与已注册商标相同,而且使用于同一种商品上,此种情况下,判断商标侵权行为成立与否不以是否易使相关公众对商品来源产生误认为依据。恒瑞泰丰公司销售的商品来自 20 大班公司,经营者对于其经营的商品进行宣传推广是从事市场经营的合理需要,大班公司应当许可经营者基于销售商标商品的目的在广告宣传中对其商标的使用,不构成商标侵权。一审判决关于被告使用涉案注册商标不构成商标侵权的认定正确,但评述理由存在瑕疵,应当予以指正。②

对于被告在网站上使用商标权人注册商标以推广商品的行为,一审、二审判决均认为不构成商标侵权,但评述理由不同:一审判决适用混淆理论作为商标侵权成立与否的判断依据,二审判决则以权利用尽理论作为商标侵权的前置性排除事由,笔者赞同二审法院关于权利用尽理论的评述理由。经营者对于已注册商标的使用是为销售商品采取的正当营销手段,符合基本的市场营销规则,商标权人不应当禁止经营者基于销售商标权人商品的目的在广告宣传中对其商标的使用。基于供需双方之间的信息不对称以及商品流通的合理需要,经销商、分销商等商品经营者必然会宣传推广其所经营的商品,如果阻却经营者基于销售商品的目的在广告宣传中使用商标权人的注册商标,不仅对商品的经营者来说有失公平,有违于商标法保护注册商标专用权的立法本意,也与基本的市场运行规律相背离。基于商标权权利用尽规则的适用,对于经商标权人同意合法生产并投放市场的商品,经营者基于商品销售目的在宣传、推广中正当使用其注册商标,为市场经营的合理性需要,商标权人无权禁止。③

二、转售者在广告宣传中使用商标权人商标的应然性

在商品营销实践中,广告宣传是消费者接触并了解商品的主要途径,也是

① 参见北京市第二中级人民法院民事判决书,(2013)二中民初字第 1691 号。

② 参见北京市高级人民法院民事判决书,(2013)高民终字第 3998 号。

③ 参见陶钧:《“正当商业化使用”不构成对商标专用权的侵害》,载《中华商标》2014 年第 9 期。

推广、销售商品的常用方式和策略。在对商品的广告宣传中使用商品所标识的商标，既是完整展示和呈现商品的客观需要，也是实现商标来源识别、广告、表彰等功能的重要路径。我国《商标法》第48条明确规定“将商标用于广告宣传”为商标的使用方式之一。[①] 由此，在广告宣传中使用商标权人注册商标属于法律规定的商标使用方式。但是，商标使用的主体应为商标权人，其他主体对于商标权人注册商标的使用应当征得商标权人的许可，否则将构成商标侵权。问题在于，商品所有权人未经许可在广告宣传中对于商标权人商标的使用，是否可以基于商标权权利用尽规则的适用而免于商标侵权呢？

如前所述，商标权权利用尽旨在协调商标权人与商品所有权人之间的权利冲突，以确保商品自由流通、维护市场经济秩序。在商标权权利用尽规则的适用中，商品由商标权人许可合法投放市场，购买者再次销售该商品无须征得商标权人同意，包括在广告宣传中使用商标。[②] 允许转售者在广告宣传中使用商标权人商标既具有满足商品销售需要的应然性，也是实现商标权权利用尽规则制度初衷的必然。

在 Christian Dior 公司诉 Evora 公司商标侵权案中，Christian Dior 公司是一家生产销售高端香水的法国公司，也是注册商标“Christian Dior”的专用权人，其在荷兰的子公司通过特定的销售网络销售 Christian Dior 香水，销售商须符合相应条件并经过认证才能加入销售网络。Evora 公司并非 Christian Dior 公司在荷兰的指定销售商，但在荷兰购得 Christian Dior 香水后再行销售，并在广告宣传册中推销 Christian Dior 香水。Christian Dior 公司认为，Evora 公司未经许可在广告中使用其 Christian Dior 商标侵犯其商标权。欧共体法院认为，对于由商标权人同意在市场销售的商品，根据权利用尽规则，购买者可以转售商品，自然可以通过广告推销商品。如果不允许转售者在广告宣传中使用商标权人商标推销商标商品，那么转售者转卖商品的权利将难以实现且没有意义，此为对商标权权利用尽规则的践踏。[③]

---

① 我国《商标法》第48条规定，本法所称商标的使用，是指将商标用于商品、商品包装或者容器以及商品交易文书上，或者将商标用于广告宣传、展览以及其他商业活动中，用于识别商品来源的行为。

② 参见王迁：《知识产权法教程》（第5版），中国人民大学出版社2016年版，第489页。

③ See Parfums Christian Dior SA and Parfums Christian Dior BV v. Evora BV, Court of Justice, case C－337/951(1997), p. 31.

在普拉达有限公司与天津万顺融合商业管理有限公司侵害商标权纠纷案中，[①]普拉达公司是“PRADA”商标和“MIUMIU”商标的注册人，万顺融合公司是天津自贸区欧洲贸易中心（以下简称欧贸中心）的运营商，欧贸中心从国外正规渠道进口“PRADA”和“MIUMIU”产品并标识原商标再行销售，在销售专区的灯箱广告、货柜上方、室外广告使用了“PRADA”和“MIUMIU”商标。普拉达公司认为欧贸中心未经许可在灯箱、货柜、室外广告上使用其注册商标的行为侵害其商标专用权。法院认为，商标法保护的是标识与商品来源的对应性，商标禁用权并非为商标权人垄断商品流通环节所创设，商标权权利用尽规则应当是市场自由竞争所必需的基础规则之一。欧贸中心在灯箱广告、货柜、室外广告使用原告商标的行为属于商标法意义上的商标使用，且使用目的正当，使用方式不会引起相关公众对于商品、服务来源的混淆，同时不会导致相关公众对于被告与商标权人存在关联关系的误认，系在必要、合理使用的范围内，不构成商标侵权。

笔者赞同前述法院的审判观点，基于商品在市场中自由流转之目的，经商标权人同意售出的商品上的商标权视为用尽，购买者不经商标权人的许可而在广告宣传中使用商标为转售商标商品的合理需要，也是实现商标权权利用尽规则的本质与目的之所在，既具有应然性，也具有必然性。因此，经营者基于商品转售的需要，在必要、合理的范围内善意地使用商标权人注册商标于广告宣传，应当予以支持。

三、转售者在广告宣传中使用商标权人商标的边界

商品所有权人可以不经商标权人许可而转售商标商品，此为有效解决商标权人与商品所有权人利益冲突的制度选择，也是商标权权利用尽规则的制度初衷，基于此，在商品转售中对于商标权人商标的使用不构成商标侵权。但需要强调的是，广告宣传毕竟不等同于商品转售，其不以商品为直接对象，也并非商品购买者行使其所有权的必然体现，基于广告宣传在商品转售中的重要性考量，转售者虽然可以在广告宣传中不经许可使用商标权人的商标，但应当存在

---

① 参见天津市滨海新区人民法院民事判决书，（2015）滨民初字第1515号。

使用的边界限定,以维护商标功能的实现。

(一)在广告宣传中使用商标应当在合理的限度内

经营者基于转售商品的需要,可以在店铺招牌、橱窗等广告宣传中使用其所售商品上标识的商标,但对于商标权人注册商标的使用应当在合理的限度内,如果属于不合理的使用,则同样会构成商标侵权。笔者认为,对于合理限度的界定应当注意以下方面:第一,基于必要而使用。经营者出于向消费者描述或者说明其具体经营的商品之目的,在确有必要的情况下,在广告宣传中使用其所售商品上标识的商标。第二,使用方式合理。在广告宣传中出于描述或说明性目的,应当以善意且合理的方式使用商标。对于商标标识的区别性、凸显性使用,通常会使消费者误认为经营者和商标权人之间存在关联关系,有失使用的合理性。

在博柏利有限公司(以下简称博柏利公司)、杭州法蔻进出口贸易有限公司(以下简称法蔻公司)侵害商标权纠纷案中,①博柏利公司是第 G733385 号、第 75130 号、第 18236257 号"BURBERRY"商品商标和第 10526738 号"BURBERRY"服务商标的注册人,法蔻公司销售"BURBERRY"商品(源自博柏利公司的正品),并在其店铺招牌、墙面及橱窗等处以大字体和区别于背景的颜色使用"BURBERRY"标识,博柏利公司认为,法寇公司在店铺招牌、墙面及橱窗等处对"BURBERRY"商标的使用行为对其"BURBERRY"商品商标和服务商标构成侵权。

一审法院认为,法蔻公司涉案店铺销售"BURBERRY"品牌正牌商品,不能成为其在店招及外墙等装潢中自由使用博柏利公司商标的依据,盖因商标权人对商标享有专用权,不仅包括自己及许可他人使用商标,还包括禁止他人在未经许可的情况下不当使用商标以避免对商标造成淡化、丑化等损害。法蔻公司对于"BURBERRY"商标的使用方式未明显标示自身仅作为转售商的身份,且对于商标的突出标注明显超出了对于商品内容起到指示和说明的必要,超出合理使用的范畴。但考虑到法蔻公司的行为并未割裂前述产品商标与博柏利公司之间的固定联系,即未影响商标标注商品来源的作用,不宜认定为对前述商品

---

① 参见浙江省高级人民法院民事判决书,(2019)浙民终 939 号。

商标权的侵害。法蔻公司在店铺门头、外墙、橱窗上方位置对"BURBERRY"商标的使用,系在第35类服务类别上使用了与博柏利公司相同的商标标识。法蔻公司虽在商品合格证和贵宾卡上标注自有商标与企业名称,但该标注行为未予以明示,亦未以消费者容易注意到的方式给出,不足以改变前述"BURBERRY"商标不合理使用的性质,构成对"BURBERRY"服务商标权的侵害。

二审法院认为,商品商标的核心功能是用于区分商品来源,明晰商品提供者。法蔻公司销售的涉案商品系最终源自博柏利公司的正品,法蔻公司涉案店铺未销售"BURBERRY"品牌之外的其他商品,消费者在该店铺购买商品时,对商品来源不会发生混淆误认,法蔻公司的销售行为未削弱涉案商标在商品来源指向上的核心功能,不构成对涉案商品商标权的侵害。但是,法蔻公司在其开设的涉案店铺门头、外墙及橱窗上醒目标注有"BURBERRY"字样,超出了说明其所销售商品品牌的合理限度,易使相关公众误认为涉案店铺系由博柏利公司统一管理并开设的直营店铺,属于在相同类别服务上使用了相同商标,构成对"BURBERRY"服务商标权的侵害。

(二)不会使相关公众产生混淆或误认

在主张商标权权利用尽的商标侵权抗辩中,经营者通常仅是商标商品的转售商,与商标权人并非同一主体,也不存在许可或者授权关系。根据我国《反不正当竞争法》第8条的规定,经营者不得利用广告或者其他方法,对商品的质量、制作成分、性能、用途、生产者、有效期限、产地等作引人误解的虚假宣传。因此,广告宣传中使用商标的行为应当避免相关公众对上述事实关系产生混淆或误认,不能使相关公众由于误解而认为经营者与商标权人之间具有商标授权或者许可关系。

在维多利亚的秘密商店品牌管理有限公司(以下简称维多利亚的秘密公司)诉上海锦天服饰有限公司(以下简称锦天公司)商标侵权和不正当竞争案中,①维多利亚的秘密公司是"维多利亚的秘密"和"VICTORIA'S SECRET"商标的权利人,锦天公司从维多利亚的秘密公司的母公司LBI公司处购进维多利亚

---

① 参见上海市第二中级人民法院民事判决书,(2012)沪二中民五(知)初字第86号。

的秘密品牌正牌内衣商品后，在商品吊牌、衣架、包装袋、宣传册上使用“维多利亚的秘密”和“VICTORIA'S SECRET”商标在国内销售，并且宣传“美国顶级内衣品牌维多利亚秘密唯一指定总经销商”。维多利亚的秘密公司认为，锦天公司的行为侵害其注册商标专用权，并构成不正当竞争。

法院认为，锦天公司销售的商品是从 LBI 公司处购买并通过正规渠道进口的正牌商品，而非假冒商品，其在商品吊牌、衣架、包装袋、宣传册上使用涉案注册商标的行为属于销售行为的一部分，不会造成相关公众对商品来源的混淆、误认，不构成商标侵权。但是，锦天公司没有证据证明自己确实是“美国顶级内衣品牌维多利亚秘密唯一指定总经销商”，事实上，锦天公司仅是从原告母公司 LBI 公司处购进了库存产品在国内销售，锦天公司的这种宣称会使相关公众误以为其与维多利亚的秘密公司存在授权许可关系，从而获取不正当的竞争优势，也会对维多利亚的秘密公司今后在中国境内的商业活动产生影响，致使维多利亚的秘密公司的利益受到损害。因此，锦天公司存在虚构事实以引人误解的主观恶意，实施了虚假宣传的客观行为，构成不正当竞争，应当承担停止侵权、赔偿损失的民事责任。

（三）在广告宣传中使用商标不损害商标的商誉

在广告宣传中对于商标权人商标的使用，应当基于推广和销售商品之目的，而且不会损害商标的声誉，此为商品经营者不经商标权人许可在广告宣传中使用商标的前提条件。商标权权利用尽以商标权人的商标利益实现和商标功能不受损害为适用前提，而商标声誉受损会严重影响商标权人商标利益的实现，使得商标权人与商品所有权人之间的利益平衡被打破，也使商标权权利用尽规则的制度前提不复存在，自然不具有适用权利用尽规则的可能性。因此，转售者在广告宣传中对于商标权人商标的使用并非均为商标法所允许。

“不损害商标的声誉”不仅是指对商标声誉的实际损害，也包括存在损害商标声誉的实质可能性。如果商标权人的商标原本使用于高端奢侈品上，但商品经营者将其与廉价的低端商品一并推广宣传，或者对于商品进行丑化、贬低性的广告宣传，无疑会对商标的声誉造成损害。即使该商品经营者是以合法渠道购得商品，其广告宣传行为依然会构成商标侵权。正如欧共体法院在前述 Christian Dior 公司诉 Evora 公司商标侵权案中所述，如果经营者转售商品的方式会损害商标的声誉，则不应适用商标权权利用尽规则，有损于商标声誉的广告亦为如此。[1]

（四）在广告宣传中使用的商标应限于特定商品的商标

实践中，商标权人通常会有多个注册商标，也会有多种系列产品在市场销售，但在特定系列产品上使用的商标则为其注册的多个商标中的一个或几个，以在不同系列产品之间发挥商品来源的区分和识别功能。那么，经销商在广告宣传中对于商标权人商标的使用是否存在限定呢？在使用其所经销的商品上标识的商标之外，是否可以将商标权人注册的但未标识于经销商品上的商标用于广告宣传？

在宜宾五粮液集团有限公司与济南天源通海酒业有限公司商标侵权纠纷案中，[2]四川省宜宾五粮液集团有限公司（以下简称五粮液公司）为上海锦绣前程酒业有限公司出具《经销商身份证明书》，上海锦绣前程酒业有限公司与天源通海公司签订《锦绣前程酒购销协议》，该协议约定：天源通海公司为五粮液公司"锦绣前程"系列酒的山东省总运营商……天源通海公司进货款每达到100万元，上海锦绣前程酒业有限公司返其实物5万元（用于广告费用，乙方必须出示广告报纸报甲方备案）。天源通海公司在网站、连锁店加盟手册、招商广告、品牌授权经销合同书等经营活动中使用"五粮液""WULIANGYE""W图形"商标以及五粮液公司的企业名称。五粮液公司认为，天源通海公司的前述行为侵犯其商标权，并构成不正当竞争行为。

最高人民法院审理认为，天源通海公司作为锦绣前程系列酒的山东运营商，在经营活动中使用的"五粮液""WULIANGYE"以及"W"图形商标实为商标权人的注册商标，但其使用前述注册商标的目的在于说明其所经营销售的酒品的生产厂商，也即表明商品的来源，同时也是基于宣传推广商品的需要，旨在促进商品的销售，并无主观恶意。事实上，"W"图形商标是经销商所售酒品上标识的商标，而"五粮液"既是商标权人的注册商标也是酒品生产厂商的字号，该

---

① See Parfums Christian Dior SA and Parfums Christian Dior BV v. Evora BV, Court of Justice, case C-337/951(1997), p. 50-51.

② 参见最高人民法院民事裁定书，(2012)民申字第887号。

商标使用并未破坏商标的来源识别功能,因此不构成商标侵权行为。天源通海公司在网站、连锁店加盟手册、招商广告、品牌授权经销合同书等经营活动以及其他宣传活动中使用五粮液公司的企业名称的行为不存在引人误认为是他人商品的问题,也并未构成引人误解的虚假宣传,因此不构成不正当竞争行为。

本案中,天源通海公司是五粮液公司“锦绣前程”系列酒的运营商,“锦绣前程”酒上标识的商标为含有“W”的圆形商标,“五粮液”和“WULIANGYE”商标虽然也为五粮液公司的注册商标,但并非“锦绣前程”系列酒使用的商标。基于商标权权利用尽规则,天源通海公司在广告宣传中使用其所经销的商品上的商标应为允许。问题在于,天源通海公司对于“五粮液”和“WULIANGYE”商标的使用是否在商标权权利用尽规则的适用范围之内呢?在前述案例中,审理法院对使用涉案商标的宣传、销售意图以及没有破坏商标识别商品来源功能方面持认可态度。但也有观点认为,《锦绣前程酒购销协议》针对的是“锦绣前程”系列酒,该系列酒上只有“W”图形商标,被告根据购销协议只应有权使用“W”图形商标进行广告宣传。法院认定天源通海公司未经原告许可使用涉案注册商标不构成商标侵权和不正当竞争行为,理论上有欠严谨。[①]

笔者认为,对此问题可以从商标权权利用尽规则的制度初衷以及商标使用的意图等方面综合判定。商标权权利用尽规则在确保商标权人商标利益得以实现和商标功能不受破坏的前提下,限制商标权人在经其同意投入市场的商品上的商标权利,旨在保障商品在市场中得以自由流通,由此,经营者在商品转售中对于商标权人商标的使用可以不经商标权人许可。同理,基于广告宣传在商品推广和销售中的重要作用,经营者可以在广告宣传中不经商标权人许可使用商标权人的商标,但使用商标的目的须符合商标权权利用尽规则的初衷和本意,也即使用商标应出于商品转售目的,而且不有损于商标功能的实现。

具体可以从如下方面予以考量:首先,是否为转售商品所需。经营者在广告宣传中使用的商标并非标识于其所经销的商品上,但如果用此商标有助于向消费者表明所经销商品的来源或者与商标权人的客观联系,从而便于商品的推广销售,则为商品转售所需。其次,是否有损商标的来源识别功能。

① 参见何怀文:《商标法:原理规则与案例讨论》,浙江大学出版社 2015 年版,第 300 页。

商标的主要功能在于识别商品来源,如果用此商标并未使相关公众对商品的来源发生混淆、误认,或者并未存在混淆、误认的可能性,反而便于相关公众了解经营者所经销商品的真实情况,则商标的来源识别功能并未受损。最后,是否损害商标的声誉。经营者在广告宣传中对于非标识于商品上的商标的使用并不存在贬低、丑化或者其他有损于商标声誉的情形,则为商标声誉不受损害。通过对上述方面的综合分析,若经营者出于推广转售商品之本意,在广告宣传中对于商标权人商标的使用,尽管是使用未标识于其所经销的商品上的商标,但该使用既不破坏商标的来源识别等功能,也不损害商标的声誉,不宜被认定为商标侵权行为。

本章小结

商标权权利用尽规则的边界除有适用条件的限制之外,还体现在适用的权利内容、地域范围、时间界限以及商标使用方式方面的限定。商标权权利用尽是经商标权人同意合法投入市场的商品上的商标权的用尽,适用对象限定在特定的商品之上,并非是指商标权人对其注册商标享有的商标权的终止。在适用的权利内容方面,商标权权利用尽既包括商标权中使用权的用尽,也包括其中禁止权的用尽,但不应当是商品销售权的用尽,因为商品的销售权是商品所有权中处分权能的内容,应由商品的存在而存续。在适用的地域范围方面,基于商标权的地域性特征,商标权权利的国内用尽目前为各国普遍认可和采用;由于欧盟及其成员国商标立法的明确规定,商标权区域用尽目前在欧盟范围内适用,有利于商品在欧盟范围内的自由流通,促进欧盟统一市场的发展;本章对商标权国际用尽理论予以矫正,并提出商标权的国际用尽须以法律明确规定为适用条件。商标权的国内用尽、区域用尽和国际用尽也关系到国家利益和政策取向问题。在适用的时间限定方面,商标权权利用尽始于商品的首次销售。基于商标权的效力存续于商品流通领域,而且商标的功能也实现于商品的流通过程中,商标权权利用尽规则应当适用于商品的二次流通,因此,旧物回收再销售若符合前述的适用条件,则可以适用商标权权利用尽规则。在商标权权利用尽规则所允许的商标使用方式方面,经营者在转售商品中使用商品的原商标理应为权利用尽规则所允许。除此之外,基于商品转售目的在广告宣传中使用商品的原商标也具有合理性和应然性,但须以不损害商标的功能和声誉为条件,通常使用对象限于转售的特定商品上的商标,一般不延及至对商标权人在特定商品之外其他注册商标的使用。

Chapter 4 第四章

商标权权利用尽规则在商品转售中的适用

在商品转售中，被转售商品上同时承载着所有权和商标权两项权利，但分属于转售商和商标权人两个不同的权利主体，由此产生的权利冲突适用商标权权利用尽规则无疑是最为适宜的解决路径。但是，随着商业经济的发展与创新，商品转售方式趋向多元化，而基于商标权权利用尽规则适用条件的限制，并非所有的商品转售行为均可因商标权权利用尽而免于陷入商标侵权困境。对此，有必要结合商品转售的具体情形予以分析和判断，本章针对司法实践中较具典型的商标权人与转售商签订售后限制条款、商品状况发生改变后再次销售、平行进口问题展开研究。

第一节　商标权权利用尽规则在售后限制中的适用

在商标商品的首次销售中，商标权人或者被许可人若对于商品的购买者附加限制性条件，通过约定商品购买者在商品经营中的销售区域、销售价格、销售方式等为商品的再销售设定限制，如果商品购买者或者商品经营者违反商标权人在商品首次销售时设定的限制性条件进行商品的再销售，则会出现限制性合同条款与商标权权利用尽规则的冲突。在此冲突中，商标权人或者被许可人与商品购买者之间关于商品销售的限制性约定能否排除商标权权利用尽规则的适用呢？该问题涉及商品购买者或者经营者对商标商品的再销售是否构成商标侵权行为，也涉及商品的自由流转以及商业经营模式的创新，极有必要予以探讨。

一、再销售限制条款效力的相对性

（一）再销售限制条款的法律性质分析

商标权人或者被许可人在商标商品的首次销售中对商品的再销售设定限制性条件，购买者在知晓该限制性销售条件的情况下依然从商标权人或者被许可人处购买其商标商品，应视为该商标商品的首次购买者已经接受并同意商标权人或者被许可人提出的再销售限制性条件。不难得出，再销售限制条款实质上是商标权人或者被许可人与商品购买者之间就商品的买卖和再销售限制形成的一致合意，应为买卖主体双方由意思表示一致所达成的协议，旨在设立双方在商品销售和再销售中的权利义务关系。

根据我国《民法典》第 464 条第 1 款的规定，合同是民事主体之间设立、变更、终止民事法律关系的协议。据此，商标权人或者被许可人在商品的首次销售中设定其商品再销售的限制性条件，属于合同订立中的要约；商品购买者与其达成意思表示一致的合意，接受商品再销售的限制性条件并购买该商品，则为合同订立中的承诺。实质上是商标权人或者被许可人与商品购买者之间签订的商品买卖合同，在此商品买卖合同法律关系中，主体双方为法律地位平等的商标权人或者被许可人与商品购买者或者商品经营者，双方所创设的是合同法意义上的权利与义务关系。但是，该商品买卖合同同时针对商品的再销售附加限制性条件，为商品购买者在市场中转售商标商品设定销售价格、销售区域、销售条件或者搭售等方面的限制。

在此需要强调的是，应当区分附条件法律行为和设定负担行为。附条件法律行为是当事人以将来客观上不确定事实的发生或不发生作为附款，决定其法律行为效力发生或终止的法律行为。我国《民法典》第 158 条即规定了附条件的民事法律行为,对民事法律行为附加生效条件。[①] 附条件法律行为区别于设定负担行为,前者是由当事人对法律行为效力添加限制条款,后者是使受益人附有一定义务,仅阻止具体权利的取得或消灭,但不影响法律行为本身的效力。[②]

商标权人或被许可人与商品购买者关于商标商品的销售和售后限制形成的合意在实质上是买卖合同。买卖合同属于诺成合同,除法律特别规定或当事人另有约定外,当事人意思表示达成一致,合同即宣告成立,不以商品的实际交付为成立要件。合同有效与否应当依据民法典合同编关于合同效力的规定而确定。因此,关于商品再销售限制条件的约定应为商品买卖合同的条款之一,该条款实际上是商品购买者在转售商品时应当履行的义务,属于为商品购买者设定的负担,而非合同成立或者合同生效的附加条件,不能将其理解为附条件合同,依赖于特定条件的具备而成立或有效。

综上所述,在法律性质上,商标权人或者被许可人与商品购买者之间缔结的合同应为买卖合同,目的在于转移商品的所有权。其中,再销售限制为买卖合同的约定内容之一,具有合同条款的法律属性,其法律效力的认定应当由民法典合同编予以调整。

(二)再销售限制条款的法律效力分析

如前所述,合同为当事人之间设立、变更、终止民事关系的协议,但通常认为,合同的效力并非源于当事人的意志,而是源于法律的赋予。[③] 因此,合同的效力是合同经过法律的评价所反映出的效果,是基于维护经济秩序和道德秩序的需要,经过价值判断和利益衡量的结果。[④]

依据我国《民法典》的规定,由当事人合意缔结成立的合同的效力可以具体分为合同有效、无效、可撤销和效力未定四种情形。一般情况下,缔约当事人在

---

① 我国《民法典》第 158 条规定:"民事法律行为可以附条件,但是根据其性质不得附条件的除外。附生效条件的民事法律行为,自条件成就时生效。附解除条件的民事法律行为,自条件成就时失效。"

② 参见龙卫球:《民法总论》(第 2 版),中国法制出版社 2002 年版,第 533 页。

③ 参见王利明:《合同法研究》(第 1 卷)(修订版),中国人民大学出版社 2011 年版,第 534 页;崔建远:《合同法总论》(上卷),中国人民大学出版社 2008 年版,第 223 页。

④ 参见韩世远:《合同法总论》(第 4 版),法律出版社 2018 年版,第 196 ~ 201 页。

合同缔结之时具有相应的缔约能力,而且意思表示真实,如果不违反法律、行政法规的强制性规定,也不违背社会公序良俗,则合同有效,缔约当事人在合同中约定的权利义务关系具有法律上的效力,且由法律保障合同的履行和债权的实现。

在商标商品的首次销售中,商标权人或者被许可人与商品购买者关于商标商品在销售价格、销售区域、销售方式方面达成的合意,实为当事人之间合同的缔结,该合同是否具有法律效力取决于其是否具备法律规定的合同有效的条件。如果商标权人或者被许可人与商品购买者在缔结合同时均具有相应的民事行为能力,合同内容体现主体双方真实的意思表示,在不违反法律规定和公序良俗的情况下,应当认定为有效合同,具有法律效力,合同主体之间约定的权利义务关系由法律保障并得以履行。

需要说明的是,商标权人或者被许可人与商品购买者关于商品销售条件达成的合意通常是对商品再销售设定的限制,此种限制如果违反《反垄断法》和《反不正当竞争法》的相关规定,存在限制市场竞争,导致市场垄断或者构成不正当竞争行为的情形,则会基于合同内容或目的的违法性而无效,不具有法律效力。因此,商标权人或者被许可人与商品购买者约定商标商品再销售条件达成的合意,其法律效力需要结合售后限制条款的具体内容予以分析认定。

具体而言,首先,需要判断合同内容是否违反法律、行政法规的强制性规定。强制性规定是不以当事人意志为转移,不能通过约定予以排除或变更的规定。有学者采用类型化方法对效力性强制性规定进行类型化梳理,将效力性强制性规定区分为有关合同资质缺乏类规定和合同行为禁止类规定。[①] 在商标商品的首次销售合同中,缔约主体关于商品再销售限制的约定通常涉及商品的销售价格、销售区域、销售方式,除却国家实行经营资质限制以及国家明确禁止市场交易的特殊类商品,关于商标商品再销售限制的约定一般不会违反法律、行政法规的强制性规定。

其次,需要判断缔约主体对商标商品再销售限制条款的约定是否属于我国

---

① 参见石一峰:《效力性强制性规定的类型化分析》,载《武汉大学学报(哲学社会科学版)》2018年第2期。

《民法典》关于民事法律行为无效规定的其他情形。[①]

在此需要注意的是，行为人与相对人恶意串通，损害他人合法权益再销售限制条款会规避商标权权利用尽规则的适用，其是否属于"行为人与相对人恶意串通，损害他人合法权益"之民事法律行为无效情形呢？实践中，商标权人通过合同形式与商品购买者约定双方在商标商品再销售中的权利和义务，对商品购买者转售或处分其享有所有权的商标商品构成限制，使商标权人可以继续控制其已售出商品的再销售，尽管会规避商标权权利用尽规则，但再销售限制条款仅涉及商标权人和商品购买者的利益，通常不会损害国家、集体和第三人的利益，因此并不属于"行为人与相对人恶意串通，损害他人合法权益"之无效情形。

最后，需要判断再销售限制条款是否违反《反垄断法》的有关规定。由于再销售限制条款会对商标商品在再销售中的销售价格、销售区域和销售方式存在限制，此种限制不能排除具有滥用商标权以限制市场竞争的可能性，并且根据我国《反垄断法》第 55 条的规定，[②]经营者滥用知识产权，排除、限制市场竞争，应当受《反垄断法》规制。因此，再销售限制条款的效力认定还需要确定其是否存在滥用商标权、限制市场竞争的垄断行为。但是，现行《反垄断法》对何为知识产权滥用行为并没有做出细化的明确规定。笔者认为，对商标商品设定再销售限制条件是否属于滥用商标权排除、限制竞争的判断，可以结合再销售限制的具体内容、方式和后果等因素，通过综合分析做出合理性认定。例如，商标权人对商品的再销售设定搭售条件，对该商品在销售市场的竞争造成限制；再如，限定商品再销售的低价，但远超可替代商品的价格，且不符合行业定价标准，令消费者难以接受，则会限制商品的转售。

（三）再销售限制条款的效力相对性分析

根据我国《民法典》的规定，依法成立的合同对当事人具有法律约束力，当

---

① 我国《民法典》第一编第六章第三节规定了民事法律行为的效力。据此，违反法律、行政法规的强制性规定的民事法律行为无效；无民事行为能力人实施的民事法律行为无效；行为人与相对人以虚假的意思表示实施的民事法律行为无效；违背公序良俗的民事法律行为无效；行为人与相对人恶意串通，损害他人合法权益的民事法律行为无效。

② 参见我国《反垄断法》第 55 条规定："经营者依照有关知识产权的法律、行政法规规定行使知识产权的行为，不适用本法；但是，经营者滥用知识产权，排除、限制竞争的行为，适用本法。"

事人应当按照约定履行义务,不得擅自变更或者解除合同。[①] 依据前述关于再销售限制条款的法律效力分析,如果再销售限制条款符合有效合同的认定要件,则应当受法律保护,对商标权人或者被许可人以及商品的首次购买者具有法律约束力。商品的首次购买者应当按照再销售限制条款约定的条件转售商品,违反再销售限制条件转售商品将承担强制履行、赔偿损失、支付违约金等违约责任。

但是,具有法律效力的再销售限制条款在本质上具有合同的法律属性,而合同行为是债的发生根据之一,根据债的相对性原理,合同亦具有相对性,由合同关系确立的合同之债应为特定当事人之间的权利义务关系,债务人应为之义务是对特定主体的特定给付。[②] 基于此,有效的再销售限制条款所具有的法律效力仅能指向于该合同条款的缔约主体,即商标权人或者被许可人与商品的首次购买者,对缔约主体之外的其他民事主体则不具有约束力。因此,再销售限制条款即使被认定为有效的合同条款,其法律效力也具有相对性,仅对特定的义务主体具有法律约束力,不能延及缔约主体之外的从事商标商品转售的市场经营者。

二、商标权权利用尽规则效力的绝对性

标识有注册商标的商品经商标权人同意合法售出之后,在不影响商标功能正常发挥的前提下,商标权人在经其同意合法售出的商品上享有的排他性商标权应当用尽,商品购买者或者经营者在转售商品时对商标权人注册商标的使用不构成商标侵权行为。值得注意的是,商标权权利的用尽应为绝对性用尽,也即已售出商品上的商标权不因商标权人的个人意愿或者他人的主观意志而继续具有排他效力。具体分析如下:

(一)由商标权的绝对权属性决定商标权权利用尽规则的绝对性

民事权利是由民法确认的由民事主体享有的利益,本质上是法律为了保障

① 我国《民法典》第465条规定:"依法成立的合同,受法律保护。依法成立的合同,仅对当事人具有法律约束力,但是法律另有规定的除外。"

② 参见高富平主编:《民法学》(第2版),法律出版社2009年版,第534~535页。

民事主体的特定利益而提供法律之力的保护。[①] 根据义务主体是否特定以及权利的特点可以将民事权利分为绝对权和相对权，其中，绝对权以权利人之外的不特定的人为义务主体，能够对抗不特定的义务人，具有排他性。商标权是民事主体对注册商标享有的专有权利，具有排他性效力，属于民事权利中的绝对权，未经商标权人同意对商标权人注册商标的使用将构成商标侵权行为。

基于商标权的绝对权属性，其排他性效力及于商标权人之外的所有人，而且需要每一个义务主体的消极不作为以确保商标权人实现其商标权益。因此，商标权的权利内容及行使边界应当明晰且确定，既是对商标权所具有的绝对权效力的有效保护，也是商标权人之外的每一个义务主体知晓商标权并维护商标权效力的前提和基础。[②] 商标权权利用尽规则作为对商标权权利内容的限制，是确定商标权权利内容及边界的重要规则，如果因为商标权人的主观意志或者商标权人与他人之间的意思合意而任意改变，将会破坏商标权人之外的不特定的义务主体对其商标使用行为合法性与否作出的法律预期，对义务主体从事商标商品的转售和经营造成难以预测的损害。由此，商标权的权利用尽应当为绝对性用尽，具备本书第二章所述的商标权权利用尽的条件，商标权即当然性用尽。

（二）商标权权利用尽规则应当具有绝对性以维护市场交易秩序

随着商标权人或者被许可人将标识其注册商标的商品首次销售投入市场，商标权人体现在该商标商品上的商标权利益已经从该商品的销售中得到实现。作为对价，商标权人在已售出商品上的商标权应当用尽，以保障支付相应酬金取得该商品所有权的权利人利益，也可以避免商标权人在同一商标商品上重复获利，此为实现市场交易公平性和等价性的必要考量。

实践中，商标权人与商品购买者通过双方合意自行约定商品在再销售中的

---

① 参见王利明、杨立新、王轶等：《民法学》（第3版），法律出版社2011年版，第36页。

② 我国《民法典》第116条明确规定物权法定原则，物权的种类和内容均须由法律予以明确规定，不允许当事人任意创设或者合意改变物权的内容。笔者认为，我国立法确立物权法定原则的主要原因在于物权所具有的绝对权与支配权效力，为确保交易安全、维护市场经济秩序，极有必要公示权利的存在并明晰权利的内容。同理，由商标权的专有性和排他性效力决定，商标权为绝对权，其权利内容及权利边界也应当具有法定性，不由当事人的合意而任意改变。

销售价格、销售区域、销售方式等销售限制，例如，要求经营者须以专卖店形式销售标识其注册商标的商品，必然增加商品购买者在再销售中的经营成本，变相提高商标商品的销售价格和销售门槛。如果允许商标权人与商品购买者之间的再销售限制协议排除商标权权利用尽规则的适用，一方面，会鼓励商标权人利用其享有的注册商标专用权优势控制商标商品的自由流通，违背商标权权利用尽规则的初衷和本意，也为权利人滥用商标权实施市场垄断提供制度便利。另一方面，商标权人或者被许可人对商标商品设定的再销售条件限制，是其在商品的首次销售中与商品购买者达成的协议，对商品首次购买者之外的经营者不具有约束力。商标权人以其与首次购买者之间约定的再销售限制协议阻止或者限制第三人对商标商品的市场经营，自然不利于市场交易的安全性和稳定性。为防止商标权人在商品进入市场之后控制商品的分销，法院在案件审理中得出结论，制造商不能使用商标权来约束其商品的购买者——零售商和消费者——遵守他们期望的后续销售条款，例如，为零售商定价或排除二手商品进入二手市场。①

由此得出，基于维护市场交易的公平性、等价性以及安全性和稳定性的考量，也为有效避免因商标权滥用导致市场垄断的潜在风险，商标权权利用尽规则应当具有绝对性，此为保障市场交易秩序的应然选择，也是实现商标权权利用尽规则制度初衷的必然选择。

三、再销售限制条款不能排除商标权权利用尽规则的适用

基于再销售限制条款具有的合同效力，商标权人可以此继续控制其已投入市场的商标商品的流转，从中实现利益的最大化。但是，再销售限制条款也会对商标权的限制构成反限制，因此与商标权权利用尽规则的适用发生冲突。因合同效力的相对性和商标权权利用尽规则的绝对性，再销售限制条款不能排除商标权权利用尽规则的适用。

---

① See Irene Calboli, *Market Integration and (the Limits of) the First Sale Rule in North American and European Trademark Law*, Santa Clara Law Review, Vol. 51, p. 1241 – 1282(2011).

(一)合同自由原则与商标权权利用尽规则的冲突

一方面,合同自由是意思自治原则在民法典合同编中的集中体现,也是合同编的基本原则,当事人在订立合同和确定合同内容方面具有充分的缔约自由。我国民法典合同编对此有明确规定,当事人有自愿订立合同的权利,他人不得非法干预。[①] 当然,基于维护合同的实质正义,衡平当事人之间的利益,禁止权利滥用,合同自由应当受到法律的限制,因此,合同自由并非绝对。[②]

另一方面,《商标法》在保护商标专用权的同时,通过商标权限制制度避免商标权人对注册商标的过度垄断,以保证商标权人利益与经营者利益和消费者利益以及社会公共利益的平衡。依据商标权权利用尽规则,标识注册商标的商品一经商标权人同意合法投入市场,则商标权人在该商品上的商标权用尽,商品经营者可以免受商标权人的商标权控制而自由转售该商品,以此确保商标商品在市场中的自由流通,实现商标权人利益与商品经营者利益的平衡,即是对商标权的限制。

如果商标权人以合同形式与商品经营者约定商品再销售的限制条件,而且合同中约定的商品再销售限制并未违反法律、行政法规的强制性规定,在此情况下,商品经营者若违反首次销售中约定的条件再销售商品,则会出现商标侵权与违约责任的竞合。基于商品经营者违反再销售限制条款的事实,商标权人通常会依据《商标法》第 57 条的规定,以商品经营者未经其许可在相同商品上使用相同商标为由,提起商标侵权诉讼,寻求停止侵害和损害赔偿等侵权责任救济。此外,商标权人也可直接以违约责任维护其利益,由此免去以商标侵权诉讼保护其商标权须面临的侵权举证和所受损失举证等责任。商标侵权责任或者违约责任的承担,均会排除商标权权利用尽规则的适用,对商标权限制以反限制,使商标权人继续利用其商标权的排他性优势控制商品在市场中的进一步流通,从而导致合同自由原则与商标权权利用尽规则的冲突。

---

① 我国《民法典》第 5 条规定:“民事主体从事民事活动,应当遵循自愿原则,按照自己的意思设立、变更、终止民事法律关系。”

② 参见王利明、杨立新、王轶等:《民法学》(第 3 版),法律出版社 2011 年版,第 509 页。

(二)违反再销售限制条款再销售商品不构成商标侵权

1.转售限制条款不能改变商标权权利用尽规则的适用

商标侵权行为是未经商标注册人许可,在可能造成混淆的情况下,对其注册商标进行商业性使用的行为。[①] 根据我国《商标法》第57条的规定,未经商标注册人许可,在同一种商品上使用与其注册商标相同的商标,以及在同一种商品上使用与其注册商标近似的商标或者在类似商品上使用与其注册商标相同或近似的商标,容易导致混淆的行为,均属于商标侵权行为。但是,商标侵权行为须以有效的商标权的存在为前提,若商标权人享有的商标权已经不复存在,那么他人对于其注册商标的商业性使用则不构成商标侵权。

商品经营者在转售或者再销售其合法取得的标识有商标权人注册商标的商品时,商标商品由商标权人同意首次投入市场,商标权人在该商品上的商标权基于商标权权利用尽规则发生穷竭。同时,商品的首次购买者以合法方式购得商品即对商品享有所有权,可以完全支配和处分该商品,包括使用原标识商标转售或者再销售该商品。商品经营者对于其享有所有权的商品的再销售,属于商标性使用,尽管未经商标权人同意而使用原商标销售商品,但若符合本书第二章所述的商标权权利用尽规则的适用条件,则因该商品上商标权利的不存在而不构成商标侵权行为。总之,标识有注册商标的商品一经商标权人许可在市场中售出,商标权即为用尽,商品的买受者无须再获得商标权人的许可就可以转售该商品。[②] 商品的经销商和最终用户应当自由使用并处分其商品而免于侵权诉讼,此为其购买商品合理且正当的期望,权利用尽规则即可终止权利人针对下游购买者提起后续商标侵权诉讼。对此,法律应当明确,权利人在其售出商品上的权利已经用尽,而无论当事人是否拟定了意欲所图的合同条款。[③]

商品经营者违反售后限制条款转售商标商品是否适用商标权权利用尽规则?此问题的关键在于,经营者转售的商品是否为经商标权人同意合法投入市

① 黄晖:《商标法》(第2版),法律出版社2016年版,第113页。

② See Peak Holding AB v. Axolin-Elinor AB, Court of Justice, Case C-16/03(2004), para. 56.

③ See Samuel F. Ernst, *Patent Exhaustion for the Exhausted Defendant: Should Parties Be Able to Contract around Exhaustion in Settling Patent Litigation*, University of Illinois Journal of Law, Technology & Policy, Vol. 2014, p. 445-480(2014).

场的商品？笔者认为，商标权人与商品经营者之间缔结的是商品买卖合同，买卖合同为诺成合同，双方当事人达成合意合同即可成立。售后限制条款作为买卖合同的组成部分，是商标权人在合同签订过程中为经营者转售商品设定的义务。在合同成立且具有法律效力的前提下，商标权人交付商品、经营者支付对价以及按照再销售限制条款转售商品均为合同的履行，当事人应当依诚实信用原则履行合同义务，违反约定履行合同属于违约行为，应予追究违约责任。其中，商标权人依据合同约定交付商品给购买者或者经营者，应为商标权人自愿履行商品买卖合同的履约行为，购买者或经营者依其与商标权人签订合同所取得的商品应为经商标权人同意合法投入市场的商品，符合商标权权利用尽规则的适用条件，因此，购买者或经营者转售其合法取得的商品应当适用商标权权利用尽。基于该商品上承载的商标权权利的用尽，商品转售中对于商标权人注册商标的商业性使用不构成商标侵权行为，即使经营者对于商品的转售违反再销售限制条款约定的条件。

需要说明的是，商品经营者对于其合法取得的商标商品的再销售，如果违反其与商标权人在商品首次销售中约定的再销售限制，但基于商标权权利用尽规则效力的绝对性，商标权人与商品经营者之间的合同约定不能改变商标权权利用尽规则的适用，因此，只要具备商标权权利用尽规则的适用条件，商品经营者对于商标商品的再销售均会基于商标权权利的用尽而必然不构成商标侵权。

2. 违反再销售限制条款再销售商品的司法实践分析

在维多利亚的秘密商店品牌管理有限公司诉上海锦天服饰有限公司侵害商标权及不正当竞争纠纷案中，原告维多利亚的秘密商店品牌管理有限公司（以下简称维多利亚的秘密公司）是“VICTORIA’S SECRET”“维多利亚的秘密”等4个涉案注册商标的专用权人。被告上海锦天服饰有限公司（以下简称锦天公司）向上海、天津等地商场的“维多利亚的秘密”品牌专柜销售标识有“VICTORIA’S SECRET”的内衣商品，与案外人余艳琼、崔亚峰、威海佳沃贸易有限公司签订《“维多利亚秘密”品牌终端销售合同》，并声称自己是“美国顶级内衣品牌维多利亚秘密唯一指定总经销商”。原告认为，被告的上述行为违反其与LBI公司之间“只能自营店零售”的转售约定，侵犯其注册商标专用权，并构成虚假宣传的不正当竞争。审理法院认为，被告以批发方式向零售商销售商品有违其与LBI公司“转售只能传统零售”的约定，但被告销售的商品是正牌商品,不会造成相关公众对商品来源的混淆、误认,不构成商标侵权行为。被告没有证据证明其为“美国顶级内衣品牌维多利亚秘密唯一指定总经销商”,他的此种表述容易导致相关公众对原被告之间的真实关系发生误解,由此取得不正当的竞争优势,属于虚假宣传,构成不正当竞争。①

本案中,对于被告的商品销售行为是否构成商标侵权,实际上存有争议。有观点认为构成商标侵权,原因在于:根据库存出售协议以及授权书对转售行为限制的约定,经营者仅能在自营店内以零售方式转售商品,不允许向其他未经授权的零售商批发销售商品。尽管被告销售的商品是非假冒商品,但其批发销售行为超出授权范围,会影响原告的商标声誉,应当构成商标侵权。② 另有观点认为,被告超出授权范围销售商品,应视为“未经商标权人的许可”,因使用商标与原告注册商标相同且用于同种商品之上,符合《商标法》第 57 条第 1 项商标侵权情形,构成商标侵权。③ 也有观点认为不构成商标侵权,理由为:被告销售商品虽然超出授权范围,违反了其与原告之间的转售约定,但其销售的商品为正品,不会造成相关公众的混淆、误认,不构成商标侵权,该行为在实质上属于违约行为。④

笔者认为,判定被告商品转售行为是否构成商标侵权的关键在于,违反转售限制约定销售商标商品是否适用商标权权利用尽。本案中,被告从原告母公司处合法购得商标商品,基于原告与其母公司之间的关联关系,应视为是由商标权人同意投入市场的商品。此外,被告与原告母公司之间关于商品转售方式的限制性约定,属于二者之间缔约的商品买卖合同的部分条款,而非合同成立或效力的条件,超出授权范围以批发方式销售商品的行为,本质上是违约行为,应当承担违约责任,而非商标侵权责任。因此,被告转售的商品上的商标权应已用尽,根据商标权权利用尽规则,被告对其合法取得的商品的转售不构成商标侵权。

---

① 参见上海市第二中级人民法院民事判决书,(2012)沪二中民五(知)初字第 86 号。

② 参见胡宓:《非典型性平行进口中的商标侵权认定——评维多利亚的秘密公司诉锦天公司商标侵权案》,载《中国知识产权报》2013 年 12 月 4 日,第 8 版。

③ 参见何怀文:《商标法:原理规则与案例讨论》,浙江大学出版社 2015 年版,第 302 页。

④ 参见胡宓:《非典型性平行进口中的商标侵权认定——评维多利亚的秘密公司诉锦天公司商标侵权案》,载《中国知识产权报》2013 年 12 月 4 日,第 8 版。

（三）违反合同限制条款的违约责任不及于合同之外的其他经营者

商标权人或者被许可人在商标商品首次销售中设定商品再销售的条件限制，商品购买者接受其中的再销售条件限制购买商标商品，则双方之间商品买卖合同成立。在合同内容不违反法律、行政法规等强制性规定和公序良俗的前提下，商标权人或者被许可人与商品购买者之间关于商标商品的首次买卖合同具有法律效力。商品的最初购买者在转售其购买所得的商标商品中，如果违反合同中的再销售限制条款，则构成违约，应当承担违约责任。但是，违约方应为买卖合同的缔约方之一——商标商品的最初购买者，其对合法取得的商标商品进行转售或再销售，因此也称为商品经营者。商标权人或者被许可人基于最初购买者违反商品再销售条件限制转售商品的行为，可以要求其承担违约责任。

值得注意的是，随着市场营销模式和商品分销体系的发展，在市场中转售标识有商标权人注册商标商品的经营者并非仅有商品的最初购买者，其他经营者从最初购买者处合法取得商标商品再行转售的情形大有存在。实践中，商标权人与其经销商约定，或在商品上声明，该商品只能在特定地域范围内销售。但该协议或声明并不具有限制从经销商处购买商品者转售该商品的效力。[①] 最初购买者之外的经营者从事商品转售，如果违反商标权人设定的商品再销售限制，则不构成对商标权人的违约，商标权人也不可以要求最初购买者之外的商品经营者承担违约责任。因为该经营者与商标权人并未缔结商品买卖合同，并非合同主体，基于合同条款效力的相对性，商品再销售限制条款对于合同缔约主体之外的经营者不具有法律约束力。因此，违反合同限制条款的违约责任仅限于与商标权人或者被许可人具有合同关系的商品经营者，不能及于合同之外的其他经营者。

（四）用利益平衡原则解决合同限制与商标权权利用尽规则的冲突

一方面，商标权是民事主体享有的私权利，根据合同自由原则，当事人可以通过合同对具有私权属性的商标权的范围与行使予以约定，民法典应当确认当事人自由缔约的法律效力。另一方面，基于对商品在市场中自由流通的考量，

---

① 参见王迁：《知识产权法教程》（第5版），中国人民大学出版社2016年版，第489页。

限制由商标权人同意投入市场的商品上的商标权极有必要，以平衡商品所有权人利益，维护市场经济秩序。

如果合同内容构成对商标权限制的反限制，与商标权权利用尽规则的适用发生冲突，能否因合同内容与权利用尽规则有冲突而认定无效呢？对此，应当以利益平衡原则为指导，以契约正义为核心对合同的内容作以分析和判断。①笔者认为，商标权人或者被许可人与商品购买者约定商标商品再销售的条件，其本质为合同，应当适用我国《民法典》关于合同效力的相关规定予以具体认定。在此前提下，可以适用利益平衡原则考量合同内容的实质正义，以判定合同条款的效力。

需要强调的是，依据前述判定方式，若不能得出再销售限制条款无效的结论，也不能必然认定合同有效。如果商标权人设定的再销售限制条款排除了商品购买者应当取得的重要利益，以致显失公平，违背合同所追求的契约正义，也应当认定为合同无效，因此，还需要考量双方对再销售限制条款的约定是否符合利益平衡原则。如果再销售限制条款不属于前述应当被认定为无效的情形，也未导致缔约主体之间利益的严重失衡，则具有合同条款的有效性和拘束力。商标权人与商品购买者缔结的附再销售限制条件的商品买卖合同，可以视为双方在知悉再销售限制条件下，商品购买者对其承担再销售限制义务而支付的合理对价。

第二节　商标权权利用尽规则在商品状况改变后再销售中的适用

在商品经营实践中，经营者转售的商品通常为原商品，即对商标权人投入市场的商品不予任何改变。同时，也存在对商品进行一定程度改变后再行销售的情形，具体表现为分包装销售、加工再销售、回收后翻新再销售以及改变商品标注信息再销售等，前述情形的共同点在于经营者转售的商品尽管源于商标权

① 参见梁志文：《论知识产权法的合同限制》，载《国家检察官学院学报》2008年第5期。

人,但与商标权人的初始商品相比确有改变,那么,在此种情形中的商品销售对商标权人商标的使用是否可以适用商标权权利用尽规则呢?理论界对此存有争议,司法实践中的判决也不尽一致,在此有必要进行探讨。

一、商标权权利用尽规则适用于商品状况改变后再销售的争议

商品转售并非法律概念,笔者用"商品转售"概指经营者销售的商品源自经商标权人同意投入市场的商品,包括对未发生任何改变的初始商品的销售,也包括对初始商品进行改变后的商品的销售。在对初始商品的转售中,转售商品即为初始商品,在商品没有改变的前提下标识商标权人的商标于商品上并使用于商品销售,符合商标权权利用尽规则的适用条件,承载在转售商品上的商标权应当用尽。但若经营者转售的商品是对商标权人投入市场的初始商品进行改变之后的商品,由于转售商品与初始商品之间存在不同,则转售商品上的商标权能否用尽不可一概而论,学界与实务界对此也有不同观点。

(一)学界的观点论争

依据商标权权利用尽规则,附有注册商标的商品上的商标权于该商品被首次销售时用尽,商品经营者或者购买者对于该商品的再次销售不受商标专用权之限制。但是,为防止商品变质或削价倾销造成不公平竞争等情事,商标专用权人仍可禁止分装、改变包装并要求须适当冷藏或提供售后服务或禁止流通,以维护商标信誉和消费者权益。[①] 有学者对商品状况改变后的再销售行为作以类型化分析,认为适用权利用尽规则存在理论障碍和现实危害,应当针对"商品状况被改变"的不同情形谨慎适用权利用尽规则处理商标侵权问题。[②] 也有学者以具体的商品改变再销售行为为视角,分析商标权权利用尽规则适用的可行性问题。

例如,在商品分包装转售问题中,有学者认为,商标具有品质保证功能,而改变商品的原包装,使用自行制备的带标包装进行分装转售会破坏商标的品质

① 参见曾陈明汝:《商标法原理》,中国人民大学出版社 2003 年版,第 78 页。

② 参见杨源哲、杨振洪:《商品状况改变后的权利穷竭问题研究》,载《知识产权》2014 年第 1 期。

保证功能,不应适用权利用尽规则。[①] 擅自制造商标标识、重新包装商品再行销售会挤占商品生产商应有的市场份额,并且破坏市场秩序,应当认定为商标侵权,但也存在合法例外,具体以出于合理的商业活动需要而善意使用和未误导消费者混淆商品来源为判断因素。[②] 持肯定观点的学者则认为,即使商标具有品质保证功能,但对于损害品质保证功能是否侵害商标权的判断,仍应当以商标识别功能是否受损为标准。商标法一般不规制在真品上适用真正的标志,转售经过重新包装的商标商品一般不构成商标侵权,但是应当在商品及包装上以恰当的信息披露。[③]

再如,在旧货翻新销售问题中,有学者提出,为保障翻新商品在市场中的流通,应当对商标权利进行适当限制,否则会阻碍正常贸易之秩序,在旧商品交易行为中适用商标权权利用尽规则来限制商标权有其合理性。[④] 对于保持原产品同一性且披露转售商品真实信息的翻新销售行为,应当适用商标权权利用尽规则,将其作为商标侵权行为认定的例外。[⑤] 另有观点认为,对于商品的回收利用问题,简单适用商标权权利用尽理论易于导致商标权人、商品销售商、消费者等不同主体之间的利益失衡。[⑥]

(二)司法实践中的分歧

在商品状况改变后使用原商标再行销售的情况下,是否可以适用商标权权利用尽规则,排除其构成商标侵权行为呢?在类似案件的审理中,法院的判决不尽一致。司法实践中存在的分歧,固然与个案的具体情况不同有关,但也说明了商标权权利用尽的具体规则有待进一步深入探讨。

---

① 参见成文娟、张书青:《破坏商标品质保证功能构成商标侵权——“不二家案”判前判后的思考》,载《电子知识产权》2016 年第 6 期。

② 参见袁博:《改变商品包装构成商标侵权吗?》,载《中华商标》2015 年第 3 期。

③ 参见吴祎:《从美国司法实践看重新包装后转售行为的商标侵权问题》,载《中华商标》2016 年第 6 期。

④ 参见宁立志、芦加人:《旧货翻新销售行为的商标法检视》,载《暨南学报(哲学社会科学版)》2017 年第 10 期。

⑤ 参见李晓秋、吴罡:《旧货翻新销售中商标侵权判定的是与非——以商标权用尽原则的适用为分析中心》,载《重庆邮电大学学报(社会科学版)》2014 年第 6 期。

⑥ 参见李士林:《回收利用中的商标权穷竭》,载《云南大学学报(法学版)》2010 年第 1 期。

1. 商品重新包装后使用原商标再销售的商标侵权纠纷

在经营者对商品进行重新包装后使用原商标再销售引起的商标侵权纠纷中，有法院将其认定为商标侵权，也有法院认为不构成商标侵权，还有将其认定为假冒注册商标罪的情形。

在“不二家”糖果分装销售案中，不二家公司是第261198号“不二家”等注册商标的被许可人，被告钱海良在购得正品“不二家”糖果后，将其分装到不同规格的包装盒中并通过网络平台销售，包装盒上有“不二家”等涉案商标，同时注明了不二家公司的企业名称、地址、联系方式等信息。不二家公司认为，钱海良未经其许可将不二家公司的糖果擅自分装到带有不二家公司涉案商标的包装盒中并进行销售的行为侵犯其注册商标专用权。审理法院认为，商标具有来源识别功能，也具有质量保障、信誉承载等衍生功能，擅自变更商品包装与权利人对包装的要求有明显差异，对商品信誉造成损害，使用原商标销售分装后的“不二家”糖果即使未造成市场混淆，但影响商标功能的实现，也构成商标侵权。①

在“中华”铅笔分装销售案中，老凤祥公司是第19710号“中华牌”图形商标、第1540845号“ChungHwa”字母商标以及第381104号“中华”文字商标的专用权人。苏果（淮安）超市的供应商文兴公司将正品“中华”铅笔分装在标识有涉案注册商标的吊袋里销售，老凤祥公司认为，苏果（淮安）超市未经其许可擅自销售经过分装的“中华”铅笔的行为侵犯其注册商标专用权。审理法院则认为，商标权人在将标注其商标的商品合法销售后，其体现在该商品及所附商标上的经济利益已经实现，商品的物权随之转移，商标权人不应当以行使商标权为由限制商品的后续流转，否则将会构成对商标权的滥用。经营者使用原商标销售分装后的“中华”铅笔，属于善意、规范性使用，不会使相关公众对商品的来源产生混淆或者误认，因此不构成商标侵权。②

在“正品费列罗DIY装进假礼盒”案中，上海市公安局经侦总队发现，刘某等人自行采购大量的费列罗散装巧克力，在未经商标权人授权许可的情况下，购买假冒费列罗礼盒装巧克力商品的包装胶带、塑料盒、标签、托盘、底卡和纸

---

① 参见杭州市余杭区人民法院民事判决书，（2015）杭余知初字第416号。

② 参见江苏省淮安市中级人民法院民事判决书，（2014）淮中知民初字第0007号。

箱等材料，对散装巧克力进行礼盒包装，在自行喷印生产日期、保质期、产品批号后封装成箱，销往多个省市，从中赚取差价。本案中，刘某等人销售的商品是以合法途径购买的正品费列罗巧克力，其通过自行包装的方式将散装的巧克力以礼盒装再次销售。上海警方以涉嫌假冒注册商标罪为由，对犯罪嫌疑人采取刑事强制措施。①

2. 旧瓶回收后再利用的商标侵权纠纷

对旧瓶的回收利用可以节约商家的经济成本，也可以避免资源浪费，与国家倡导的可持续发展理念相契合。但近年来，在旧瓶回收后的再利用中却出现了一系列的商标侵权纠纷，啤酒行业旧酒瓶的回收利用最为典型，也涉及液化气、饮料、化妆品等多个领域。值得关注的是，虽然相关案件的具体案情各不相同，但争议焦点基本一致，而法院的判决却存在差异。

在芷江鹤泉酒业有限责任公司（以下简称鹤泉酒业）与重庆啤酒（集团）有限责任公司（以下简称重啤公司）商标权纠纷案中，重啤公司是第 749323 号水滴状图形商标的注册人，鹤泉酒业生产的“金鞭溪纯生”啤酒瓶上烙有重啤公司所注册的水滴状图形商标，重啤公司认为鹤泉酒业的行为侵害其注册商标专用权。一审法院认为，鹤泉酒业在未征得重啤公司许可，也未与重啤公司签订水滴状图形商标使用许可合同的情况下，擅自在其生产的“金鞭溪纯生”啤酒瓶上使用重啤公司注册的水滴状图形商标，应认定其生产、销售该商品的行为侵犯了重啤公司的注册商标专用权。② 二审法院认为，首先，鹤泉酒业在其生产、销售的啤酒的瓶盖、瓶颈、瓶贴上明显标有自己的商标，不会造成普通消费者的误认。涉案啤酒瓶是鹤泉酒业从社会上回收的，主要是使用了啤酒瓶作为容器的功能，并非要使用重啤公司的水滴状图形商标，而且瓶身上的水滴状图形标识是无法去掉的。其次，啤酒瓶的回收利用符合国家政策规定。再次，对于知识产权的保护，必须在法律规定的尺度内，对重啤公司享有的商标权应依法进行保护，但是，重啤公司对其烙在涉案啤酒瓶上的水滴状图形标识主张权利，则超出了法律规定的范围。如果支持其主张，就只能禁止回收使用类似啤酒瓶，对

① 参见《正品费列罗 DIY 装进假礼盒，案值超 1300 万！他们被上海警方一锅端了》，载搜狐网 2020 年 10 月 22 日，https://www.sohu.com/a/426532487_120823584。

② 参见常德市中级人民法院民事判决书，(2010) 常民重字第 2 号。

公众整体利益造成限制。两利相权取其重，法律更应该保护公众所享有的环境权。①

在大理啤酒有限公司（以下简称大理啤酒公司）与云南澜沧江酒业集团普洱有限公司（以下简称普洱啤酒公司）商标权纠纷案中，大理啤酒公司是"大理啤酒及图"图文组合商标的注册人，使用于第32类啤酒等商品。普洱啤酒公司生产、销售的"澜沧江"啤酒上有"大理啤酒"标志，大理啤酒公司认为普洱啤酒公司侵害其注册商标专用权。本案中，普洱啤酒公司未将大理啤酒公司的专用啤酒瓶上的文字作为商标或商品生产企业的标识使用，只是将旧啤酒瓶作为啤酒容器使用，其在啤酒瓶的瓶身和瓶颈处均粘贴了显著标明其"澜沧江"商标和其企业名称的瓶贴，与大理啤酒公司使用的啤酒瓶贴存在明显差别，经销商、消费者根据瓶贴容易区分啤酒的商标和生产商，不会产生混淆或误认。普洱啤酒公司生产的"澜沧江"啤酒在云南省具有较高的知名度，没有证据表明其具有攀附大理啤酒公司商誉的主观意图。由于大理啤酒公司专用啤酒瓶上的文字在普洱啤酒公司使用该专用瓶灌装的产品上起不到商品识别作用，因而普洱啤酒公司的行为也没有利用大理啤酒公司商誉的客观效果。因此，普洱啤酒公司的行为未对大理啤酒公司的商标权或企业名称权造成损害。②

在浙江喜盈门啤酒有限公司（以下简称喜盈门公司）与百威英博（中国）销售有限公司（以下简称百威英博公司）商标权纠纷案中，百威英博公司是"百威"商标的注册人，也是"百威英博"商标的被许可使用人，喜盈门公司在其生产、销售的"喜盈门"啤酒瓶上使用了"百威"及"百威英博"商标和"百威英博"字号，百威英博公司认为喜盈门公司的行为侵害其注册商标专用权。上海市第一中级人民法院认为，首先，喜盈门公司在啤酒瓶上使用"百威英博"以及"百威英博专用瓶"的浮雕文字属于商标使用。其次，回收利用啤酒瓶固然符合环保的政策导向，但酒瓶的转移占有只代表了物权的转移，不能认为酒瓶转移的事实赋予了其占有人使用酒瓶上商标的权利。最后，根据《商标法》规定，未经商标权人许可，在同一种商品上使用与注册商标相同的商标，就属于商标侵权，故

① 参见湖南省高级人民法院民事判决书，（2011）湘高法民三终字第40号。

② 参见最高人民法院民事裁定书，（2011）民申字第945号。

喜盈门公司的行为构成商标侵权。[①] 上海市高级人民法院维持一审判决。[②] 最高人民法院认为,作为啤酒生产企业使用符合安全标准的啤酒瓶(包括回收并重复利用)是国家对公共利益保护的具体要求。啤酒生产企业在生产、销售产品的过程中,应遵守国家的相关法律规定,不侵害他人的知识产权,同时也是其应尽的法律义务。一般情况下,如果仅仅是将回收的其他企业的专用瓶作为自己的啤酒容器使用,且在啤酒瓶的瓶身粘贴自己的商标和企业名称的瓶贴(包括包装装潢),与其他企业的瓶贴存在明显区别,使消费者通过不同的瓶贴即可区分啤酒的商标和生产商,不会产生混淆或误认的,那么,该使用方式应属于以区分商品来源为目的的正当使用,不构成侵权。若啤酒生产企业未采取正当方式使用回收的啤酒瓶,侵害他人相关权利的,则应承担相应的法律责任。本案中,喜盈门公司生产的被诉侵权产品,除了啤酒瓶下部显示"百威英博""百威英博专用瓶"浮雕文字外,酒瓶上同时粘贴了与百威英博公司知名商品哈尔滨啤酒(冰纯系列)近似的包装装潢(包括酒瓶上的冰块浮雕和瓶贴的颜色、图案等要素组合而成的统一整体),使啤酒瓶上的"百威英博"文字发挥商标识别功能的可能性显著提高,加之"百威英博"与百威英博公司具有密切的关联度,将浮雕文字与包装装潢同时使用、相互作用,共同起到了商品识别功能。虽然喜盈门公司在被诉侵权产品包装上还使用了"Heimen"和"喜盈门"等商标标识,但考虑到"百威英博"商标在行业内所具有的较高知名度及其旗下拥有不同啤酒品牌(包括哈尔滨啤酒)等事实,消费者在注意到喜盈门公司在其啤酒瓶上使用的"百威英博"及"百威英博专用瓶"文字时,仍然会对该产品的来源产生混淆或误认。二审法院认定喜盈门公司对"百威英博"注册商标专用权构成侵害并无不当。[③]

从上述案件的审理判决可以看出,司法实践中,各级法院对旧瓶回收利用中的商标侵权问题正逐步统一判断标准。对于其中涉及的商标权权利是否用尽问题,笔者认为,商品经商标权人首次合法售出之后,商品及其包装瓶的所有权一并转移,所有权人可以任意处分、利用该商品及其包装瓶,商标权人不能对

---

① 参见上海第一中级人民法院民事判决书,(2012)沪一中民五(知)初字第188号。
② 参见上海市高级人民法院民事判决书,(2013)沪高民三(知)终字第111号。
③ 参见最高人民法院民事裁定书,(2014)民申字第1182号。

已经售出的商品及其包装瓶主张商标权,以保障商品在市场中自由流通。但是,当商品的包装瓶经回收后再次进入市场流通时,如果标识于包装瓶上的原商标依然能够发挥来源识别功能,则必然会导致消费者对包装瓶内新装的商品在原商标权人和新的商品提供者之间发生混淆或误认,使得包装瓶上原有的商标的功能受到损害,从而不具备商标权用尽的条件。因此,在旧瓶回收利用中适用商标权权利用尽规则的前提是:旧瓶上原本标识的商标不再发挥其来源识别功能。对此,商家可以通过去除原商标的方式阻止原商标功能的实现,旧瓶上以浮雕形式标识的商标难以去除的情况下,可以采取粘贴新标识或者遮盖原标识等措施避免消费者发生混淆或者误认。

3. 商品翻新后使用原商标再销售的商标侵权纠纷

在旧货翻新后再销售的商标使用问题上,经营者处于两难境地。一方面,在修理翻新后去除或者更换原商标再销售,可能会切断商标权人和商品使用者之间的联系,因商标反向假冒构成商标侵权;另一方面,在修理翻新后使用原商标再销售,也可能因在相同或类似商品上使用相同或近似商标构成商标侵权。基于此,有必要结合司法实践探讨商标权用尽的条件,以进一步明晰商标权的边界,为商品的回收利用提供规范性指引。

在多米诺印刷科学有限公司(以下简称多米诺公司)与广州市杜高精密机电有限公司(以下简称杜高公司)、广州市心可工业设计有限公司(以下简称心可公司)侵害商标权纠纷案中,多米诺公司是第 G709885 号“DOMINO 及图”注册商标的商标权人,核定使用商品包括第 9 类喷墨打印装置、喷墨标示装置、激光标示装置、喷墨打印机,上述商品的电动或电子控制装置、控制工业喷墨打印机、工业喷墨标示装置和工业激光标示装置运行状况的计算机软件等商品。杜高公司使用多米诺公司 A200 喷码机的二手主板,生产、销售外形与多米诺 A200 相似的喷码机,购入多米诺公司原装 E50 喷码机后将其一体化墨水箱更换后标识原注册商标进行销售,多米诺公司认为杜高公司的行为侵害其注册商标专用权,杜高公司提出商标权权利用尽抗辩。

一审法院认为,关于商标权权利用尽问题,一般而言,标识注册商标的商品经过商标权人同意投入市场后,商标权人对该商品的权利已经穷竭,购买人可以使用或者进一步销售该商品,商标权人不得干预,因在该情况下,商标仍在继续发挥指示商品来源的作用,且不会因为购买人使用或销售该商品而发生变化,消费者也不会对该商品的来源产生混淆或误认。因此,商标权权利用尽规则的适用前提是该商标持续不变地被用于指示同一商品的初始来源。对于杜高公司将多米诺公司 A200 喷码机商品中的主板取出并安装于自己生产的 A200 喷码机商品上再次出售的行为,杜高公司向消费者提供的商品上仅显示多米诺公司的"DOMINO 及图"商标,而无标识明示该商品是来源于杜高公司,此行为足以导致相关公众对该商品来源产生混淆或误认。可见,A200 喷码机上的"DOMINO 及图"注册商标并非持续地被用于指示来源于多米诺品牌的商品。杜高公司、心可公司以多米诺公司在售出商品时已获利为由主张多米诺公司在被诉侵权 A200 喷码机上商标权权利已用尽的意见缺乏事实和法律依据。[①]

二审法院则认为,杜高公司、心可公司回收多米诺公司 A200 喷码机的二手主板作为零部件组装成新的喷码机并销售,开机画面默认显示"DOMINO 及图",除此之外机身、包装等处并无其他标识,不构成商标侵权。第一,我国《商标法》没有明文规定商标权用尽抗辩,但从法理上讲,不存在毫无限制的权利,任何权利都有边界,都涉及权利用尽问题。就商标权而言,商标依附商品而生,在市场经济发展过程中,有效的市场是商品可以合法自由流通的市场,如果没有商标权权利用尽,那么商标可以对商品生产、销售、使用、转让、回收、再生等各个环节进行无限地控制,也可能对商品流通的市场区域进行控制,导致人为地割裂市场,阻碍商品自由流通和利用,因此商标权应当受到一定限制。第二,对已经售出的产品进行回收利用,符合资源充分利用和节约理念,有利于创造和维护社会福祉。在商品的回收利用市场模式中,需要对商标权人与相关行为人、社会公众的权益作出平衡和协调。何种情形下商标权受限制而用尽,须视回收利用的具体方式和情况而定。第三,本案中,杜高公司、心可公司回收利用的是多米诺公司 A200 喷码机的二手主板,双方当事人已经确认 A200 二手主板在默认设置情况下开机画面显示"DOMINO 及图",因此杜高公司、心可公司并未主动使用多米诺公司商标。组装而成的新产品包装上并未显示多米诺公司的商标,相关公众无法直接接触到多米诺公司的商标而发生混淆,又因为回收利用的是原产品中的一个部件,该组装行为并非对原有整个产品的改装,不是改变原产品质量的行为,也不是直接去除原产品上的商标后再次投入市场的行

① 参见广州知识产权法院民事判决书,(2016)粤 73 民初 2529 号。

为,因此不属于阻碍多米诺公司商标对商品识别来源功能发挥的情形。在不直接发生混淆和损害商标功能发挥的情况下,应当合理地给予回收利用行为一定的自由空间,商标权人基于商标权对商品及其零部件的控制相应地受到一定限制,在此情形下宜认定商标权权利用尽。①

最高人民法院认为,商标权的保护亦存在一定的限制,当商品通过正常商业渠道售出后,再次转售该商品时,一般不应再受到不合理的限制,影响商品的正常使用和流通,即商标权自第一次出售商品时权利用尽,再次转售通常不构成商标侵权。因为商标标识商品来源的功能旨在将特定性质的商品指向特定的提供者,但并不具有标识商品提供者具体身份的功能。消费者购买再次转售的商品时,商标所指向的商品提供者仍然是商标权人。因此,商品的转售,通常情况下并不会影响商标标识商品与其来源之间联系的功能,不构成商标侵权。然而,改装过程中变动了商品的特性,特定商品与特定来源之间的联系可能因为改装行为对商品特性的改变而发生改变,需要根据个案的情况具体判断改装后的再次销售是否侵害商标权。从商标标识特定商品与特定来源之间联系的功能出发,通常可以根据改装程度是否足以实质性影响商品性质以及消费者的选择来判断该种改装后再次出售的行为是否构成商标侵权。本案中,杜高公司改装 E50 喷码机的墨路系统,该改装行为实质性改变了商品的原有品质,在对消费者选择产生显著影响的同时,对商标与商品之间的对应关系产生了实质性影响。杜高公司在出售经过实质性改变的商品上继续使用涉案商标且未通过明显方式告知消费者改装的情况下,容易造成相关消费者对商品来源产生混淆或者误认。二审判决认定 E50 喷码机改装行为构成商标侵权并无不当。②

值得注意的是,对于旧手机翻新后使用原注册商标再销售的行为,我国一些法院将其认定为刑事犯罪,以假冒注册商标罪追究刑事责任。③ 例如,在“马路、邹敬宇假冒注册商标”案中,被告人从华强北手机店以每台 100 ~ 180 元不

---

① 参见广东省高级人民法院民事判决书,(2017)粤民终 2659 号。

② 参见最高人民法院民事裁定书,(2019)最高法民申 4241 号。

③ 参见深圳市罗湖区人民法院刑事判决书,(2016)粤 0303 刑初 1573 号;深圳市福田区人民法院刑事判决书,(2014)深福法知刑初字第 36 号;深圳市中级人民法院刑事裁定书,(2016)粤 03 刑终 1125 号;深圳市中级人民法院刑事判决书,(2018)粤 03 刑终 2054 号;温州市中级人民法院刑事裁定书,(2016)浙 03 刑终 1528 号。

等的价格回收旧的OPPO、ViVO、华为品牌手机，并在其位于福田区华强北赛格科技园的出租屋里将旧手机更换假的手机外壳、屏幕后进行翻新，通过货运把手机销售到新疆地区。深圳市南山区人民法院审理认为，被告人马路未经注册商标所有人的许可在同一种商品上使用与其注册商标相同的商标，情节特别严重，构成假冒注册商标罪。① 被告人不服一审判决提出上诉，深圳市中级人民法院审理认为，上诉人马路未经注册商标所有人的许可在同一种商品上使用与其注册商标相同的商标，情节特别严重，构成假冒注册商标罪，驳回上诉，维持原判。②

由前述案例看出，一些分包装再销售、旧物回收翻新再销售行为在司法实践中被认定为商标侵权或者刑事犯罪。应当思考的问题是：这是否意味着商品所有权人对其合法取得的商品在分包装或者翻新后使用原商标再行销售将被绝对禁止？抑或转售商在满足信息披露等条件的情况下，可以合法使用原商标再销售？

（三）观点争议的原因分析

对于商标权权利用尽规则能否适用于商品状况改变后的再销售行为问题，理论界与实务界虽然存在争议和分歧，但可以达成一致的是，权利用尽规则适用于对原商品的转售，也即对没有任何变化的初始商品的转售应当适用权利用尽规则。因此，争议的分歧点集中于转售商品实为原商品，但转售商品相比于原商品已经发生变化，在包装、外观、标识、零配件等方面对原商品进行改变的商品上标识原商品的商标用于市场销售，是否会对商标权人的商标权构成侵害？是否可以适用商标权权利用尽规则作为商标侵权的抗辩事由？

笔者认为，商标权权利用尽规则适用于原商品的转售，商品状况改变后再行销售行为能否适用权利用尽规则应当取决于商品状况改变的程度。如果商品改变程度较大，属于实质性改变，则改变后的商品与原商品实际上为两种不同的商品，难以被认定为“原商品”，自然不能适用权利用尽规则。如果商品状况相比原商品有所改变，但改变程度不大，并非实质性改变，是否可以认定为是

---

① 参见深圳市南山区人民法院刑事案决书，（2018）粤0305刑初1364号。

② 参见深圳市中级人民法院刑事裁定书，（2018）粤03刑终3224号。

原商品呢？问题在于如何界定和理解权利用尽规则的适用对象——“原商品”，也即是否可以将“原商品”扩大化理解为对原商品有所改变但并非实质性改变的商品。相关司法实践中判决结果的差异皆源于转售商品相比于原商品所改变的程度，以及是否认可对未发生实质性改变的商品适用商标权权利用尽规则。因此，在商标法范畴内，需要解决的问题是商标权权利用尽规则是否应当为合法的物权处分行为留有空间。此问题首先会涉及商标权人的利益保护，因为在转售改变原商品状况的商品中使用原商标可能会损害商标的来源识别、品质保证等基本功能。其次也会涉及商标权人与商品所有权人之间的利益平衡，因为权利用尽规则的阻却使用可能会阻碍转售者对其以合法方式取得所有权的商品的自由处分。同时也关系到市场经济的发展需求以及国家的经济政策。前述不同主体之间利益平衡问题的实质依然在于对商标权权利用尽规则的本质及其适用边界的把握。

二、商标权权利用尽规则适用于商品状况改变后再销售的利弊

（一）商标权权利用尽规则适用于商品状况改变后再销售的必要性

近年来，分包装销售、加工再销售、旧货翻新再销售以及改变商品标注信息再销售等商品转售方式在商品经营中广泛出现，而且日趋常态化。前述商品转售方式可以满足消费者的多层次、多元化消费需求，也是实现物尽其用以及循环经济发展的需要，有助于增强市场经营活力，促进市场经营模式的多元化发展。基于此，在倡导社会实现可持续发展和循环经济发展的背景下，从推动市场经济良性发展的角度考量，旧货翻新再销售、商品分包装再销售以及加工再销售等商品转售方式应当在市场经济中得到支持和认可。法律作为调整社会关系之重器，也应当顺应时代发展的需求，对社会经济发展中出现的新现象和新问题进行回应。对商标法而言，可以通过商标权限制制度的完善为商品状况改变后再销售中的商标性使用设定商标侵权例外，为商品转售中对商标权人商标使用的合法性认定提供法律依据，商标权权利用尽规则也应当为前述商品转售方式的适用留出一定的空间，以避免正当合理的商品转售行为陷入商标侵权困境。

(二)商标权权利用尽规则适用于商品状况改变后再销售的合理性

笔者认为,在原商品并未发生实质性改变的前提下,对于有所改变的原商品的再销售行为适用商标权权利用尽规则具有理论上的合理性,并不违背权利用尽规则的制度本意。

其一,商标权人在转售商品上的经济利益已经实现。商标权人享有的商标权利以商品为载体得以体现,在标识有商标的初始商品的首次销售中,商标权人在经其同意投入市场的特定商品上的经济利益已经实现。若允许商标权人以行使商标权为由继续控制商品的再销售,则会导致其在同一商品上重复获利,既有失市场交易的公平性,也会阻碍商品在市场中的自由流通。商标权权利用尽规则旨在协调商标权与物权并存于同一商品导致的权利冲突,以防止商标权人不正当干预商品流通,保障商品所有权人控制商品的权利。① 尽管再销售的商品相比于初始商品有所改变,但属于以原商品为基础进行的未发生实质性变化的改变,再销售行为的对象依然是原商品。

其二,经营者行使其商品所有权的合理需要。经营者以合法方式取得原商品的所有权,有权利对商品进行自由处分,包括分包装、再加工和翻新行为,将经过改变的原商品再行投入市场销售也是经营者行使其所有权的具体体现。需要指出的是,经营者在再销售的商品上依然标识原商品的商标,而再销售的商品与原商品毕竟有所不同,可能会有损于商标权人的商标功能,此问题也是部分学者反对商标权权利用尽的主要原因。但从另一角度分析,如果经营者对并未发生实质性改变的原商品更换商标标识,反而会导致消费者对商品真实来源产生混淆,也有构成反向假冒之嫌疑。鉴于再销售商品相比于原商品并未发生实质性变化,在充分披露商品真实变化信息的前提下,使用原商标销售商品并不会破坏商标的功能,这也是经营者自由处分其物权权能的合理需要。

(三)滥用商标权权利用尽规则的现实危害

如前所述,商标权权利用尽规则适用于对原商品的转售,若将其适用对象

---

① 参见刘文琦、李晓光:《从商标功能审视商标权利穷竭原则适用的限制》,载《中华商标》2018 年第 2 期。

任意扩大至对原商品进行改变后的商品，则会导致商标权权利用尽规则的滥用，损害商标功能的实现，打破商标权人利益与商品所有权人利益之间的平衡，也有悖于商标权权利用尽规则的制度初衷。

其一，混淆商品的真实来源。商标是区别同类商品或者服务的标志，识别商品或者服务的来源是商标最基本的功能，可以有效节约消费者对其所需商品的搜寻成本。作为符号，商标是由能指、所指和对象组成的三元结构，能指是有形或可以感知的标志，所指为商品的出处或商誉，对象是所附着的商品。[①] 商标的来源识别功能基于商标、商标权人、商品之间的真实联系，其中任一要素的改变均会打破商标的三元结构，损害商标的来源识别功能。经营者对商标权人提供的初始商品进行改变后，标识商标权人的商标再行销售，难免会使消费者误认为标识商标权人商标的有所改变的商品依然源于商标权人，但事实上再销售的商品相比于商标权人的初始商品存在变化，而且此种变化是由经营者所为，因此会混淆商品的真实来源。例如，在"米其林"轮胎销售案中，转售者在更改"米其林"轮胎上的速度标识信息后依然使用"米其林"商标转售，法院认为，被告擅自更改速度等级信息，使相关公众误认为该轮胎为商标权人生产的同级轮胎，对商品的来源产生混淆，构成商标侵权。[②] 本案中，商品的外观、质量及性能相比于初始商品并未任何改变，但速度等级的标识信息亦为商品不可或缺的部分，标识信息的更改同样会破坏商标权人、注册商标和商品的真实联系，误导相关公众混淆商品的真实来源。

其二，破坏商标的品质保证功能。商标在具有来源识别功能的同时，亦发挥着指示一致质量水平的功能，[③]该"保证"功能意味着在特定商标标志下销售的商品或者服务具有一致和可预测性的质量。[④] 但是，标识商标权人商标的原商品经商标权人同意投入市场，由经营者进行分包装、再加工、翻新修理等行为之后，商品的包装、外观等状况相比于原商品已经发生变化，此种变化可能会涉及商品质量和性能的改变。例如，香水、机油等特殊商品对于包装的材料、技术

---

① 参见彭学龙：《商标法基本范畴的符号学分析》，载《法学研究》2007 年第 1 期。

② 参见湖南省长沙市中级人民法院民事判决书，(2009)长中民三初字第 0072 号。

③ 参见王太平：《商标法：原理与案例》，北京大学出版社 2015 年版，第 3 页。

④ See J. Thomas McCarthy, *McCarthy on Trademarks and Unfair Competition* (4th Edition), Thomas/West, 2006, p. 3 - 10.

等具有较为严格的要求,经营者在分包装中极有可能会损害商品的品质。在对改变后商品的再销售中不经商标权人许可依然标识原商标,会破坏商标与商品品质之间一致且稳定的对应关系,由此损害商标的品质保证功能。

其三,贬损商标权人的商誉、扰乱市场竞争秩序。商标权人提供的初始商品在投放市场后会出现外观、性能受损情况,经营者对商品实施维修、以旧翻新等改变商品状况的行为之后,继续标识原商标再行销售,在无明确披露商品实情的情况下,消费者会误认为其所购得的受损商品即为商标权人首次投入市场的初始商品,商标与受损商品之间的非真实性联系易于丑化商标,贬低商标的商誉。而在以加工、添附方式优化初始商品的情形中,经营者若标识原商标以较高价格再行销售,则会搭附商标权人的商誉便车,谋取不正当利益。例如,在"东鹏"瓷砖案中,经营者购买"东鹏"瓷片加工成腰线、花片后,标识"东鹏"商标在市场销售,法院认为,经营者利用商标权人的"东鹏"商标,误导消费者营利,构成商标侵权。[①] 笔者认为,标识原商标转售受损或优化后的商品,不仅会破坏商标的基本功能,也有违诚实信用原则,扰乱市场竞争秩序。

基于滥用商标权权利用尽规则将会导致的风险和危害,有学者提出,当商标权人投入市场的商品发生改变,对于该商品的再销售则不能机械化地套用商标权权利用尽规则。[②] 也正因如此,《发展中国家商标、商号和不正当竞争行为示范法》第 20 条规定,商标权权利的用尽须以"商品没有任何变化"为适用前提,[③]明确排除有非实质性改变的商品适用权利用尽规则的可能性。此外,德国《商标和其他标志保护法》第 24 条关于商标权用尽的规定以"商品状况发生变化或损害"为商标权权利用尽规则的例外;英国《商标法》第 12 条规定也以"商品条件已发生变化或损害"作为适用商标权权利用尽规则的但书条款;法国《知识产权法典》第 L. 713 -4 条规定,有正当理由,尤其是商品状况有所改变的,商标所有人可禁止商品的进一步流通。尽管英国、法国、德国等国家的商标立法

---

① 参见刘红:《购买带有商标的产品加工后出售的行为构成商标侵权》,载《人民法院报》2001 年 9 月 22 日。

② 参见杨源哲、杨振洪:《商品状况改变后的权利穷竭问题研究》,载《知识产权》2014 年第 1 期。

③ 参见《发展中国家商标、商号和不正当竞争行为示范法》第 20 条规定:商标注册不给注册所有人以权利,阻止第三者对于在该国在该商标名下合法销售的商品上使用该商标,只要这些商品没有任何变化。

并未明确界定权利用尽规则适用例外的“商品状况发生变化”具体是指任何变化抑或实质性变化，但其对于例外情形的规定足以表明权利用尽规则的适用应当存在条件或边界限制，而商品状况的变化或改变即为其中的核心要素。

三、商标权权利用尽规则在商品状况改变后适用的边界

（一）商品状况改变与商标权权利用尽规则之间的对立与融合

如前所述，在商品投入市场之后状况已发生变化的情况下，无限制地适用商标权权利用尽规则，允许经营者在该商品上使用原商标再行销售，会存在损害商标功能和贬损商誉的现实性风险，也会面临改变后的商品已非原商品等适用对象方面的理论困惑。但基于商品状况的改变而全然否定商标权权利用尽规则的适用，将会使新的商品转售行为陷入商标侵权困境，既有损于商品所有权人的利益，也会严重限制商业经营模式的发展创新，有违市场经济发展的内在规律。事实上，在商品状况发生非实质性改变后，通过合理方式向相关公众披露商品真实信息的前提下，使用原商标销售该商品并不会破坏商标的功能，也不会贬损商标权人的商誉。鉴于此，笔者认为，商品状况改变与商标权权利用尽并非绝对的排斥和对立，二者之间应该存在产生交集的边界。因此，有必要根据商标权权利用尽规则的适用条件，为投入市场后状况发生变化的商品使用原商标再行销售设置行为界限，使标识原商标再销售有所改变的商品不会损害商标权人的商标利益，以在商标权保护与商品经营者利益维护之间寻求平衡，在商标功能实现与商品自由流通之间化解冲突。

（二）商品状况变化并不必然导致商标权权利用尽规则的适用例外

1. 商标权权利用尽规则适用例外条件的比较

值得注意的是，我国台湾地区和香港地区明确规定了商标权用尽规则，新加坡等国也明确规定商标权权利用尽规则，但在权利用尽规则适用例外的条件设置方面则与前述《发展中国家商标、商号和不正当竞争行为示范法》、德国《商标和其他标志保护法》以及英国《商标法》等相关规定有所不同。

我国台湾地区“商标法”第 36 条第 2 款在明确商标权权利用尽规则的同

时,规定“商品发生变质、受损,或有其他正当事由”为商标权权利用尽的例外。[①] 从该规定得知,在我国台湾地区,流通于市场的商品不适用商标权权利用尽的条件为商品变质、受损或有其他正当事由,因此,并非商品在被投入市场之后发生的任何变化均会导致商标权权利的不用尽,在商品状况的改变导致商品出现变质、受损时,该商品上的商标权才可以不发生用尽,商标权人可基于该商品上依然存在的商标权主张权利。

我国香港地区《商标条例》第 20 条第 2 款规定商标权权利用尽规则不予适用的条件为:货品已有所改变或已受损,且使用该注册商标会对其显著性或声誉造成损害。[②] 该规定采用双重要件模式,须“商品有所改变或受损”和使用原商标会“损害商标显著性或声誉”两个条件同时具备,才可以在该商品上不适用商标权权利用尽规则。显然,商品的改变并不必然导致商标权权利用尽规则的不予适用。

此外,新加坡《商标法》第 29 条关于商标权权利用尽例外的规定,也采用双重要件模式,以投放市场的商品“状况发生改变或损害”和在该商品上使用原商标会“以不公平方式淡化商标显著性”为条件。[③] 此规定也并未以商品状况出现任何改变作为商品上商标权用尽的例外,只有商品发生改变,并且在改变后的商品上使用商标会以不公平方式影响商标的显著性时,该商品上的商标权才可以不用尽。

笔者认为,商品在投入市场之后发生改变,并不必然意味着在再销售该商品中使用原商标会损害商标的基本功能。在商品状况发生的改变并不涉及商

---

① 参见我国台湾地区“商标法”第 36 条第 2 款规定,附有注册商标之商品,由商标权人或经其同意之人于国内外市场上交易流通,商标权人不得就该商品主张商标权。但为防止商品流通于市场后,发生变质、受损,或有其他正当事由者,不在此限。

② 参见我国香港地区《商标条例》第 20 条规定,尽管有第 18 条(注册商标的侵犯)的规定,如就某些已在世界上任何地方推出市场的货品而使用某注册商标,而该等货品是由拥有人或经其同意(不论是明示或隐含的同意,亦不论是附有条件或不附条件的同意)而在该商标下推出市场的,则该项使用并不侵犯该注册商标。如货品在推出市场后其状况已有所改变或已受损,且就该等货品而使用有关注册商标会对该注册商标的显著特性或声誉造成损害,则第 1 款不适用。

③ 参见新加坡《商标法》第 29 条规定,尽管有第 27 条的规定,经注册商标所有人明示或默示同意(有条件或其他)将标识有其注册商标的商品投放至新加坡国内或国外市场,则在此产品上使用该商标不构成对注册商标的侵害。如果该商品的状况在投放市场后发生改变或者损害,并且在该商品上使用注册商标会以不公平的方式淡化注册商标的显著性特征,则不适用于第 1 款规定。

品的实质性部分,且使用原商标再销售该商品并不破坏商标的显著性或声誉的情况下,若允许商标权人以行使注册商标专用权为由禁止经营者转售该商品,无疑会有滥用商标权之嫌,也会阻碍商品在市场中的自由流通,不利于市场经济体制下经营模式的发展和创新。而前述商标立法关于商标权权利用尽例外条款的规定值得我国借鉴,对商标权权利用尽规则的适用边界的设定,有必要在分析商品状况是否发生变化的同时,从商品状况变化的程度、对于商标功能的影响方面综合考量。

2. 美国相关司法实践的分析与启示

司法实践中,美国法院对于相关案件的审理值得我们分析和探讨。在美国最高法院于1924年审理的"Coty"香粉案中,被告购买Coty公司生产的香水和香粉,将瓶装香水分装为小瓶,并通过添加黏合剂的方式将香粉压制为粉饼并装于金属盒包装中,但分装后的香水和加工后的粉饼均使用原"Coty"商标在市场销售,原告将此诉诸法院意图禁止被告对"Coty"商标的非法使用。地区法院裁定:被告在标明产品由Coty公司生产,经其独立压制和重新包装,且与Coty公司没有联系的前提下,可以使用"Coty"商标。巡回上诉法院基于香水易变质、易掺假的特性,认为被告不能强加给原告现场持续监督的负担,因此禁止被告在再销售中使用"Coty"商标。最高法院则认为,被告对其购买的商品享有所有权,有权利对商品进行改变、分割并销售,商标权人不能阻止被告在说明商品实情意义上对商标的使用。①

在美国最高法院于1947年审理的"Champion"火花塞案中,被告回收使用过的"Champion"火花塞,经过修理、翻新后再行销售,但在火花塞上依然保留"Champion"标识,标有"完美翻新的火花塞"字样,商标权人认为被告的行为侵犯其商标权并构成不正当竞争。地区法院裁决,禁止被告继续销售修复和翻新后的"Champion"火花塞,除非其在再销售商品上移除商标和型号,并醒目标识出修复字样。巡回上诉法院认定商标侵权行为成立,但取消了地区法院须移除商标和型号标记方可继续销售的命令,要求在火花塞上凸显修复或已使用字样。最高法院认为,再售的火花塞尽管使用过,但仍然是"Champion"火花塞,修复和翻新的火花塞仅为产品初始性能和条件的恢复,并无新的设计,在质量、性

---

① See Prestonettes v. Coty, Supreme Court of the United States, 264 U. S. 359 (1924).

能等方面会次于新品,但对于二手商品而言是可以预期的,只要商品是明显而清楚地作为修复和翻新的商品而非新品销售就可以。①

在"TITLEIST"高尔夫球案中,原告 Acushnet 公司是高尔夫球制造销售商,其在高尔夫球上使用"TITLEIST"和"TITKEIST PRO V1"商标并在美国专利商标局注册。被告 Nitro Leisure Products 公司回收并销售二手高尔夫球,对于状况相对较好的二手球,经过清洗后重新包装再行销售。对于有污渍、磨损或瑕疵的球,则通过去除底漆、添加透明涂层以及印刷原商标和型号标记的方式对球进行翻新处理。Nitro 公司在每个"翻新"球的包装上清晰表明"使用过的/翻新过的"或"由 GOLFBALLSDIRECT. COM 使用和翻新"字样,也有免责声明。Acushnet 公司向美国加利福尼亚州地方法院提起诉讼,指控 Nitro 公司侵犯其多项专利权并违反了联邦和州商标法。地区法院以 Nitro 公司已说明商品真实情况为由否定了 Acushnet 公司的商标侵权主张,Acushnet 公司上诉至联邦巡回法院。巡回法院审理认为,消费者不希望翻新产品与新产品具有相同的性能,并且 Nitro 公司对高尔夫球的更改不会对其产生实质性改变。此外,Nitro 公司在每个球上都标明了"使用过和翻新过"字样,从而清楚地表明这些球是经过翻新的。在这种情况下,Acushnet 公司未能证明消费者可能对球的来源或状况感到困惑。巡回法院最终肯定了地区法院的判决。②

上述案例的共同点在于:其一,再售商品相比于商标权人首次投入市场的初始商品而言,已经在分装、加工、修复、翻新等过程中发生改变。其二,对于已经有所改变的初始商品,经营者依然使用原商标进行转售。其三,法院终审裁决并未因为商品的改变而禁止经营者在商品转售中使用原商标,而是要求经营者在履行相应的说明、提示等附加行为后,允许其继续使用原商标转售商品。从中看出,美国在司法实践中对于经营者在商品状况改变后使用原商标再销售的行为采取较为宽松的态度,若使用原商标能够用于说明商品的真实情况,不会导致消费者对商品来源的混淆或误认,则不予禁止。正如美国最高法院霍姆斯(Oliver Wendell Holmes, Jr.)大法官在审理"Coty"香粉案中所言:"当商标的

① See Champion Spark Plug Co. v. Sanders, Supreme Court of the United States, 331 U. S. 125 (1947).

② See Acushnet v. Nitro Leisure Products, 341 F. 3d 1356 (Fed. Cir., 2003).

使用方式没有欺骗公众时，我们没有权利阻止他人使用该商标说明事实。商标不是禁忌。”商标赋予商标所有人的权利仅限于保护商标商誉的范围，以禁止他人将商标商品作为自己的商品来销售。笔者认为，美国前述案例的判决对于我国商标权权利用尽规则适用例外条件的确定具有借鉴意义，商品状况的改变并不必然导致商标权权利用尽规则适用的例外，在满足相应条件的情形下，有所变化的商品上的商标权依然会发生用尽，经营者可以在其自由转售中使用原商标。这样既可以保护商标权人的商誉不受侵害，也可以为商品转售行为的合法性提供法律依据，避免此类商业经营行为陷入普遍性商标侵权困境。

值得注意的是，经营者在合法购买商品之后，对商品进行重新包装、加工、修理、翻新、组装等行为并再行销售，在此种情形下对商标权人原商标的使用属于附带使用或者说明实情的使用，其目的在于说明在售商品的真实来源。与此相应，附带使用的前提是，相关的商标使用是为了说明实情，不会造成欺骗、误导消费者的结果。如果相关的使用欺骗、误导了消费者，或者具有造成消费者混淆的可能性，就超出附带使用的范围。①

（三）商品状况改变后适用商标权权利用尽规则的限制

1. 以原商标功能不受破坏为判断标准

现代商标理论认为，商标具有商品来源标识功能、品质保证功能、投入与广告功能。② 商标作为商品的标记，只有将商标使用于其所标记的商品上，商标的前述功能方能实现。标识商标的商品在经商标权人同意投入市场之后，商标权人在该商品上的经济利益已经实现，商标的价值承载于商品中在首次销售之时一并通过商品的价格得到体现。但是，在商品首次销售投放市场之后，商标依然标识于商品上，并成为保持商品完整性的必要组成部分，商标的来源识别、品质保证以及广告宣传功能依然存在。商标法框架下对商标侵权行为的界定，在根本上是以该行为是否阻却商标功能的实现为判断标准。使用他人商标的行

① Prestonettes v. Coty, Supreme Court of the United States, 264 U. S. 359 (1924). 参见李明德：《美国知识产权法》（第 2 版），法律出版社 2014 年版，第 538 页。

② See W. R. Cornish, *Intellectual Property: Patents, Copyright, Trade Marks and Allied Rights*, London Sweet & Maxwell, 1996, p. 527.

为，只有在对商标功能的发挥产生负面影响时，才可能构成商标侵权。[①]

在经营者对初始商品进行分包装、加工、修理、维修、组装等改变，并标识原商标再次进入流通领域时，相关公众会基于商标、商标权人与商品之间的对应关系，将改变后的商品的包装、外观、质量、性能等因素与原商标和商标权人相联系，进而对原商标的商誉产生影响。基于此，判断商品状况改变后使用原商标再行销售能否适用商标权权利用尽规则的标准，应为商标的功能是否会由于商品状况的改变而受到破坏。商标法保护注册商标专用权的目的即在于保障商标功能的实现，如果状况有所改变的商品在再次销售时未破坏原商标的功能，则使用原商标就没有必要被禁止，不经商标权人许可使用其商标的行为可基于商标权权利用尽规则的适用而不构成商标侵权。

在维沃移动通信有限公司（以下简称维沃公司）与胡某某侵害商标权纠纷案中，原告维沃公司是第 15180323A 号“ViVO”注册商标的所有权人，核定使用商品为第 9 类，包括可视电话、手提电话、电话机套等，被告胡某某未经维沃公司许可擅自从市场收购带有“ViVO”商标的二手手机，同时购进带有“ViVO”商标的后盖等配件及包装盒对上述二手手机进行翻新组装后按全新正品对外进行销售。审理法院认为，胡某某销售的手提电话及外包装上使用的标识，与维沃公司的涉案注册商标构成实质性相同，应对此承担停止侵权和赔偿原告经济损失的法律责任。[②] 笔者认为，本案中胡某某把二手“ViVO”手机翻新组装后使用原商标销售的行为构成商标侵权的主要原因在于，其将二手翻新手机作为全新正品手机销售，而二手翻新手机在品质、功能及售后服务等方面显然有别于正品手机，在消费者不知情的情况下，标识原商标销售二手翻新手机会使消费者在商标与二手翻新手机之间建立对应联系，破坏了商标的品质保证功能和来源识别功能。但应当注意的是，此案件并不说明标识原商标销售二手翻新商品的行为均会构成商标侵权，判断其合法性与否的重要标准在于，标识原商标是否会损害到商标的功能。如果翻新行为没有使商品发生实质性改变，在明确告知消费者或者相关公众所售商品为二手翻新商品的情况下，则商标的功能并不

① 参见刘文琦、李晓光：《从商标功能审视商标权利穷竭原则适用的限制》，载《中华商标》2018 年第 2 期。

② 参见广东省深圳市宝安区人民法院民事判决书，(2019) 粤 0306 民初 16415 号。

会因此受到损害。

在维沃移动通信有限公司与殷某某侵害商标权纠纷案中，维沃公司是第21886212号“ViVO”注册商标的注册人及专用权人，核定使用的商品为第9类，包括USB充电器、可充电电池、无线充电器、手机屏幕、手机显示屏等。殷某某是从事手机维修业务的个体经营者，其从淘宝网上购买涉案手机屏幕总成，用于手机维修。涉案手机屏幕总成是销售商回收维沃公司同型号手机内屏（液晶屏及电路部件等集成），更换新的玻璃外屏后，作为维修部件二次销售。涉案屏幕总成上没有可见的“ViVO”商标标识，排线上原有的“ViVO”商标被白油漆覆盖，只有刮掉油漆才能看到。殷某某在维修时对涉案屏幕总成按兼容配件收费，收费价格远低于原装配件。维沃公司认为殷某某的行为侵犯其注册商标专用权。一审法院认为，涉案屏幕总成是他人从维沃公司同型号手机中回收、翻新后进行二次销售，殷某某购进用于手机维修，其行为不符合我国《商标法》第57条第3项规定的“销售侵犯注册商标专用权的商品”情形。[①] 二审法院认为，由于涉案屏幕总成是回收物品，未标明“ViVO”商标，殷某某在购买时尽到了注意义务，且涉案配件并非针对一般消费者进行销售，而仅用于手机维修，维沃公司也并不单独售卖手机外屏，亦未能提交证据证明殷某某将案涉手机外屏作为原装配件或者用于翻新旧手机针对一般消费者进行销售，以“ViVO”原装配件的形式获取利益，客观上不能证明殷某某的维修行为损害了维沃公司“ViVO”品牌形象和声誉。因此，殷某某的行为不符合我国《商标法》第57条第3项规定的“销售侵犯注册商标专用权的商品”情形。[②] 本案中所涉的手机屏幕总成是他人回收“ViVO”手机的内屏、并更换玻璃外屏之后所得，殷某某将其作为维修手机所需的兼容配件来使用。一方面，殷某某并未将回收、翻新的手机屏幕总成向一般消费者销售，而维沃公司也并不单独销售手机屏幕；另一方面，殷某某也以远低于“ViVO”原装配件的价格收费。笔者认为，将回收、翻新的“ViVO”手机屏幕在手机维修中以兼容配件使用，不会使消费者对商品的来源发生混淆，也不会破坏“ViVO”商标的品质保证功能。在商标功能不受损害的情况下，不会构成商标侵权。

---

① 参见湖北省孝感市中级人民法院民事判决书，(2019)鄂09民初72号。

② 参见湖北省高级人民法院民事判决书，(2020)鄂知民终24号。

2. 以商品未发生实质性改变为适用前提

商标权权利用尽规则的适用对象为经商标权人同意投放市场的商品，承载于该商品上的商标权基于商品的首次销售而用尽，经营者在转售该商品时可以不经商标权人许可而使用原商标且不构成商标侵权。因此，在经营者转售的商品与经商标权人同意投放市场的商品为同一商品的前提下，才可以适用商标权权利用尽规则。问题在于，经营者对于其合法取得的初始商品施以重新包装、加工、修理、翻新、组装等行为之后再次投放市场销售，转售的商品在外观、质量、性能等方面与初始商品因前述行为而有所变化和不同，那么该商品是否可以认定为与初始商品是同一商品，从而适用商标权权利用尽规则呢？

笔者认为，此处的“同一商品”可以有狭义和广义两种理解。狭义的同一商品应当界定为转售的商品即经商标权人同意投放市场的初始商品，该初始商品在首次投放市场之后至再次进入流通领域时未发生任何改变；广义的同一商品则可以是指经商标权人同意投放市场的初始商品由经营者进行一定程度改变，并再次在市场销售的商品，该商品与初始商品相比有所差异，但并没有发生实质性改变。因为经营者转售的商品是在初始商品基础上所进行的改变，依然可以将其扩大化界定为初始商品。但是，如果转售商品的改变程度较大，属于实质性改变，则和初始商品实为两个不同的商品，难以再将其界定为与初始商品是同一商品。

鉴于前述分析，商品状况的改变并不必然破坏商标功能的实现，在商品发生非实质性改变并不影响商标功能正常发挥的前提下，可以对“同一商品”采用广义的界定，将其扩大化理解为对初始商品未予实质性改变的商品。对商标权权利用尽规则适用对象的广义界定，既可以保护商标权人在售出商品上经济利益的实现，维护其商标的功能不受破坏，也可以兼顾商品所有权人的利益，并为商业经营模式的创新与发展提供适度的法律空间。综上所述，商品状况发生改变后依然具有适用商标权权利用尽规则的合理性和可行性，但须以商品未发生实质性改变为适用前提。

基于此，商品状况改变后的转售行为能否适用商标权权利用尽规则的前提在于，对商品状况是否发生实质性改变的判断。何为实质性改变，目前尚未有明确、统一的判定标准，实践中需要结合商品的具体情况依个案确定。笔者认为，可以从以下方面重点考量：

其一，商品改变的程度。商品改变的程度较大致使外观、特征、性质发生改变或者质量有瑕疵、性能有提升等，理应为实质性改变。如果重新包装对商品的质量、性能没有影响，修理、翻新仅使商品恢复至原有状态，则不属于实质性改变。例如，在"ZIPPO"打火机外观改变后使用原商标再销售案中，审理法院认为，加工后的打火机与原正品"ZIPPO"打火机在整体外观上有着较大的不同，已经构成产品的实质性改变，两者属于不同的产品，使用原商标销售加工后的商品，且没有附加改变的信息，也未作出不同的标识，势必会使消费者混淆、误认，构成商标侵权。[①] 再如，在西门子（中国）有限公司（以下简称西门子公司）与周某侵害商标权纠纷案中，西门子公司是第 G637074 号"SIEMENS"注册商标和第 G683480"西门子"注册商标的普通许可使用人，周某购进二手西门子连接器、总线插头、扩展模块等工控产品，进行除尘、加贴新标、重新包装翻新后对外大量销售，西门子公司认为周某的行为侵犯其注册商标专用权。法院认为，商标的基本功能是区分商品的来源，是商标赖以存在的基础，商标使用的核心是发挥商标区分商品来源的作用，保护商标是为了保护商标的区别性，没有发挥商标识别功能的使用行为，通常并不构成商标使用行为，也就不应是商标法予以规制的内容，而保护商标的区别功能就是防止商品和服务来源的混淆与误认。首先，本案中周某所出售的二手西门子产品与西门子新品本质上是同一商品，而不是商标法所规制的同一种商品，二手西门子产品亦是西门子公司的产品，旧品与新品的差别在于使用程度，周某对旧品进行除尘翻新等行为并未改变二手西门子产品是西门子产品的本质，原告未提交证据证明周某的翻新手段改变了西门子产品的核心功能，并没有使西门子产品变成了其他的产品。其次，周某在没有西门子公司授权的情况下，制作了带有西门子标识的物质载体，包装为假、商品为真，假载体之上的商标与产品是能够对应的，并不会使消费者对商标的识别功能产生混淆，因此不构成商标侵权。[②]

其二，商品改变的部位。涉及商品核心部件的改变或者致使商品的外观特征发生改变，例如，更换手表的机芯、手机的芯片、汽车的发动机，或者在商品上增加图案、装饰等，应属于实质性改变。在前述多米诺公司与杜高公司、心可公

---

① 参见广东省广州市中级人民法院民事判决书，(2012)穗中法知民初字第 54 号。

② 参见湖北省黄冈市中级人民法院民事判决书，(2019)鄂 11 民初 342 号。

司侵害商标权纠纷案中，杜高公司购入多米诺公司原装 E50 喷码机后将其一体化墨水箱更换改装后标识原注册商标进行销售。一审法院认为，墨水箱是喷码机的重要组成部分，多米诺公司原装 E50 喷码机的墨水箱被改装，改装后的商品已成为杜高公司的新商品，商品上的"DOMINO 及图"商标所指示的已非原装多米诺 E50 喷码机，杜高公司主张多米诺公司在被诉侵权 E50 喷码机上商标权权利用尽的意见缺乏依据。[①] 二审法院认为，墨路系统是喷码机产品正常运行的核心部件，该改装行为实质性改变了商品，商品品质已经发生实质变化，被改装墨路系统的 E50 产品再销售，仍然标有多米诺公司的"DOMINO 及图"商标。无论杜高公司在销售时是否明确告知相关公众该产品的改装情况，多米诺公司的商标识别来源、对商品质量负责的功能都已遭到了损害，杜高公司的行为构成商标侵权。[②]

其三，商品自身的特性。基于商品自身特点，对于包装的材质、程序、技术等有特别要求，重新包装会导致商品质量或者品质发生变化，应当认定为实质性改变，例如，化妆品、饮料、润滑油等。在美国第四巡回上诉法院于 1991 年审理的"Shell"润滑油案中，原告 Shell 公司生产润滑油产品，以罐装和散装两种方式售卖，并使用"Rotella"和"Shell Rotella T"作为商标标识。鉴于润滑油的特殊性质，散装润滑油在分装销售中品质易受到损害，Shell 公司对润滑油储藏、运输和分装销售等过程有严格的管理标准和质量要求。被告 Commercial 公司购买了原告的"Shell Rotella T"散装润滑油，但在转售过程中未按照 Shell 公司制定的标准进行严格管理。法院认为，被告 Commercial 公司未依照原告 Shell 公司要求的标准进行质量监管，致使其销售的商品与原告商品相比存在实质性差异，在该商品上使用原告商标的行为构成商标侵权。[③] 反之，若商品对包装没有特殊要求，外包装的改变通常不会引起商品变质或损坏，则不宜认定有实质性改变。例如，在"中华铅笔"分装销售案中，转售商对原告生产的"中华"铅笔进行分包装之后标识原商标再行销售，审理法院认为，被告对涉案注册商标的商标性使用不构成商标侵权。[④]

---

① 参见广州知识产权法院民事判决书，(2016)粤 73 民初 2529 号。

② 参见广东省高级人民法院民事判决书，(2017)粤民终 2659 号。

③ See Shell Oil Co. v. Commercial Petroleum, Inc., 928 F.2d 104(4th Cir., 1991).

④ 参见江苏省淮安市中级人民法院民事判决书，(2014)淮中知民初字第 0007 号。

3. 以商品信息的充分披露为适用条件

投放市场的商品在重新包装、加工、翻新、修理、组装之后，与原商品相比可能会存在质量、品质以及价格方面的差异，此种差异由商品的改变而产生，也是经营者行使其所有权的结果，对此并无争议。但在商标法范畴内，经营者使用原商标转售已经发生改变的商品，易于使相关公众误认为商品的改变来自商标权人，由此混淆商品的真实来源，并且将商品的“优化”或“受损”归结为商标权人生产的初始商品的本质特性，从而破坏商标的基本功能。而商标权人需要保护的正是其通过独创、优质的商品或服务与消费者之间建立的联系，此种联系中商标权人对于消费者尽管可能是匿名的，但却是有价值的。[①] 由此，为保护商标、商标权人与商品之间的真实联系不被破坏，充分披露商品的真实信息极有必要。在商品信息得以披露的情况下，相关公众可以将翻新、加工等行为所导致的商品品质的变化与商标权人相区别，分割商品与商标之间的对应关系，从而保障商标功能的正常发挥，给商标权人以必要的保护。

综上所述，商品信息的充分披露是商品状况改变后使用原商标再行销售的重要条件，在此前提下，商品尽管已发生改变，但标识于其中的原商标的功能并不被破坏，因此符合商标权权利用尽规则的适用条件。商标权人在该商品上的商标权基于首次销售而用尽，经营者在转售该商品时对于原商标的使用不构成商标侵权。

需要说明的是，经营者披露商品状况发生改变的目的在于，提示相关公众以避免对商品来源的混淆或误认，因此，对商品信息的披露应当真实、善意且充分。首先，经营者应当对商品经过重新包装、翻新、加工等改变的事实作以客观说明，确保披露信息的真实、准确和完整。其次，信息的披露应当在商品及其包装上以较为醒目的方式明确表示，足以让普通的相关公众以普通的注意力即可发现该信息，而非有意掩藏或让有意购买该商品的消费者难以注意。例如，在前述“Champion”火花塞案中，审理法院就要求转售商突出、醒目地标示“修理”字样，以提醒购买者。此外，披露相关信息应当出于善意，信息披露时刻意对原商标进行凸显或强调易于误导购买者出现错误认知，应当避免。在前述“Coty”

---

① See Frank I. Schechter, *The Rational Basis of Trademark Protection*, Harvard Law Review, Vol. 40, p. 813 – 833 (1927).

香粉案中,审理法院要求转售商用于披露信息的每个字词必须是相同的大小、颜色、字体和普通的辨别性,包括"Coty"商标在内,以阻却随机购买者由于没有深入看而被欺骗。

在西门子(中国)有限公司与厦门兴锐达自动化设备有限公司(以下简称兴锐达公司)、陈华侵害商标权纠纷案中,西门子公司是"SIEMENS"(注册号G637074)和"西门子"(注册号 G683480)商标的普通被许可使用人,被授权以自己的名义在知识产权或不正当竞争诉讼中,针对中国境内侵权的自然人、法人或其他组织提起法律诉讼。兴锐达公司根据客户需要从淘宝网、EBAY 网等购进二手"SIEMENS"品牌的控制模块,用高压气枪、柏油清洁剂、仪表上光蜡等进行清理、维修,并购买"SIEMENS"包装盒,打印型号标签贴上后再销售。兴锐达公司提供销售二手产品的《购销合同》中的部分合同有标明为二手产品,没有标明的,兴锐达公司提供与购买方的聊天记录,证明所销售的是二手产品。西门子公司认为兴锐达公司的行为侵犯其注册商标专用权。审理法院认为,兴锐达公司销售翻新产品的行为不构成商标侵权。理由是:第一,原告西门子公司出具的鉴定书表明,其自己认可商品本身是"XIEMENS"商标的正品,现场查获的高压气枪、柏油清洁剂、仪表上光蜡等工具无法说明是用于对产品进行重大改造。商标权人将产品销售之后,商标权利用尽,无权再就商标权主张权利。第二,被告兴锐达公司从海外网站购买旧货,有报关单,即有合法来源。而销售的合同样本和聊天记录表明兴锐达公司是以"二手货"出售的,销售合同的价格与真品的价格也有明显差距,兴锐达公司低价转让二手商品的行为,为旧货市场的常见现象,不应认定为商标侵权行为。但是,被告兴锐达公司销售假冒"SIEMENS"商标的数字输出模组以及打印"SIEMENS"标签的行为,属于我国《商标法》第 57 条第 3 项"销售侵犯注册商标专用权的商品的"和第 4 项"伪造、擅自制造他人注册商标标识"规定的侵犯注册商标专用权情形。[①] 笔者认为,本案中兴锐达公司使用原商标销售翻新后的"XIEMENS"商品不构成商标侵权的主要原因在于,兴锐达公司是以"二手货"销售的翻新商品,在销售中通过合同、聊天等方式明确表示所销售的是二手产品,销售价格与新品价格之间的明显差距也可以使相关公众以普通的注意力即能够认识到商品不同于新品的特殊性。

---

① 参见福建省厦门市中级人民法院民事判决书,(2019)闽 02 民初 875 号。

而且，兴锐达公司的翻新行为并未对二手“XIEMENS”商品进行重大改造，也没有影响客户对该商标产品的售后体验。在商品未发生实质性改变的前提下，经营者以明示方式告知消费者其销售的商品为二手翻新商品，则标识原商标销售翻新商品不会损害商标的来源识别和品质保证功能，不应当被认定为商标侵权行为。

第三节　商标权权利用尽规则在平行进口中的适用

平行进口是一种国际贸易行为，学界在商标法范畴内研究平行进口问题主要涉及对销售平行进口商品的行为是否构成商标侵权的判断，而判断的关键即在于商标权权利用尽规则能否适用于平行进口。具体而言，经营者在销售平行进口至国内市场的商品时依然标识该商品上的原商标，该商标在国内为已注册商标，其商标权人为经营者之外的其他主体，根据我国《商标法》第 57 条第 1 项规定，未经商标权人许可在相同商品上使用相同的商标标识会构成商标侵权。商标权权利用尽作为对商标权效力的限制，是认定商标侵权行为成立的前置性排除事由，但其适用的地域范围通常为国内，也即由商标权人同意以合法方式投放至国内市场的商品上的商标权用尽，但平行进口商品的首次销售地点是在国外市场，问题由此产生，以合法方式在国外市场销售的商品能否在我国适用商标权权利用尽规则？本节首先分析平行进口的基本原理及其中的利益冲突，梳理我国理论界和实务界对此问题的争论，在考察美国、欧盟、日本等国家相关规定和司法实践的基础上，对商标权权利用尽规则在平行进口中的适用问题进行探讨。

一、平行进口及其中的利益冲突

平行进口作为国际贸易领域中的问题，具有国际贸易行为所固有的经济性和政治性色彩，但基于平行进口商品的知识产品属性，以及知识产权的地域性特征，平行进口同时也涉及知识产权保护问题，是知识产权领域里一种特殊的法律现象,[①]因此也具有法律属性和法律色彩。由此决定,对于“什么是平行进口”可以从不同的视角和侧重点作出界定,概括而言,国内外学者主要从经济学、营销学和法学等角度对平行进口予以界定,笔者在此仅从法学视角对平行进口作以厘定,并分析其中存在的利益冲突,旨在为平行进口中商标权权利用尽规则适用问题的探讨奠定基础。

(一)平行进口的基本原理

1. 平行进口的界定

何谓平行进口,理论界与实务界莫衷一是,颇有争论。[②] 其中的不同之处主要体现为,在进口的商品方面是否存在限制,在进口国知识产权人与出口国知识产权人之间是否要求存在特定的联系等。[③] 对前述要素的不同考量必然会导致对平行进口的不同界定。其中,谭启平教授采用了较为宽泛的界定,认为内容相同的知识产权产品在进口国和出口国的知识产权并非同一主体的情形下实施的进口行为,也属于平行进口。而且,以进口行为是否经进口国权利人同意为依据,将平行进口分为经得许可和未经许可两种类型。但笔者倾向于在狭义层面上理解平行进口,并从以下方面界定平行进口。

第一,平行进口的商品是在国外合法投入市场的真品。平行进口的商品在出口国是经合法渠道投入市场的合法商品,而非假冒伪劣商品,也不是经非法渠道取得的商品。通过走私等不合法途径进口的产品以及侵犯知识产权等相关权利的产品不在平行进口的范围之内,由此区别于非法的“黑色市场”商品。

---

① 参见何敏主编:《知识产权法总论》,上海人民出版社 2011 年版,第 276 页。

② 有学者认为,平行进口是未经国内知识产权人授权,进口经权利人同意投放市场的产品或者具有同源性的知识产权产品。(参见严桂珍:《平行进口法律规制研究》,北京大学出版社 2009 年版,第 12 页)另有学者认为,平行进口是未经知识产权人授权,将由权利人同意投放特定市场的产品,向知识产权人或独占被许可人所在国或地区进口。(参见王春燕:《平行进口法律规制的比较研究》,中国人民大学出版社 2012 年版,第 4 页)还有学者认为,平行进口是内容相同的知识产权产品在两个以上国家分别取得知识产权法律保护,进口商未经授权将此种知识产权产品从一国进口或出口到另一国的行为。(参见谭启平:《论平行进口中的知识产权问题》,载《现代法学》2003 年第 4 期)

③ 有学者认为,平行进口的产品涉及进口国的知识产权,对平行进口合法与否的态度由进口国决定,其在国外有无知识产权,在商业效果和法律政策上并无区别,因此,平行进口的产品只要求在进口国享有知识产权即可,该产品在出口国有无知识产权,在所不问。(参见陶鑫良、袁真富:《知识产权法总论》,知识产权出版社 2005 年版,第 251 页)笔者认为,平行进口的产品在出口国应为合法商品,要求对他人的知识产权等权利不存在侵权等问题,其在出口国也应当为享有知识产权的产品。

第二,平行进口的商品是知识产权产品。平行进口是一个与知识产权有关的贸易问题。[①] 其实质上是知识产权权利与知识产权产品在国际范围内的相向流动,即知识产权产品反向于知识产权权利的授权渠道。[②] 但需要注意的是,平行进口的对象不是知识产权本身,而是附载知识产权的产品,首先是以有体物形式得以体现的商品,其次是知识产权的有形载体。如果进口的货物不附载任何形式的知识产权,例如,是未经加工的木材、铁矿石,则不会涉及平行进口问题。

第三,平行进口商品所承载的知识产权在出口国和进口国的权利主体具有同一性。何敏教授提出,平行进口是进口商将经权利人同意投放在其他国家市场的商品进口至知识产权人或独占被许可人所在国,而未征得该知识产权人的许可。[③] 由何敏教授对于平行进口的前述界定看出,平行进口的特定商品所承载的知识产权在出口国的权利主体即为其在进口国的权利主体。笔者也认为,在平行进口中,进口商品所涉及的知识产权在出口国和进口国的权利人应为同一主体,如果进口的产品不是由进口国的知识产权人或其被许可人在国外投放的,则该进口行为不应属于平行进口的范畴。

基于上述分析,笔者对平行进口作出如下界定:未经国内知识产权权利人同意,将由知识产权权利人或被许可人在国外合法投放市场的商品进口至国内市场的行为。值得说明的是,进口国和出口国的知识产权尽管不为同一人享有,但不同的知识产权权利主体之间如果存在关联控制关系(母公司与子公司)或者许可关系,也可视为权利主体具有同一性,在符合其他要件的情形下,也应属于平行进口。

在美国,进口国市场上销售的平行进口商品也被称为“灰色市场商品”(gray market goods)。美国最高法院在审理“K Mart”案件的判决书中指出,灰色市场商品是未经美国商标所有人同意进口至美国的在境外制造,并贴附有效的美国商标的商品,[④]销售此类商品的市场被称为灰色市场,介于正当的白色市场和非法的黑色市场之间。实际上,灰色市场不仅包含知识产权人制造、销售或

① 参见马乐:《国际知识产权贸易中平行进口法律规制研究》,法律出版社 2011 年版,第 43 页。

② 参见何敏主编:《知识产权法总论》,上海人民出版社 2011 年版,第 276 页。

③ 参见何敏主编:《知识产权法总论》,上海人民出版社 2011 年版,第 277 页。

④ See K Mart Corp. v. Cartier, Inc. ,486 U. S. 281,285(1988).

授权制造、销售之后的跨国（地区）性知识产权产品的返销行为，也包括所有其他与其知识产权相同的知识产权产品的进口行为，相比于平行进口具有更大的包容性。但是，对于非经知识产权权利人许可制造或销售的知识产权产品进口行为来说，并无所谓的“平行”进口问题。[①] 此外，“灰色市场”存在价值判断上的偏向性，体现出对于平行进口合法性的怀疑态度，或者带有一定的否定性评价。相比而言，平行进口则较具中性色彩，笔者更倾向于采用“平行进口”的称谓。

在此需要对商标权权利用尽与商标平行进口问题作以区分。商标权权利用尽是国内商标权因商品在国内市场的销售而用尽，发生于商品在制造商、批发商、零售商、消费者之间的垂直转售过程中；商标平行进口则是商品在不同国家之间的转售，是在不同国家平行发生的商品销售行为。尽管商标平行进口与商标权权利用尽都是对商标权效力的限制，但二者实为两个不同的概念。

2. 平行进口的特征分析

在同一平行进口行为中，可能同时涉及两种以上平行进口类型的情形，例如，平行进口的商品既为专利产品，也为商标产品，但本书的研究仅针对商标商品的平行进口问题展开。

相比于版权产品、专利产品的平行进口，商标商品的平行进口具有以下特征：第一，在商标商品的平行进口中，平行进口的对象为标识有商标的商品，也即商标商品。商品上标识使用的商标在进口国和出口国分别注册并获得商标专用权法律保护。第二，该商标在其获准注册的进口国和出口国享有的商标权属于同一个商标权人所有或者商标权人之间具有许可或者关联控制关系。第三，该商标商品由商标权人或者与商标权人具有关联控制关系的权利主体合法投放至出口国市场。第四，第三人未经进口国商标权人同意，将出口国市场的商标商品进口至进口国市场并予销售。

3. 平行进口的发生机制

平行进口行为的出现既有经济利益方面的诱因，也有各国的商标授权确权机制所致，还与经济全球化的发展和国际贸易环境密切相关，具体分析如下：

平行进口产生的首要原因在于相同产品在不同国家的价格差异，同一产品

---

① 参见何敏主编：《知识产权法总论》，上海人民出版社 2011 年版，第 283 页。

质量相同却在不同国家有着不同的销售价格,为平行进口商在价格差异中获取经济利益提供条件。商标权人在全球化市场经营中,通常会根据市场对其商标商品的需求差异,制定多元化的价格策略,对相同或近似商品在不同国家使用不同的价格标准,以实现其利润最大化。而不同国家之间关税的差异和变化、国际汇率的变动、政府对部分商品的销售限制和价格限制以及在政治、经济、文化、科技、劳动力成本等方面的不同也是造成同一产品在不同国家存在较大价格差异的主要原因。而利用进口国商标权人或者独占被许可人通过广告宣传、服务保障、营销策略等方式建立的商誉,分占进口国商标权人或者独占被许可人的商品市场,也是导致平行进口行为的重要原因。[①] 现代信息传播技术的发展为平行进口商以快捷、低成本方式收集商品销售的全球价格信息提供条件,一定程度上也促成了平行进口行为。

平行进口产生的制度原因在于商标权的授权确权机制。商标权具有地域性特征,其专用权效力仅限于商标授权确权国家的主权领域范围之内。[②] 平行进口的商标商品贴附有商标标识,其在出口国基于该商标标识享有的商标权具有合法性,但由商标权的地域性决定,将出口国的合法商品平行进口至进口国销售,应当征得进口国商标权人或者独占被许可人的同意,否则会对进口国商标权人的商标专用权造成侵害。因此,商标权的地域性是商标商品平行进口行为引发法律问题,尤其是知识产权问题的主要原因。

此外,国际贸易自由化的发展也促使了平行进口行为的出现。在世界范围内,多边贸易体系在不断推进贸易自由化目标的实现,《关税及贸易总协定》和《与贸易有关的知识产权协定》均在消除贸易壁垒以推进国际贸易的自由化。与此同时,随着知识产权国际保护的加强,同一商标可以同时在多个国家得到商标专用权法律保护,此为发生平行进口的必要条件。而国际自由贸易与知识产权保护之间的冲突则是平行进口问题的制度根源。[③]

---

① 参见公衍照:《平行进口的发生机制及经济效应的理论分析》,载《电子知识产权》2008 年第 12 期。

② 商标权作为法定权利,须以法律明确规定为依据。一方面,在商标权的权利取得方式、权利范围和权利内容方面,各国商标法规定各不相同;另一方面,各国商标法的相关规定也只在其主权领域范围内具有法律效力。因此,在一国取得的商标权不能在他国自动获得商标权保护。

③ 参见董桂文:《贸易自由化下的平行进口法律规制研究》,对外经济贸易大学 2006 年博士学位论文,第 22 页。

(二)平行进口中的利益冲突

1. 进口国商标权人与平行进口商之间的利益冲突

如前所述,商标权人在对商品的全球化经营中,会基于不同国家在市场需求、劳动力价格等方面的差异采取多元化价格策略,在不同国家实行不同的价格标准。平行进口商则会利用此种价格差异,以较低的价格在出口国市场购买合法的商标商品,再以较高的价格在进口国市场卖出,从中获取可观利润。而且,无须投入广告宣传、市场营销、售后服务等费用,大大减少平行进口商的成本支出。平行进口商通过此种经营方式获利的依据在于,其对于在进口国销售的商标商品享有所有权,该商标商品是其在出口国以合法方式取得的合法商品。

但是,平行进口商的此种经营方式会导致大量的廉价真品在进口国市场销售。与进口国商标权人(包括被许可人在内)销售的商品相同或近似,且贴附相同的商标标识,但通常会低于进口国商标权人的销售价格,由此会对进口国商标权人的商品构成强有力的市场竞争,减少商标权人在进口国市场的销售份额。与此同时,由于平行进口商与进口国商标权人销售的商品相同或近似而且贴附相同的商标,进口国商标权人通过广告宣传、促销、服务保障等投入到进口国市场建立的商誉会被平行进口商无偿利用和搭乘商业便车。而且,平行进口商在商品销售中存在的商品瑕疵或售后服务缺失等问题都可能会对进口国商标权人的商誉带来不良影响。

概言之,平行进口会对进口国商标权人或者独占被许可人的利益造成损害,进口国商标权人会以商标权的专有效力和地域特性主张平行进口行为的非法性。由此产生平行进口中的核心利益冲突——进口国商标权人与平行进口商之间的利益冲突。

2. 进口国商标权人与消费者之间的利益冲突

平行进口行为的出现,使得在进口国销售市场上同时存在授权经销和非授权经销两种商品销售体系。对于消费者而言,平行进口可以扩大在售商品的市场供给,与进口国商标权人的市场经营构成竞争,增加消费者的购买选择和购买渠道。而且,在通常情况下,平行进口商的商品售价会低于进口国商标权人或者授权经销商的销售价格,但所售商品为真品,贴附相同的商标,而且质量并无实质性差别。以较低的价格购买到相同或近似质量的商品,会更加符合消费者的消费需求,增加消费者的消费福利。尽管平行进口商销售的商品可能存在销售服务方面的瑕疵或者缺失,也会使商品形象和信誉受到影响,因此抵消消费者由于较低售价而获得的利益。① 但是,不同的商标商品对于销售服务的需求会有所不同,如果平行进口商对商标商品售价的降低会大于由缺少销售服务带来的利益损失,则平行进口对于消费者依然是有利的。基于此,笔者认为,平行进口总体而言对于消费者是有利的,至少其可以增加消费者的消费选择。

对于进口国商标权人而言,平行进口行为会打破进口国商标权人在进口国市场的独占垄断地位,挤占其市场销售份额,也会无偿搭乘其在营销、广告、销售服务等方面投入建立的商誉便车。因此,进口国商标权人或者独占被许可人必然会抵制平行进口行为,但其维护自身商标权益的行为会影响潜在的消费者利益,因为平行进口行为如果被禁止,会阻却消费者在以较低价格购买真品中获得的福利,由此,在进口国商标权人与消费者之间因平行进口而产生利益冲突。

3. 商标权保护与国际货物贸易自由的冲突

在商标商品的平行进口中,商标权保护与实现贸易自由化之间的矛盾与冲突不可避免。一方面,平行进口商以其对商标商品享有的所有权为依据,可以自由处分其所持有的商标商品,包括从出口国进口至进口国并予以销售。但是,会对进口国商标权人的垄断利益造成损害。另一方面,进口国的商标权人可以依据其在进口国享有的商标权阻却平行进口商的进口销售行为,但会有损国际贸易自由化目标的实现。

在商标权保护与贸易自由化的冲突中,如果允许平行进口,则意味着对贸易自由化的优先考量,对商标权人利益保护的滞后考量;如果禁止平行进口,则意味着对商标权人利益的保护优先于贸易的自由化。由此,商标权保护与贸易自由化之间的冲突已成为平行进口中宏观层面的利益取舍和政策取向问题。正因如此,有学者提出,平行进口问题本质上涉及一个国家的对外贸易政策。②

---

① 参见武兰芬:《专利产品平行进口的经济分析与贸易实证研究》,华中科技大学 2006 年博士学位论文,第 47 页。

② 参见王太平:《商标法:原理与案例》,北京大学出版社 2015 年版,第 375 页。

但笔者倾向于在法律范畴内对于平行进口中商标权权利用尽规则的适用问题进行探讨。

二、商标权权利用尽规则适用于平行进口的论争

销售平行进口商品是否可以适用商标权权利用尽规则，关系到平行进口是否构成对进口国商标权人注册商标专用权的侵害，也关系到商标权人利益、消费者利益、平行进口商利益以及国家的贸易政策取向。对此问题，理论界与实务界存在不同的观点，世界各国对此问题的态度和做法也不尽相同。

（一）商标权权利用尽规则适用于平行进口的不同观点

对于平行进口问题，学界的探讨主要集中于该行为的合法性与否以及立法应否通过法律规定明确该行为的法律性质。在商标法领域，探讨更多的则是商标法是否以商标权的国际用尽理论肯定平行进口商品的销售行为不构成商标侵权。论争的观点可以概括为肯定说、否定说和政策说。

1. 肯定说

此观点认为，对于商标权用尽，绝大多数国家都承认其既存在于本国市场，也存在于国际市场，合法生产与售出的商标商品不会因为再销售、进口或出口而侵犯商标权。在此方面不同于版权用尽和专利权用尽，因为商标是用于区分商品来源的标志，不管在何地使用，都不应当随意改变，否则会破坏商标与商品之间的客观联系。[①] 日本学者田村善之认为，商标权旨在保护商标的来源识别功能，一般来说，如果平行进口不破坏商标的基本功能则不构成商标侵权。[②] 在平行进口的语境中，商标权并不禁止商标在真品上的使用，应当允许平行进口。[③] 有学者提出，有实质性差别的商标商品的平行进口应予禁止，但不存在实

---

① 参见郑成思：《知识产权论》，社会科学文献出版社 2007 年版，第 244 页。

② 参见田村善之：《日本知识产权法》（第 4 版），周超、李雨峰、李希同译，知识产权出版社 2011 年版，第 540 页。

③ See Christopher Heath, *Legal Concept of Exhaustion and Parallel Import*, Kluwer Law International, 2004, p. 18.

质差别的平行进口则应得以允许。[①]

2. 否定说

此观点认为，平行进口与权利用尽在本质上属于两个问题。平行进口是国际贸易领域的行为或现象，权利用尽规则是对知识产权权利的限制，二者的联系之处在于商标权权利用尽规则是商标商品平行进口的一种规制依据，在权利用尽规则之外，竞争法、民法典合同编以及相关的贸易规则也是平行进口的规制依据。但是，权利用尽规则不适宜用于规制平行进口问题，或者适用商标权权利用尽规则解决平行进口问题会陷入理论困境。

有学者提出，商标权用尽适用于解释商品的垂直销售过程，可以视为商标权人有默示授权他人使用其商标于商品的转售，但不包括平行进口至与注册商标有所抵触的行为。[②] 对此，应当以默示许可为理论基础建立商标平行进口法律制度。[③]

另有学者认为，适用商标权权利用尽规则规制平行进口问题会存在局限性。[④] 具体表现为，第一，商标权权利用尽规则是对首次投放商标商品于市场的商标权人的限制，无法直接适用于进口国商标权人与平行进口商之间利益冲突的解决。第二，进口国商标所有人与其授权的被许可人具有相互独立的利益，适用权利用尽规则意味着独占被许可人的权利被忽视，而独占被许可人是否有权利阻却平行进口才是规制平行进口的关键所在。第三，商标所有人在将商标商品首次投放市场后，其在该商品上的商标权已经用尽，不具有禁止他人转售该商品的权利基础。而进口国独占被许可人与商标所有人是以合同方式约定双方的权利义务，独占被许可人显然不能通过合同获得大于原商标权的权利内容，因此不能以其通过合同取得的权利阻止平行进口。

也有学者认为，权利用尽规则仅存在国内用尽，依据商标权的国内用尽理论，只能得出平行进口不具有合法性的结论，会妨碍对平行进口的政策考量，丧失作为支持平行进口合法与否的工具意义。应当摆脱权利用尽理论的樊篱，通

① 参见谭启平：《论平行进口中的知识产权问题》，载《现代法学》2003 年第 4 期。

② 参见曾陈明汝：《商标法原理》，中国人民大学出版社 2003 年版，第 81 页。

③ 参见储敏、曹宁：《商标平行进口相关问题探讨》，载《南京财经大学学报》2011 年第 1 期。

④ 参见马乐：《国际知识产权贸易中平行进口法律规制研究》，法律出版社 2011 年版，第 89 ~ 94 页。

过知识产权权利限制制度解决平行进口问题。[①] 有学者对此观点表示赞同,并且认为,在商标商品的平行进口中,适用商标权的国内用尽、区域用尽和国际用尽规则解决平行进口问题均存在理论困境。应当将商标商品平行进口视为一种新的商标权限制情形,构建与商标合理使用制度、商标先用权制度和商标权用尽制度相平行的商标商品平行进口制度。[②]

3. 政策说

此观点认为,商标商品的平行进口是否适用商标权权利用尽规则、是否构成商标侵权不可一言概之,其在本质上涉及国家的贸易政策取向,也涉及进口国商标权人、平行进口商以及消费者等不同主体之间的利益取舍问题。

有学者提出,平行进口及消费者权利和商标权利益以及国家贸易政策,其合法性不能一概而论。[③] 如果销售平行进口商品会使消费者混淆商品来源,或者由于商品质量在不同国家的差异而损害进口国商标权人的商誉,则基于商标功能受损而不适用商标权权利用尽规则,此商品转售构成商标侵权。如果平行进口的商品在出口国和进口国除价格差异外,在商品的品质、质量、售后等方面完全相同,而且也真实披露商品的来源,则不会引起消费者混淆或损害商标权人商誉。此种情况下,销售平行进口商品会影响进口国商标权人或独占被许可人对于商标的独占使用,其在广告宣传、售后服务、品牌运营等方面的投入由于商标使用垄断地位被打破而不能回收全部的预期利益,商标的商誉价值也会被平行进口商无偿利用。因此,对于平行进口是支持抑或禁止并非纯粹的法律问题,而是立法者在本国消费者利益和商标权人利益之间的取舍。

也有学者认为,表面上属于商标法问题的平行进口问题本质上涉及一个国家的对外贸易政策,随着我国加入世界贸易组织以来关税的逐步降低,平行进口会日益增多,我国对平行进口采取何种政策成为一个必须解决的问题。[④]

由前述学者的不同观点看出,商标商品在平行进口中是否适用权利用尽规则颇具争议性,多数学者倾向于将其归结为不同利益主体之间的政策取向和利益取舍问题。笔者认为,对于该问题的探讨可以从法律、政策、经济学等多元化

---

① 参见陶鑫良、袁真富:《知识产权法总论》,知识产权出版社 2005 年版,第 255 页。
② 参见刘明江:《商标权效力及其限制研究》,知识产权出版社 2010 年版,第 296 页。
③ 参见王迁:《知识产权法教程》(第 5 版),中国人民大学出版社 2016 年版,第 492 页。
④ 参见王太平:《商标法:原理与案例》,北京大学出版社 2015 年版,第 375 页。

视角给予全面研究,但最终应当在法律范畴内寻求法律路径解决,这需要以现行法律规定、法律规则的适用要件和条件限定分析为依据,或者通过立法规定的制度完善,给予其在法律层面的回应和定位。

(二)平行进口中商标权权利用尽规则适用的司法实践

进口人未经国内商标权人许可,将商标权人在国外生产的标识相同商标且不存在实质性差异的产品进口到我国国内市场并再行销售的行为,是否构成商标侵权,在立法层面,我国商标法对此未有明确的禁止性或肯定性规定。司法实践中,我国法院多从消费者是否混淆、商标功能是否受损等方面,结合具体案情对平行进口的合法性与否作出判定,并未将商标权权利用尽规则作为判定平行进口是否构成商标侵权的直接依据。

1.“LUX 力士”香皂平行进口案

上海利华有限公司诉广州经济技术开发区商业进出口贸易有限公司商标侵权纠纷案是我国首例商标商品平行进口案件。该案中,原告是注册商标“LUX”和“LUX 力士”在中国内地的独占被许可人,被告广州经济技术开发区商业进出口贸易有限公司将产自泰国的“LUX 力士”香皂进口至中国市场销售,原告以侵犯其对“LUX”和“LUX 力士”商标的独占许可使用权为由提起诉讼。被告以其进口的“LUX”香皂是经“LUX”商标所有人许可生产的合法产品提出抗辩,但被告无法举证证明其进口销售的产品为来源于“LUX”商标所有人的合法产品,法院因此未支持其平行进口抗辩,认为被告构成商标侵权。[1]

在此案的审理中,对于平行进口商标商品使用原商标再销售行为是否适用商标权权利用尽规则以及是否允许平行进口问题,法院以被告难以举证产品来源合法为由没有给予正面回答。但是,此案件引起我国理论界与实务界对于平行进口问题的极大关注。

2.“AN'GE”服装平行进口案

在北京法华毅霖商贸有限责任公司(以下简称华毅霖公司)诉北京世纪恒远科贸有限公司(以下简称世纪恒远公司)、重庆大都会太平洋百货有限公司不正当竞争纠纷案中,法国安琪股份有限公司(以下简称安琪公司)是“AN'GE”商

---

① 参见广州市中级人民法院民事判决书,(1999)穗中法知初字第82号。

标的注册人，授予原告在重庆等城市独家经营销售“AN'GE”服装，被告从香港瑞金公司进口“AN'GE”服装并在重庆大都会太平洋百货有限公司设立专柜销售。原告以侵犯其独家经营权并构成不正当竞争为由提起诉讼。

一审法院审理认为，被告销售的“AN'GE”服装为合法取得，其有权利将其合法取得的服装用于合法经营，原告以其从安琪公司取得的独家经营权排斥被告在重庆地区的销售行为缺乏法律依据。二审法院认为，上诉人法华毅霖公司作为独占被许可人，在授权地域内可以独立主张其相应的权利，但取得的商标使用权具有相应的绝对性。被上诉人世纪恒远公司销售的“AN'GE”服装是通过正当交易行为取得的由法国安琪股份有限公司提供的真品，设立专柜销售真品不会导致消费者混淆或误认“AN'GE”服装的来源，其销售不应予以禁止。①

在该案的一审、二审判决中，法院肯定了商标商品平行进口行为的合法性，也由此看出，对于商标商品平行进口和销售在符合相应条件的情况下(例如，不会使消费者产生混淆或误解)并不具有必然的违法性。但在本案中，基于原告以被告构成不正当竞争为由提起诉讼，法院并未针对原告的平行进口行为是否构成商标侵权、是否适用商标权权利用尽规则作出直接回应。

3. “J. P. CHENET”葡萄酒平行进口案

在法国大酒库股份公司(以下简称大酒库公司)诉天津慕醍国际贸易有限公司(以下简称天津慕醍公司)商标侵权纠纷案中，大酒库公司为“J. P. CHENET”注册商标所有人，其授权天津王朝葡萄酒酿酒有限公司为中国境内独家经销商。天津慕醍公司从天津海关申报进口标注“J. P. CHENET”商标的葡萄酒，大酒库公司认为天津慕醍公司的进口行为侵害其商标权，故诉至法院。

一审法院认为，进口人未经国内商标权人许可，将商标权人在国外生产的同一商标的产品进口到我国国内的行为，是否构成侵害注册商标专用权人的权利，法律没有明确的禁止性规定。首先，天津慕醍公司进口的葡萄酒确为大酒库公司生产并销售给其英国经销商的产品，在进口中也未对上述葡萄酒进行任何形式的重新包装，消费者不会对葡萄酒的来源产生混淆或误认。其次，天津慕醍公司的进口行为不会造成大酒库公司“J. P. CHENET”商标在我国消费者

---

① 参见邵明艳：《如何看待商标的平行进口——“AN'GE”牌服装案引发的商标平行进口问题初探》，载《国际商报》2003 年 10 月 13 日。

心目中所承载信誉的降低，也不会破坏“J. P. CHENET”商标的识别性和显著性。贸易自由是国与国之间贸易活动的基本原则，防止人为划分市场、造成价格上的垄断是大势所趋。商标法保护注册商标权利人的合法权利，但也禁止其利用优势地位人为地进行市场分割，获取不合理的垄断利益。只要进口商品没有经过任何加工、改动，仅仅以原有的包装销售，依法合理标注相关信息，不会导致消费者的混淆或误认，不会损害大酒库公司商标标示来源、保证品质的功能，不损害商标权人和相关消费者的利益，则不构成对商标权的侵害。①

二审法院认为，对于平行进口行为，我国商标法尚没有明确的禁止性规定。该行为是否构成商标侵权，应根据商标法的宗旨和原则，并结合案件具体事实等因素予以综合考量，合理平衡商标权人、进口商和消费者之间的利益以及保护商标权与保障商品自由流通之间的关系。我国商标法既保护商标专用权、防止对商品或服务的来源产生混淆、维护公平竞争、促进经济发展，同时又维护消费者及社会公众的合法权益，以实现对商标权人和消费者的平衡保护。天津慕醍公司进口的葡萄酒与大酒库公司在我国销售的葡萄酒之间不存在实质性差异，该进口行为不足以导致消费者混淆，大酒库公司的商誉亦未因此受到损害，大酒库公司关于天津慕醍公司未经其授权进口涉案葡萄酒构成商标侵权的主张不能成立。②

4.“KÖSTRITZER”啤酒平行进口案

在大西洋 C 贸易咨询有限公司（以下简称大西洋 C 公司）诉北京四海致祥国际贸易有限公司（以下简称四海致祥公司）侵害商标权纠纷案中，德国库斯亭泽公司是“KÖSTRITZER”注册商标（黑啤酒商品）专用权人，大西洋 C 公司于 2013 年 5 月 31 日获得涉案商标在中国大陆区域内的商标独占使用权，四海致祥公司在北京、大连等地销售“KÖSTRITZER”品牌啤酒。大西洋 C 公司认为，四海致祥公司未经许可销售“KÖSTRITZER”啤酒的行为侵害其商标权，四海致祥公司提出，其销售的“KÖSTRITZER”啤酒是合法进口的经商标权人许可的正品，未侵犯涉案商标的专用权。

一审法院认为，首先，商标权对于其权利人的意义在于保护权利人的投资，

① 参见天津市第二中级人民法院民事判决书，(2012)二中民三知初字第 422 号。

② 参见天津市高级人民法院民事判决书，(2013)津高民三终字第 0024 号。

在商标权人同意首次投放市场之后,其已经获得足额的回报,在商标权人许可使用其商标的商品出售后,他人再如何转售该商品,该商标权人无权过问;其次,商标是区分商品来源的标志,保护商标的目的在于避免消费者对商品来源产生混淆,商标权人首次使用商标并将商品投放市场足以避免消费者产生混淆。因此,鉴于四海致祥公司销售的"KÖSTRITZER"啤酒系来自德国库斯亭泽公司或者德国库斯亭泽公司相关联的企业,可以认定德国库斯亭泽公司在商品首次投放市场过程中已经获得了与其商标权相对应的足额的回报,同时也足以避免消费者对商品来源产生混淆。据此,四海致祥公司的销售行为不构成对涉案商标专用权的侵犯。①

二审法院认为,第一,商标的基本功能是区分商品或者服务的来源,保护商标就是要保护商标的区分功能,保护商标上凝聚的商标权人的商誉,禁止他人通过在相同或类似商品上使用相同或近似商标而造成消费者混淆进而盗取商标权人的商誉。因此,商标侵权的判断标准是混淆可能性。本案中,被控侵权啤酒上标注的商标与商品来源的对应关系是真实的,并不会导致消费者混淆误认。第二,是否禁止商标平行进口,应当依据我国现行法律法规的规定予以确定。由于我国《商标法》及其他法律并未明确禁止商标平行进口,因此,四海致祥公司将欧洲市场上合法流通的"KÖSTRITZER"系列啤酒进口到我国进行销售,并不违反我国《商标法》及其他法律的规定。大西洋 C 公司认为商标平行进口违反我国法律的主张缺乏法律依据。第三,《商标法》第 57 条第 1 项规定的目的是禁止他人以其商品冒充商标权人的商品,从而盗取商标权人的商誉,如果被控侵权商品系商标权人生产销售的,该商品的流通行为不会造成消费者混淆误认,不会损害商标权人的商誉,不应当认定为侵权行为。因此,四海致祥公司进口并销售被控侵权啤酒的行为并不构成对涉案商标权的侵害。②

本案中,一审法院以商品经商标权人同意首次投放市场,商标权人已经获得足额回报为由,认为商标权人无权干涉商品转售行为,被告不构成商标侵权。二审法院以我国现行法律法规未明确禁止商标平行进口为由,判定四海致详公司进口并销售"KÖSTRITZER"系列啤酒不违反我国《商标法》及其他法律的

① 参见北京市第三中级人民法院民事判决书,(2014)三中民(知)初字第 12873 号。

② 参见北京市高级人民法院民事判决书,(2015)高民(知)终字第 1931 号。

规定。

5."HAPPYBELLIES"婴儿食品平行进口案

在上海禧贝文化传播有限公司(以下简称上海禧贝公司)诉北京背篓科技有限公司(以下简称北京背篓公司)侵害商标权纠纷案中,上海菲雅进出口贸易有限公司(简称上海菲雅公司)是第7966824号商标、第11278230号"HAPPYBELLIES"商标的商标权人,上海禧贝公司于2011年3月14日、2014年2月28日分别获得上海菲雅公司授权独占许可使用上述注册商标。上海禧贝公司在天猫商城(tmall.com)上开设禧贝母婴官方旗舰店,销售标识有"HAPPYBELLIES"商标的婴幼儿食品,商品包装上标示原产地为美国,生产商为Nurture Inc.公司,进口和经销商为上海菲雅公司。北京背篓公司在其经营的网站上(网址www.metao.com)销售有使用"HAPPYBELLIES"商标的商品,所售商品也为美国Nurture Inc.公司生产,而且未对商品进行重新包装,亦未添加任何标签。上海禧贝公司认为北京背篓公司的前述销售行为构成商标侵权。

审理法院认为,商标权具有地域性,在中国境内,"HAPPYBELLIES"商标的专用权人为上海禧贝公司,未经上海禧贝公司许可在相同或者类似商品上使用上述商标构成商标侵权行为。北京背篓公司所销售的米粉商品与上海禧贝公司"HAPPYBELLIES"注册商标核定使用的商品相同,该商品上使用"HAPPYBELLIES"商标未经上海禧贝公司授权,属于侵权商品。在所售商品属侵权商品的前提下,北京背篓公司的行为系销售侵犯注册商标专用权的商品的行为,构成对上海禧贝公司注册商标专用权的侵犯,北京背篓公司应当承担停止侵权的法律责任。

本案中,上海禧贝公司与北京背篓公司销售的商品属于同源商品,均为美国Nurture Inc.公司所生产。在当前经济全球化大趋势下,跨境海淘的消费方式本身并不违反法律规定,通过这种方式进入中国的商品,只要在来源国是合法生产、销售的且履行了合法的进境手续,就应当认定为该商品有合法来源。北京背篓公司的销售即是此种模式,法院认定其取得所售商品的方式、来源合法。根据《商标法》规定,销售不知道是侵犯注册商标专用权的商品,能证明该商品是自己合法取得并说明提供者的,不承担赔偿责任。法院因此驳回了上海禧贝公司要求北京背篓公司承担商标侵权赔偿责任的诉讼请求。[①]

6."百龄坛"酒产品平行进口案

在联合多梅克白酒和葡萄酒有限公司(以下简称联合多梅克公司)、保乐力加(中国)贸易有限公司(以下简称保乐力加公司)与长沙市雨花区百加得酒业商行(以下简称百加得商行)侵害商标权纠纷案中,联合多梅克公司是第3230516号"百龄坛"商标和第7766497号"Ballantine's"商标的注册人,联合多梅克公司授予保乐力加公司在中国境内以自己的名义保护其所有的知识产权(包括但不限于商标、专利和版权)。百加得商行在其店面销售标识有"百龄坛"和"Ballantine's"商标的酒产品,其中,"百龄坛"中文商标为百加得商行在酒产品上擅自加贴,并且磨掉了产品识别码。联合多梅克公司和保乐力加公司认为,百加得商行销售加贴"百龄坛"字样中文标签的酒产品和磨掉产品识别码的行为构成商标侵权。

审理法院认为,我国《食品安全法》关于进口的预包装食品(酒类适用)应当有中文标签的规定系我国对进口商品质量监管所制定的管理性规范,结合该法有关标签应当标明的事项之规定,该法并没有强制要求经营者对商品的外文商标进行翻译。因此,对本案涉诉产品,经营者并没有在加注的中文标签上使用"百龄坛"标识的合法、合理理由。

同一商标权人在同类商品上标识其拥有的不同商标往往意味着在商品质量、生产和销售来源、产品提供者等方面可能存有差异,即商标权人可以根据自己的需求细分商品或市场。商标权人将某商标标示于商品并将其投入市场后,该商品与该商标、商品装潢等多种要素发生紧密联系,并与商标权人的商誉形成了专属的对应关系。标示该商标的商品有着值得信赖的相同的产品质量、产品生产或是销售来源等。本案中,第3230516号"百龄坛"商标和涉诉产品原标注的"Ballantine's"商标有着相同的权利人,经营者在加贴的中文标签上使用商标权人的中文商标(第3230516号"百龄坛"),虽未割裂"Ballantine's"商标或"百龄坛"商标与原告商品的对应关系,但显然,原告有权决定在具体的商品上使用哪枚商标及如何使用商标。商标的使用亦是原告的经营策略,他人非经授权不得作商标性使用。因此,经营者在未取得商标权人许可和授权的情况

---

① 参见北京市朝阳区人民法院民事判决书,(2015)朝民(知)初字第46812号。

下,在同类产品(均为酒)上使用与原告中文商标(第 3230516 号“百龄坛”)相同的标识“百龄坛”的中文标签,属于违背商标权人意愿的使用行为。同时,考虑到原告确认涉诉产品系平行进口商品,经营者在涉诉商品中文标签上使用“百龄坛”字样的行为,实质上不同于我国《商标法》第 57 条第 1 项规定的假冒性质的商标侵权行为。从涉诉商品本身的标识可知,商标权人在涉诉商品发售国并无在该商品上使用“百龄坛”商标的意愿,而经营者亦无使用该商标的合法、合理理由,故在涉诉商品中文标签上使用“百龄坛”字样的行为客观上损害了商标权人在商标不使用方面的权益,应认定为属于我国《商标法》第 57 条第 7 项规定的给他人的注册商标专用权造成其他损害的情形,构成商标侵权。①

7.“CoronitaExtra”啤酒平行进口案

在百威投资(中国)有限公司(以下简称百威公司)与温州市奇盟贸易有限公司(以下简称奇盟公司)侵害商标权纠纷案中,墨西哥摩得罗公司系第 5922443 号“CoronitaExtra”商标和第 3943293 号“科罗娜”商标的注册人,其于 2018 年 9 月 1 日出具授权书授予百威公司使用上述商标,并有权以自己名义提起诉讼维权、获得赔偿款。奇盟公司进口原产国为墨西哥的“CoronitaExtra”啤酒 99, 840 瓶,在进口货物报关单中使用“科奥诺纳”作为产品的中文名称,百威公司认为奇盟公司的上述进口销售行为构成商标侵权。

一审法院认为,奇盟公司进口“CoronitaExtra”啤酒并在国内销售的行为构成平行进口,商标权人的权利在商品首次销售后已用尽,其应得的商业利润含商标所载商誉利益均已在其商品出售时得以实现,且奇盟公司履行了正常的进口报关手续,未对商品重新包装,未改变商标标识和商品重量,没有损害商标识别功能和质量保证功能,不违反我国公共政策和法律的禁止性规定,不构成对商标权人第 5922443 号“CoronitaExtra”注册商标专用权的侵害,由此也不侵害百威公司享有的商标使用权。奇盟公司在进口货物报关单中使用“科奥诺纳”作为产品中文名称和标识的行为,具有识别商品来源的作用,属于商标的使用行为。虽然奇盟公司在报关单上使用的“科奥诺纳”与百威公司第 3943293 号“科罗娜”商标相比,两者文字、读音均不相同,也不近似,不会造成相关公众的

① 参见湖南省长沙市中级人民法院民事判决书,(2016)湘 01 民初 1463 号。

混淆,但知识产权是一种私权,具备准物权的属性,即权利人对其享有的权利具有支配权。非法定原因,擅自行使或利用他人的知识产权、妨碍他人知识产权权利的行使,即为侵权行为。商标权作为知识产权中的一种权利,其权利人享有对商标权的支配权,其有权合法地依据其商标战略决定在何种商品上使用其商标,也有权决定如何使用其商标以及不使用某个商标。奇盟公司使用"科奥诺纳"标识的行为,虽未割裂商品与权利人的对应关系,但影响了百威公司及权利人商标使用策略,妨碍了百威公司对商标权的支配,应认定为属于《中华人民共和国商标法》第57条第7项规定的给他人的注册商标专用权造成其他损害的情形,构成商标侵权。①

二审法院认为,首先,进口货物报关单是海关监管、征税、统计以及开展稽查的重要依据,也是加工贸易进口货物核销、外汇管理的重要凭证,虽是在海关申报程序中产生,但与货物进关之后的销售密切相关,消费者或经销商也会接触到上述信息,因此奇盟公司在进口货物报关单的商品名称中使用"科奥诺纳"标识,已经起到识别商品来源的作用,属于商标使用行为。其次,《中华人民共和国食品安全法》第97条虽然规定了进口的预包装食品应当有中文标签,但并无该中文标签需将外文商标翻译成中文的相关规定。食品安全国家标准《预包装食品标签通则》(GB7718—2011)第3.8条规定,应使用规范的汉字(商标除外);第3.8.2条规定,可以同时使用外文,但应与中文有对应关系(商标、进口食品的制造者和地址、国外经销者的名称和地址、网址除外)。所有外文不得大于相应的汉字(商标除外)。上述规定在食品标签中使用规范汉字及中文与外文的对应关系上更是明确排除了商标。因此,从我国现行的相关法律法规来看,并没有要求经营者对进口商品的外文商标进行中文翻译的强制性规定。再次,百威公司享有第3943293号商标许可实施权,其在我国境内销售啤酒时,将中文"科罗娜"与英文"CoronitaExtra及图形"商标同时使用,通过长期诚信经营和宣传,使"科罗娜"商标在相关公众中具有较高的知名度,并与英文"CoronitaExtra及图形"建立了紧密的对应关系,两者均指向同一商品。奇盟公司在货物进口报关单中使用"科奥诺纳"标识的行为,影响了百威公司的商标使用策略,妨碍了百威公司对商标权的支配,属于《中华人民共和国商标法》第57条第7项规定的给他人

① 参见浙江省宁波市北仑区人民法院民事判决书,(2019)浙0206民初4638号。

的注册商标专用权造成其他损害的情形，构成商标侵权。[①]

8. “HÄSTENS”床具平行进口案

在海丝腾床具有限公司(以下简称海丝腾公司)与上海市长宁区东逸家具店(以下简称东逸家具店)、刘某等侵害商标权纠纷案中，哈斯腾公司是“HÄSTENS”注册商标在中国的商标权人，核定使用商品类别为第20类、第24类、第35类，海丝腾公司是哈斯腾公司的全资控股子公司，享有“HÄSTENS”注册商标的排他使用权。原告海丝腾公司在国内并未直接向消费者销售商品，而是通过经销商进行销售，被告东逸家具店不是海丝腾公司的授权经销商，其从瑞典进口哈斯腾公司生产的系列商品并在涉案网站上销售，海丝腾公司认为东逸家具店的销售行为构成商标侵权。

审理法院认为，商标权的边界是由其功能设定的，不损害商标功能的行为，一般不构成侵害商标权行为。涉案平行进口的商品系来源于商标权人，该平行进口行为未切断该商品和商标权人之间的联系，未损害商标的识别功能，不会使消费者对商品的来源产生混淆。同时，被告东逸家具店在销售涉案商品时，并未改变商品包装或商标标识，亦未使商品质量有所降低，在向消费者提供涉案商品时提供了相应的报关手续，说明了进口商品的来源，其行为亦未损害商标的质量保障功能及广告宣传功能。

平行进口是否应受法律规制与商标权用尽规则的适用有关。商标权用尽，是指经商标权人同意将带有商标的商品投放市场后，任何人使用或销售该商品，商标权人无权禁止。商标权用尽的意义在于保障商品正常流通，促进贸易的开展。如果不承认商标权用尽，商标权人则可能利用商标控制商品流通，以分割市场并保持垄断地位或维持高价，这对其他经营者以及消费者而言显然具有不利影响。商标权在一国用尽并不存在争议，但是商标权在一国用尽是否导致在其他国家用尽，即商标权人同意将带有商标的商品在一国投放市场后，他人将该商品进口到商标权人拥有权利的其他国家时，是否仍然能够适用商标权用尽，对判断平行进口是否构成侵害商标权存在重要影响。法院认为，商标法所保护的是商标与商品来源的对应性，而商标禁用权也是为此而设置，绝非是为商标权人垄断商品的流通环节所创设，商标权用尽规则应当是市场自由竞争

---

① 参见浙江省宁波市中级人民法院判决书，(2020)浙02民终934号。

所必需的基本规则之一。若被控侵权商品确实来源于商标权人或其授权主体，此时商标权人已经从“第一次”销售中实现了商标的商业价值，而不能再阻止他人进行“二次”销售或合理的商业营销，否则将阻碍市场正常自由竞争秩序的建立。因此，法院认为商标权用尽规则对于平行进口仍然适用。但是如果平行进口的商品与商标权人在进口国销售的同种商品存在实质性差别，则为了保护消费者的利益和知情权，平行进口商应在销售该商品时将该差别予以注明并告知消费者。综上所述，对原告海丝腾公司关于被告东逸家具店未经授权销售涉案哈斯腾公司正牌商品构成商标侵权的主张，法院不予采信。[①]

9.“OBO”防雷器平行进口案

在欧宝电气（深圳）有限公司（以下简称欧宝公司）与广东施富电气实业有限公司（以下简称施富公司）侵害商标权纠纷案中，德国 OBO 公司为第 G663678 号商标“OBO”的注册人，核定使用商品类别为第 6 类“避雷装置元件”等，欧宝公司于 2017 年与德国 OBO 公司订立商标许可协议，约定欧宝公司在中国大陆地区拥有第 G663678 号“OBO”商标的排他性许可权，施富公司未经许可销售“OBO”浪涌保护器防雷产品，欧宝公司认为施富公司的行为构成商标侵权。

一审法院认为，从商标权权利用尽规则的适用角度看，商标禁用权是为了保护标识与商品来源的对应性，而非为商标权人垄断商品流通环节所创设。商标权权利用尽规则应当是市场自由竞争所必需的基础规则之一。无论是经济政策还是法律规定，均应维护市场竞争政策所追求的公平、自由的竞争秩序，尽量避免商标权利成为追求垄断的权利基础。平行进口的适用地域问题，与国家经济和公共政策紧密相连。我国坚持对外开放的基本国策，积极促进“一带一路”国际合作，追求贸易合作和畅通，保障“一带一路”沿线国家合法商品和服务的流通自由。因此，为更好地平衡商标权人、经销商、其他经营者、一般消费者，以及国家公共政策等多个因素之间的关系，若商品来源于商标权人，商标权人已经从“第一次”销售中实现了商标的商业价值，则不应再赋予其阻止他人进行“二次”销售的权利。本案中，其一，涉案产品为正品，商标权人德国 OBO 公司将涉案商标首先使用在产品之上并投放市场，其在商品首次投放市场的过程中已经获得与其商标权相对应的回报，无权阻止他人进行合法的二次销售。其

① 参见北京市东城区人民法院民事判决书，（2015）东民（知）初字第 03450 号。

二,目前没有证据显示商标权人德国 OBO 公司明示禁止其产品进行进出口贸易,或是在产品上附加特别标识禁止其产品在中国或其中的某一区域销售。其三,欧宝公司为涉案商标的排他性被许可人,根据德国 OBO 公司和欧宝公司的商标许可协议约定,德国 OBO 公司和欧宝公司均有权在中国大陆地区使用涉案商标。现涉案产品的商标使用行为属于德国 OBO 公司的商标使用行为,欧宝公司对于商标权人自行使用涉案商标的行为并不享有禁止权。施富公司销售涉案产品亦不属于侵害注册商标专用权的行为。其四,我国与新加坡均没有对涉案产品进行进出口限制。从国家公共政策看,施富公司通过正常的交易行为进口了涉案产品,履行了正常的进口报关手续,并未违反我国公共政策和法律禁止性规定,不应受到司法否定性评价。①

二审法院认为,我国现行法律、法规和司法解释未对平行进口行为的规制问题作明确规定,需要回归商标权的本质属性、基本功能和根本目的,综合考量平行进口行为产生和存在的社会经济基础,合理平衡商标权人、被许可使用人、平行进口人和消费者的利益,准确划定商标侵权行为和正当使用行为的法律界限。本案中,施富公司平行进口行为未损害涉案商标的基本功能、消费者利益,亦未扰乱市场经济的基本秩序,不构成商标侵权。值得注意的是,平行进口纠纷中的商标侵权判定,应遵循商标法的基本目的和宗旨,不能偏离商标基本功能受损的核心要件。“权利用尽”原则作为解决平行进口问题的主流观点之一,虽然较其他观点具有更广泛的接受度,但其正当性和适用范围仍存在争议,并未成为商标法领域的通行学术观点。正因该观点无法获得一致认可,TRIPS 涉及平行进口问题的第 6 条“权利用尽”条款规定:就本协议项下的争端解决而言,在遵守第 2 条和第 4 条规定的前提下,本协议的任何规定不得用于处理知识产权的权利穷尽问题。实际是将权利用尽问题留给各成员国国内法解决。因此,在我国商标法及司法解释中并未明确采纳“权利用尽”原则,在该原则未成为该领域通行学术观点的情况下,不宜直接引用该原则作为论据,论证裁判理由。一审法院以商标权人权利用尽为由,论证被诉侵权产品不构成侵害商标权,该论证依据并不妥当,本院对此予以纠正。②

---

① 参见广东省广州市南沙区人民法院民事判决书,(2018)粤 0115 民初 2363 号。

② 参见广州知识产权法院民事判决书,(2019)粤 73 民终 6975 号。

通过前述案例的司法审判看出,进口商在平行进口商品的再销售中对于国内商标权人注册商标的使用,我国总体持条件性允许态度。在商品来源于商标权人且商品自身未有改变、不会损害商标功能的前提下,一般不认定平行进口行为侵害商标权。但应当指出的是,个案均有其特殊性,不能简单、机械地将平行进口行为一概做合法化认定,应当根据具体案情,综合考量商品是否来源于商标权人、商品质量是否发生改变、商品标识是否会误导消费者等因素,审查平行进口对商标基本功能的影响和行为的正当性,在此基础上作出判断。

司法实践中,关于商标权权利用尽规则是否适用于平行进口问题,审判法院尽管在说理部分也会有“商标权人已经获取足额的利益回报”“进口商品没有经过任何加工、改动,而且仅以原有的包装销售”,也即商品是商标权人合法投放市场的正品、保持原商品同一性等涉及商标权权利用尽规则具体适用要件方面的阐述,但少有适用商标权权利用尽规则作为判定平行进口行为合法与否的直接依据。笔者认为,原因在于我国商标法没有明确规定商标权权利用尽规则,在立法尚未明确规定的情况下,商标权权利用尽的条件及边界并不清晰,的确不宜将其直接作为平行进口是否构成商标侵权的判定依据,这也说明了我国商标法引入商标权权利用尽规则的必要性。

三、商标权权利用尽规则适用于平行进口的域外比较

(一)美国以“共同控制例外”规制平行进口

美国《关税法》明确禁止在境外制造标识有美国注册商标的商品进口至美国,[①] 据此,在美国,商标所有人可以行使其享有的商标专用权阻止标识有相同商标的商品由国外进口到本国市场并销售。美国海关在“海关规则”中制定相应的条款以实施《关税法》第526条之规定。根据美国“海关规则”的规定,未经美国注册商标所有人的同意,不得进口标识有相同商标的商品,但同时也规定了“共同控制例外”和“授权例外”等例外情形:外国的商标或商号与美国的商标或商

① 参见美国《关税法》第526条规定,制造于外国的商品,如果带有美国公民的注册商标,或者带有设立于美国之公司的注册商标,不得进入美国,除非有美国商标所有人的同意。

号为同一主体所有;外国的商标或商号所有人与美国的商标或商号所有人是母子公司,或者共同从属于某一所有人或控制者;外国厂商在商品上使用的商标或商号,取得美国所有人的授权。但值得说明的是,美国最高法院在“K Mart”案件的审理中指出,前述“海关规则”中的授权例外情形不符合《关税法》第526条规定,应为无效,但不影响“海关规则”的整体有效性。

根据美国《兰哈姆法》第1124条规定,除《关税法》第526条(d)款规定外,进口商品,如果复制或模仿美国国内制造商、经销商或按照条约、公约、法律享有与美国公民类似特权的外国制造商、经销商的名称,复制或模仿根据本法规定注册的商标,使用名称或者商标诱导公众相信该商品在美国制造,将被海关禁止入境。

由上述规定得出,在美国,未经美国商标所有人的同意,任何人不得进口标识与其注册商标相同的商标的商品,除非属于共同控制的例外情形,也即进口商品上贴附的商标的所有人与该商标在美国的商标所有人为同一人,或者具有母子公司关系,或者共同从属于同一所有人或控制者。

司法实践中,美国法院通过Bourjois香粉公司诉Katzel公司、K Mart Corp诉Cartier公司、Weil Ceramics瓷器公司诉Dash公司以及Lever Brothers公司等案例,对于商标商品的平行进口逐渐确立了以下原则:对于不存在消费者混淆可能性的商标商品的平行进口应当允许,但平行进口商品与国内商标权人的商品存在实质性差异,则不应被允许。[①] 如果相同商标在出口国的商标所有人与在进口国的商标所有人并非同一人,也不存在母子公司关系或者共同控制关系,也不应当被允许。[②] 但最终是以防止消费者对于商品来源发生混淆为标准,即使进口国商标所有人与出口国商标所有人之间具有共同控制关系,即使进口商品与本国商品使用了相同的商标,未经进口国商标权人同意的平行进口是否被允许,依然取决于该商品在本国市场的销售是否有可能引起消费者混淆。[③]

由美国规制商标商品平行进口的立法规定及司法实践看出,标识有与美国注册商标相同的商标的商品原则上被禁止进口至美国,但对于商标商品的平行进口原则上予以允许,也即在进口商品上使用的商标与美国商标权人的商标相

---

① See Lever Brothers Co. v. Untied States, 877 F. 2d 101(D. C. Cir., 1988).

② See A. Bourjois & Co. v. Katzel, 260 U. S. 689(1923).

③ 参见李明德:《美国知识产权法》(第2版),法律出版社2014年版,第562页。

同的情况下,如果进口商品与美国商标权人的商品不存在实质性差别,而且该商标在出口国的商标所有人与在美国的所有人为同一人或者存在共同控制关系,则该进口行为不具有引起消费者发生混淆的可能性,因此应当具有合法性。尽管美国以消费者混淆可能性作为判断商标商品平行进口合法性与否的标准,但仔细分析其对于平行进口合法性认定的前置性条件,笔者认为,与商标权权利用尽规则的适用也存在一定的契合之处。

(二)欧盟以商标权区域用尽规制平行进口

《欧盟商标条例》在第15条中规定了商标权权利用尽规则①,标识商标的商品经过商标所有人的许可投入欧盟市场后,商标所有人无权禁止与该商品相关的商标使用。但商品在投入市场后发生变化或损害,以及商标所有人有禁止商品进一步商业化的合理理由的,可以不适用该权利用尽规则。根据该规定,欧盟商标的排他性效力受到权利用尽规则的限制,但仅限于在欧盟区域内发生权利用尽,使得标识有欧盟商标的商品在欧盟成员国之间的进口和出口行为具有合法性,从而实现商标商品在欧盟市场内的自由流通,有利于在欧洲建立共同市场,促进欧洲经济的一体化。值得说明的是,在《欧盟商标条例》中规定欧盟商标在欧盟区域内的权利用尽规则,使得带有欧盟商标的商品在欧盟市场内的平行进口具有合法性之外,德国、英国、法国等欧盟成员国也通过对权利用尽规则的规定,允许商标商品在欧盟市场内的平行进口。②

---

① See Regulation(EU)2017/1001 of the European Parliament and of the Council of 14 June 2017 on the European Union trade mark (codification) ,Article 15 .

② 例如,德国《商标和其他标志保护法》第24条规定:商标所有人或经其同意的其他人,将使用其商标或商业标志的商品投入德国、欧洲联盟其他成员国或其他欧洲经济区协定缔约国的市场之后,该商业标志的所有人无权禁止该标志在商品上的使用。但商品在投入市场之后,状况发生变化或者损害,或者有合法的理由反对该商品的进一步商业利用,不应适用前述规定。参见谢冬伟译:《德国商标和其他标志保护法》,载《十二国商标法》翻译组译:《十二国商标法》,清华大学出版社2013年版,第86~87页。英国《商标法》第12条规定:由注册商标所有人或经注册商标所有人同意在已经投放欧洲经济地区市场的有关商品上使用该商标的,不构成侵权。但有法律依据不同意进一步处理这些商品的,不适用前述规定。参见童磊译、吴群校:《英国商标法》,载《十二国商标法》翻译组译:《十二国商标法》,清华大学出版社2013年版,第419~420页。法国《知识产权法典》(第七卷　制造、商业及服务商标和其他显著标记)L.713-4条规定:商标权所有人无权禁止他人在所有人本人或经其同意将带有该商标的商品投放欧洲经济共同体或欧洲经济空间的市场后使用该商标。但是,有正当理由,尤其是投放市场后商品状况有所改变或损坏的,商标所有人可以禁止进一步的商业流通。参见黄晖、朱志刚译:《法国知识产权法典》(法律部分),载《十二国商标法》翻译组译:《十二国商标法》,清华大学出版社2013年版,第53页。

在 Winthrop 公司诉 Centrafarm 案中,[①]Sterling 药品公司在英国拥有注册商标“Negram”,Winthrop 公司是 Sterling 药品公司在荷兰的子公司,也是“Negram”商标在荷兰的注册人。被告 Centrafarm 在英国购买了标识有“Negram”商标的药品,然后在荷兰市场上销售,Winthrop 公司以其在荷兰享有的“Negram”商标权提起商标侵权诉讼。欧盟法院认为,商标所有人自己或经其同意,将商品在其他成员国投入市场后,商标所有人不能以其在本国享有的权利,阻止该商品的进口。否则,商标所有人会运用其享有的商标权,分割共同体市场,妨碍成员国之间的贸易。

由前述《欧盟商标条例》以及德国、英国、法国等欧盟成员国商标法的相关规定得知,对于商标商品的平行进口问题,欧盟及其成员国通过商标权权利用尽规则的规定予以规制,由于商标权区域用尽规则的适用,商标商品在欧盟区域内的平行进口应为合法行为。但需要注意的是,商标商品如果是在欧盟市场区域之外由商标权人合法投放市场,是否可以不经商标权人许可平行进口至欧盟市场销售呢?根据《欧盟商标条例》以及德国、英国、法国等成员国商标法的现行规定,欧盟并不认可商标权的国际用尽,也即国际范围内的平行进口在欧盟区域内不具有合法性。由商标所有人自己或者经其同意将商标商品在非成员国投放市场,商标权人仍然可以依据其在某一成员国享有的商标权,阻止该商品进入欧盟市场。[②]

在 1998 年的 Silhouette 公司诉 Hartlauer 公司商标侵权纠纷案中,[③]原告 Silhouette 公司为奥地利一家生产销售高档眼镜架的公司,被告 Hartlauer 公司也生产和销售眼镜架,但价格较为低廉。原告将其眼镜架卖给一家保加利亚公司,约定该批眼镜架只能在保加利亚和苏联国家销售。被告获得该批眼镜架,并在奥地利销售。原告起诉至法院,要求被告停止使用“Silhouette”商标销售该批镜架。欧共体法院认为,《欧共体商标一号指令》只能以此种方式给予解释,即它没有为成员国选择商标权的国际用尽留下空间,只有在欧共体市场上市的

---

① See Centrafarm BV et Adriaan de Peijper v. Winthrop BV, Judgment of the Court of 31 October 1974, Case 16/74.

② 参见李明德、闫文军等:《欧盟知识产权法》,法律出版社 2010 年版,第 96 页。

③ See Silhouette International Schmied GmbH & Co. KG v. Hartlauer Handelsgesellschaft mbH, Court of Justice, Case C – 355/96, 1998.

商品才会发生权利用尽,在非成员国上市的商品仅在其国内法中适用商标权权利用尽。[①] 在该案中,欧共体法院在解释欧共体商标立法的基础上得出结论,当产品首次在欧洲经济区以外销售时,权利用尽原则不予适用,商标所有人可以限制从非成员国平行进口。[②] 该判决通过对《欧共体商标一号指令》的解释否定了商标权的国际用尽,对于首次在欧盟区域以外销售的商品,禁止其平行进口至欧盟市场。

(三)日本对于平行进口的条件性允许

在日本《商标法》中,没有关于商标权权利用尽以及商标商品平行进口问题的明确规定。但根据日本《商标法》第25条关于商标权效力的规定,商标权人享有在指定商品或服务上使用注册商标的专有权。同时,由该法第2条第3款对于"商标使用"的界定、第37条所列举的视为侵害商标权行为的规定得出,在进口商品或商品的包装上贴附商标的行为属于商标使用,而在指定商品或类似商品上使用与注册商标相同或近似商标的行为构成商标侵权,因此,未经日本商标权人的同意,进口贴附有与注册商标相同或近似商标的商品至日本的行为应当被认定为侵害商标权行为。[③] 基于此,日本在20世纪70年代之前一直将平行进口视为商标侵权行为。[④]

值得注意的是,日本于1972年制定《进口条例》,其中规定:"如果进口商品上使用的国外商标与在日本注册的商标相同,而且为同一人所有,或者所有人之间具有母子公司关系,则平行进口不应受到禁止;如果商标权人直接向进口商供货,平行进口也不应当受到禁止。"此外,日本公平贸易委员会在《独家进口经销协议指南》中明确:"不适当的阻止平行进口有失公平,平行进口商品为真

---

① 参见李明德、闫文军等:《欧盟知识产权法》,法律出版社2010年版,第99~100页。

② See Lisa Harlander, *Exhaustion of Trademark Rights beyond the European Union in Light of Silhouette International Schmied v. Hartlauer Handelsgesellschaft: Toward Stronger Protection of Trademark Rights and Eliminating the Gray Market*, Georgia Journal of International and Comparative Law, Vol. 28, p. 267 - 292(2000).

③ 日本《商标法》第2条第3款采取列举方式对商标使用予以界定。其中,第2项规定:转让、交付为转让或交付进行展示、出口、进口或通过电力通信线路提供于商品或商品的包装上贴附标志之商品的行为。参见刘成杰译:《日本商标法》,载《十二国商标法》翻译组译:《十二国商标法》,清华大学出版社2013年版,第235页。

④ 参见李扬:《日本商标法对商标权效力的限制》,载《私法》2013年第1期。

品则不得被独家经销商禁止；独家经销权应予保护，但不应当被滥用，否则会构成不正当竞争行为。”[①]由此，日本在20世纪70年代以后基本上认可平行进口具有合法性。[②]

由前述内容看出，对于商标商品的平行进口行为，日本《商标法》还没有关于如何处理平行进口的规定，主要通过《进口条例》以及《独家进口经销协议指南》予以规制，原则上允许平行进口。但笔者认为，一方面，由于《商标法》对于商标权权利用尽以及商标商品平行进口未予规定，使商标商品平行进口行为在《商标法》中的定性难以明晰；另一方面，基于《商标法》关于商标使用和商标侵权的相关规定，以及《进口条例》《独家进口经销协议指南》在法律位阶和法律效力方面的限制，有必要在较高层面的立法中明确平行进口的法律定性。

日本大阪地方法院在1970年2月对“Parker”案件的判决中首次肯定商标商品平行进口行为的合法性。在“Parker”案件中，日本Schnlyro公司是日本“Parker”注册商标的权利人，被告从我国香港购买贴附“Parker”商标的派克笔，未经商标权人Schnlyro公司许可将该批派克笔进口至日本销售。“Parker”商标在日本的商标权人据此向法院提起商标侵权诉讼。大阪地方法院认为，进口商品与权利人销售的商品品质相同，该平行进口行为没有损害商标的品质保证功能和来源识别功能，因此没有对原告的商标权造成侵害，应当具有合法性。[③] 此后，日本东京地方裁判所、名古屋地方裁判所等裁判所相继运用商标机能理论，在平行输入的商品属于真正商品、内外权利者具有同一性、内外商品品质具有同一性的条件下，判决平行进口属于合法行为。[④]

日本最高法院在2003年审理的“Fred Perry”案中，Fph公司通过转让方式从原商标权人Fps公司取得“Fred Perry”商标在日本、新加坡、中国等国家的商标权，进口商通过新加坡V公司购买在中国生产的“Fred Perry”衬衫，进口到日本在市场上销售。日本最高法院认为，商标商品的平行进口满足以下条件不构成商标侵权：其一，平行进口商品上的商标须由商标权人同意贴附于商品上；其

① 储敏、曹宁：《商标平行进口相关问题探讨》，载《南京财经大学学报》2011年第1期。
② 参见储敏、曹宁：《商标平行进口相关问题探讨》，载《南京财经大学学报》2011年第1期。
③ 参见大阪地判昭45・2・27 無体集2卷1号71頁、判時625号74頁（PARKER事件）。
④ 参见李扬：《日本商标法对商标权效力的限制》，载《私法》2013年第1期。

二,该商标在外国的商标权人与在日本的商标权人具有同一性,该商标所指示的商品来源于同一处;其三,标识该商标的商品和日本商标权人销售的商品不存在实质性差异。日本最高法院在对"Fred Perry"案的判决中进一步明确了判断商标商品的平行进口问题的具体标准,认为在满足前述三个要件的情况下,平行进口行为不会损害商标的来源识别功能和品质保证功能,也不会损害商标所有人的商誉,不具有实质危害性,不构成商标侵权。[①]

由日本规制商标商品平行进口的立法规定与司法实践得知,日本对于商标商品平行进口实行条件性允许,司法实践中通常将其视为不构成商标侵权的情况来处理。[②] 但此种允许并非源于日本《商标法》的明确规定,而是日本司法机关创造性适用《商标法》的结果。[③]

四、商标权权利用尽规则适用于平行进口的前提与依据

(一)商标权权利用尽规则适用于平行进口的前提

1. 商标权地域性效力之肯定

根据《保护工业产权巴黎公约》第 6 条之规定,商标申请和注册的条件,由成员国的国内法决定,同一商标在不同国家所受的保护相互独立。在本同盟一个成员国国内正式注册的商标,应视为独立于在本同盟其他成员国包括申请人所属国注册的商标。显然,《保护工业产权巴黎公约》之前述规定明确了商标权效力的地域性特征。

事实上,一切权利皆来源于法律的规定,也即"权利皆由法定",而法律的效力仅限于其制定国家的主权领域范围之内,因此,权利均应当受限于地域性。商标权作为民事主体享有的私权利,具有专用、排他性效力,理应由各国相关立法予以规定。一方面,由法律明确商标权的取得条件、程序及内容;另一方面,通过法律对商标权的设定,使权利具有可公示性,以增加社会公众对其实施行

---

① 参见最判平成 15・2・27 民集 57 卷 2 号 125 頁(フレッドペリー事件)。

② 参见[日]森智香子、广濑文彦、森康晃:《日本商标法实务》,北京林达刘知识产权代理事务所译,知识产权出版社 2012 年版,第 96 页。

③ 参见李扬:《日本商标法对商标权效力的限制》,载《私法》2013 年第 1 期。

为的法律预期,从上述内容得出,由受国家主权领域范围所限的“法律”规定的商标权理应具有地域性,仅在商标权授权确权国家具有专用、排他效力。

权利来源于法律,没有法律即无所谓权利(法律权利),在知识产权领域尤其如此。因此,在一国取得的商标权仅在该国主权领域范围内有效,超出该国的法律管辖范围,该商标权即不复存在。对于相同商标能否在另一国取得商标权,取决于另一国商标法的规定,即使在另一国取得商标权,也是依据另一国商标法规定产生的另一个商标权利。如果就相同商标在两个国家分别取得两个商标权,而且两个商标权归属于同一个权利主体,但基于商标权的地域属性和取得依据,其依然为两个不同的商标权。

2. 商标权效力国际用尽之否定

如前所述,商标权具有地域性,依据一国法律取得的商标权无法在另一国产生专用权效力,不可能在国际范围内具有商标权效力。而商标权的权利用尽是对商标权专有效力的限制,须以有效的商标权的存在为前提,在本国取得的商标权在国外不具有权利效力,又何谈商标权的国际用尽?学者刘明江教授认为,商标权国际用尽只有一个存在的可能性,那就是世界商标或全球商标的存在。[①] 当然,世界商标或全球商标在将来不无存在的可能,但目前可以在世界或全球范围内具有专用权效力的商标尚不存在。相同的知识产品依据不同国家法律取得的知识产权实际上互不相同,对此事实,权利国际用尽理论显然未予考虑。[②] 因此,讨论平行进口提及权利国际用尽理论子虚乌有。[③] 笔者认为,具有地域限制的商标权无法在国际范围内产生专有权效力,自然不可能发生商标权的国际用尽,以商标权的国际用尽规则解释和规制商标商品的平行进口问题缺少商标权存在的理论基础,不具有可行性。

(二)平行进口中商标权权利用尽规则适用的依据

1. 商标权权利用尽规则适用于平行进口的条件

基于前述分析,商标权权利用尽的地域范围为国内用尽,也即商标权仅在

---

① 参见刘明江:《商标权效力及其限制研究》,知识产权出版社 2010 年版,第 292 页。

② 参见王志刚:《平行进口的竞争法律分析》,载《当代法学》2002 年第 3 期。

③ 参见陶鑫良、袁真富:《知识产权法总论》,知识产权出版社 2005 年版,第 254 页。

其授权确权国家发生权利用尽。在此前提下,对于使用原商标在国内销售平行进口商品的行为,适用商标权权利用尽规则应当具备以下条件:

第一,平行进口商品上标识的商标在出口国和进口国的商标权主体具有同一性。鉴于平行进口商品所标识的商标在进、出口国为同一商标权主体或者存在母子公司等关联控制关系,可以将平行进口商品在国外合法投入市场视同为其已经取得国内商标权人同意,商标权人在该商品的首次销售中已经获得应有的利益回报,承载于该商品上的商标利益已经实现,则该商品上的商标权应当用尽。如果进口商在国内市场销售的商品是从国外市场以合法途径取得,但商品上标识的商标的商标权主体在进口国、出口国并非同一主体或者不存在关联控制关系,则不适用商标权权利用尽规则。

例如,在斐乐体育有限公司与阎某侵害商标权纠纷案中,原告斐乐体育有限公司经授权取得第 163332 号"F 及图"、第 163333 号"FILA"注册商标在中国大陆的独占许可使用权,被告阎某从韩国斐乐公司购买标识有"F 及图""FILA"商标的服装、鞋等商品,并在淘宝店铺销售。原告认为,被告未经许可销售标识有涉案商标的商品构成商标侵权;被告抗辩称,涉案商品系韩国斐乐公司生产的斐乐正品,而韩国斐乐公司是原告的关联公司,属于平行进口,不构成商标侵权。事实上,涉案商标权利人为满景 IP 公司,韩国斐乐公司通过其全资公司斐乐卢森堡公司间接持有满景 IP 公司 15% 股份,安踏公司间接持有满景 IP 公司 85% 股份,而安踏公司与韩国斐乐公司之间不存在股权控制等实质关系,双方为独立的利益实体。此外,斐乐卢森堡公司是斐乐品牌商及其他相关知识产权的全球权利拥有者及持有者(FILA 中国商标除外),显然,FILA 中国商标并非由斐乐卢森堡公司或韩国斐乐公司控制。因此,涉案商标与韩国 FILA 商标虽然最初源自同一权利人,但在不同的利益安排下,FILA 在中国的商标权利与 FILA 在其他国家的权利已然分属不同主体。法院认为,韩国斐乐公司基于韩国的商标权而在韩国投放的斐乐产品进入中国市场,不能构成满景 IP 公司或斐乐公司涉案商标权利的用尽。①

第二,平行进口商品与原商品应当为同一商品。司法实践中,对于平行进口商品与原商品是否具有"同一性"的认定,我国通常以不发生改变为标准,即

---

① 参见浙江省杭州市余杭区人民法院民事判决书,(2019)浙 0110 民初 11696 号。

平行进口至国内并再行销售的商品与原商品相比，在外观、包装、商品名称、标识信息等方面没有发生任何变化，是原装新品的销售，而非存在实质性改变。

例如，在前述上海禧贝公司诉北京背篓公司商标侵权纠纷案中，[①]原告和被告双方销售的商品均为美国 Nurture，Inc. 公司所生产，但被告在销售中使用与原告相同的“HAPPYBELLIES”商标。一方面，“HAPPYBELLIES”商标是平行进口商在原商品上擅自增加的商标标识，并非该商品原本就有的标识，属于对原商品的改变；另一方面，“HAPPYBELLIES”商标在国内的商标权人为上海禧贝公司，不具备“HAPPYBELLIES”商标在进、出口国为同一商标权主体的要件，本案不可以适用商标权权利用尽规则。再如，在前述联合多梅克公司、保乐力加公司诉百加得商行侵害商标权纠纷案中，[②]百加得商行在其进口的酒产品上加贴含“百龄坛”字样的中文标签，而且磨掉产品上原有的识别码。商标和识别码是识别商品“身份”的标识，是商品在市场销售中不可或缺的组成部分，百加得商行在其平行进口的原装商品上加贴“百龄坛”中文标签和磨掉产品识别码的行为均会对原商品发生改变，不具备商品的“同一性”要件，不可以适用商标权的权利用尽。

值得探讨的问题是，根据我国《产品质量法》以及《食品安全法》的规定，产品或者其包装上必须有中文标明的产品名称、生产厂厂名和厂址、产品规格、等级等信息，进口的预包装食品应当有中文标签、中文说明书，载明食品的原产地以及境内代理商的名称、地址、联系方式。[③] 那么，在平行进口商品上加贴中文标签是否会影响商品的“同一性”而构成商标侵权呢？笔者认为，需要视不同情况分别确定：如果进口商品上添加的中文标签仅是对商品相关信息的说明或者

---

① 参见北京市朝阳区人民法院民事判决书，(2015)朝民(知)初字第 46812 号。

② 参见长沙市中级人民法院民事判决书，(2016)湘 01 民初 1463 号。

③ 我国《产品质量法》第 27 条规定，产品或者其包装上的标识必须真实，并且有中文标明的产品名称、生产厂厂名和厂址；根据产品的特点和使用要求，需要标明产品规格、等级、所含主要成分的名称和含量的，用中文相应予以标明；使用不当，容易造成产品本身损坏或者可能危及人身、财产安全的产品，应当有警示标志或者中文警示说明。我国《食品安全法》第 97 条规定，进口的预包装食品、食品添加剂应当有中文标签；依法应当有说明书的，还应当有中文说明书。标签、说明书应当符合本法以及我国其他有关法律、行政法规的规定和食品安全国家标准的要求，并载明食品的原产地以及境内代理商的名称、地址、联系方式。预包装食品没有中文标签、中文说明书或者标签、说明书不符合本条规定的，不得进口。我国《食品安全法》第 67 条规定，预包装食品的标签应当标明名称、规格、净含量、生产日期、成分或者配料表、生产者的名称、地址、联系方式、保质期、产品标准代号、贮存条件等内容。

翻译,并没有改变原商品与中文标识信息之间的对应关系,则平行进口商品与原商品仍为同一商品。如果进口商品上添加的中文标签包括了原商品的英文商标所对应的中文标识,而该中文标识切实发挥了商标的识别作用且又属于其他权利人,则会改变商品的"同一性",构成商标侵权。一方面,尽管我国相关法律有进口商品应当有中文标签的规定,但根据其中关于具体标明事项的规定,并没有要求对进口商品标识的外文商标进行翻译。另一方面,在进口商品上添加的中文标识,与外文商标具有对应关系,而且其商标权人为进口商和国外销售商之外的主体,会对此中文标识的商标权造成侵害。

在俞某与莆田市瑞升贸易发展有限公司、晋江市金柏源酒业商行侵害商标权纠纷案中,俞某是"奥丁格"中文商标的注册人,该商标的核定使用商品为包括啤酒在内的第 32 类。俞某将该商标授权许可深圳市永盛泰商贸有限公司(以下简称永盛泰公司)排他使用。永盛泰公司系德国奥丁格国际酿酒公司在中国境内的唯一授权进口经销商。莆田市瑞升贸易发展有限公司(以下简称瑞升公司)从荷兰进口了 1872 箱由德国奥丁格国际酿酒公司生产的啤酒,啤酒品名为 Oettinger Hefe WEISSBEER。瑞升公司所销售的上述啤酒瓶身上加贴有中文标贴,商品品名为"奥丁格啤酒"。俞某认为,瑞升公司及其销售商晋江市金柏源酒业商行在销售的进口啤酒产品上使用了与"奥丁格"商标相同的中文标识作为商品名称,构成商标侵权。一审法院认为,商标的本质功能在于识别商品的来源。瑞升公司在进口商品上加贴中文标签标明商品名称、原产地、国内经销商等信息的行为属于必要行为、合法行为。瑞升公司对"奥丁格"三字的使用主要位于商品名称一栏,与作为商品通用名称的"啤酒"二字连用,未加注任何注册商标标识。所以,即便"奥丁格"已被注册为中文商标,但这样的使用方式所起到的作用主要为标识商品名称,而非标识商品来源。而且,瑞升公司从荷兰进口的 1872 箱啤酒是通过正规渠道进口的正牌商品,而非假冒商品,报关单及检疫证书上"品名"一栏均使用"奥丁格啤酒"字样。因此,瑞升公司对"奥丁格"字样的使用方式并不会造成相关公众对商品来源的混淆、误认,其行为不构成商标侵权。[①] 二审法院认为,"奥丁格"中文商标经过宣传使用已经在相关消费者当中具有一定的知名度,"奥丁格啤酒"已经和永盛泰公司之间建立起比

① 参见福建省泉州市中级人民法院民事判决书,(2013)泉民初字第 378 号。

较固定的联系,能够起到识别商品来源的作用。虽然瑞升公司根据《食品安全法》及《产品质量法》的相关规定,需要在其进口的啤酒产品上加贴有关商品信息内容的中文标签,但"奥丁格"并非"OETTINGER"英文商标的唯一中文译法,在加贴的中文标签上使用"奥丁格"文字缺乏合理理由,主观上具有明显的"搭便车"故意,易使消费者误认为该产品来源于永盛泰公司或与永盛泰公司之间存在关联关系,客观上会挤占俞某及永盛泰公司的市场份额,构成商标侵权。[①]本案中,平行进口商在进口食品的包装上添加相关商品信息的中文标签的行为确有必要。但是,中文标签对于商品名称的描述含有该商品外文商标"OETTINGER"的中文译名"奥丁格",而"奥丁格"又是他人在相同商品上的注册商标。因此,在进口商品上加注中文标签,应当注意商品的中文译名与他人的已注册商标合理避让。

第三,在平行进口商品销售中对于原商标的使用不会损害商标权人的商誉,也不会破坏商标的功能。经营实践中,平行进口商除了在商品上标识原商标销售之外,也会在店铺招牌、商品包装以及销售宣传中使用原商标,但需要注意的是,对于原商标的使用应当以善意、合理且必要为限度,其边界在于使用目的正当、使用方式合理,是在适当范围内的必要性使用,不会使相关公众对于商品的来源和品质产生混淆或误认。

例如,在芬迪爱得乐有限公司(以下简称芬迪公司)诉上海益朗国际贸易有限公司(以下简称益朗公司)、首创奥特莱斯(昆山)商业开发有限公司侵害商标权案中,[②]芬迪公司是"FENDI"注册商标的商标权利人,益朗公司向法国经销商 SHP 公司(经芬迪公司许可销售"FENDI"正牌产品)购买"FENDI"产品在首创奥特莱斯(昆山)商业开发有限公司销售,并在店铺的店招、店铺外墙的指示牌及店铺门口放置的折扣信息指示牌上标识"FENDI"字样,芬迪公司认为益朗公司的前述行为构成商标侵权。一审法院对于芬迪公司的商标侵权诉讼主张不予支持。二审法院认为,首先,在店招上使用的商标或字号指示的是店铺的经营者,或者指示店铺的经营者与商标或者字号权利人之间的授权关系。益朗公司在涉案店铺上单独使用"FENDI"标识,其实质是指向涉案店铺的经营者是

① 参见福建省高级人民法院民事判决书,(2014)闽民终字第 914 号。
② 参见上海知识产权法院民事判决书,(2017)沪 73 民终 23 号。

芬迪公司,或者与芬迪公司存在商标或字号许可使用等关联关系。而益朗公司仅是涉案“FENDI”正牌商品的销售者,与芬迪公司不存在任何关联关系。其次,善意的商标使用行为应当是必要的,其目的仅是在说明或者描述自己经营的商品。而涉案店铺店招上单独使用“FENDI”标识,显然已经超过了说明或者描述自己经营商品的必要范围。最后,益朗公司在涉案店铺的店招中单独使用“FENDI”标识的行为,相关公众施以一般注意义务,在普遍情况下均会得出涉案店铺由芬迪公司经营或者经芬迪公司授权经营的结论,已经造成相关公众对于涉案店铺由芬迪公司经营或者经芬迪公司授权经营的混淆或误认。因此,构成商标侵权。

综上所述,如果使用原商标销售平行进口商品的行为符合上述条件,则可以适用商标权权利用尽规则,随着平行进口商品在国外市场的合法销售,承载于该商品上的商标权可以视为在国内用尽。因此,判断商标权权利用尽规则是否可适用于平行进口商品的标准依然在于具体的平行进口行为是否符合商标权权利用尽规则的适用条件,也即平行进口的商品须经商标权人同意投入市场,进口销售的商品与原商品具有同一性,而且没有损害商标的基本功能。

2. 商标权权利用尽规则适用于平行进口的合理性

在认可商标权具有地域性且其效力仅及于国内的前提下,对于商标商品的平行进口行为,如果具备上述条件,则与本书第二章商标权权利用尽的要件发生契合,变通性适用商标权国内用尽规则规制平行进口具有合理性。具体分析如下:

首先,平行进口商品上贴附的商标在进口国和出口国分别取得商标权,在两个商标权的权利主体为同一人或者具有母子公司关系或者共同从属于某一主体的情况下,虽然实质上为两个不同的商标权,但基于商标权人之间所具有的同一性关系,可以将同一商标权主体在进口国和出口国分别享有的两个商标权视为同一个商标权。

其次,平行进口的商标商品由出口国商标权人或经其同意合法投入市场,进口商在出口国以合法途径取得并在进口国市场销售。在此过程中,尽管平行进口的特定商品是经出口国商标权人同意投放市场的,但出口国商标权人与进口国商标所有人为同一人或者具有母子公司等共同控制关系时,可以视为由进口国商标所有人同意投放市场的合法商品。此外,商标权人体现于特定平行进口商品上的商标权益也在其首次投放市场中得以实现。

最后,进口商在国内销售的平行进口商品,和其在出口国以合法途径取得的商品具有同一性,使用原商标销售不会损害商标权人的商誉,也不会破坏商标的功能。在合理标明平行进口商品来源的情况下,例如,以中文标签方式标明商品的原产地以及国内销售商的名称、地址、联系方式等信息,消费者可以通过商品上标识的信息了解商品的真实情况,即使平行进口商品与国内商标权人销售的商品在售后服务方面有所差别,使用原商标销售平行进口商品也不会损害商标的商誉和品质保证功能。而且,平行进口商品与进口国商标权人销售的商品事实上具有相同的权利来源,在销售平行进口商品中使用其原本标识的商标,并不会损害商标的来源识别功能。

综上所述,基于出口国商标权人与进口国商标权人之间的同一性关系,可以在法律上视为平行进口的商标商品是由(包括进口国)商标权人同意投放市场的合法商品。在平行进口的商标商品与进口国商标权人销售商品具有同一性的情况下,与商标权权利用尽规则的适用要件具有契合之处,可以适用商标权权利用尽规则规制商标商品的平行进口。

3. 条件性允许平行进口与商标法立法宗旨不相冲突

适用商标权权利用尽规则规制商标商品的平行进口,使得符合权利用尽规则适用要件的平行进口行为具有合法性,也使商标商品的平行进口得以条件性允许。而且,条件性允许平行进口并不违背商标法的立法目的与宗旨。

商标法以保护商标权人利益、避免消费者发生混淆、维护公平市场竞争为宗旨,在平行进口商品与国内市场的商品方面不存在实质性差别,而且出口国的商标所有人与进口国商标所有人为同一人或存在共同控制关系的情况下,允许平行进口并不违背商标法的立法宗旨。

第一,平行进口的商品并未误导相关公众。尽管平行进口的商品所贴附的商标与国内商标所有人的注册商标相同,但其实质上为真品,在出口国为合法商品,而且所贴附商标在出口国投放市场经得出口国商标权利人同意,因此,没有欺骗消费者或误导消费者对商品的来源发生混淆。在平行进口商品不大可能导致消费者混淆的情况下,应予允许平行进口,这将适当平衡商标法保护消费者免受混淆和保护企业商誉。①

第二,平行进口的商品没有损害国内商标所有人的商誉。平行进口的商品在国内市场销售,会与国内商标权人的商品销售构成市场竞争,但在商品质量方面与国内商标权人销售的商品并不存在实质性差别,不会因为商品的品质差别而损害国内商标所有人的商誉。

第三,在法律明确有条件允许平行进口的前提下,国内商标权人的利益损失可以得到补偿。平行进口会挤占国内商标权人的市场销售份额,而且,国内商标权人在广告宣传、营销策划等方面的投入所建立的商誉,会被平行进口商无偿搭乘和利用,进而有利于其进口商品的销售,有损于国内商标权人的利益。国内商标权人主要包括商标所有人和独占被许可人。在进口国商标所有人即为商标权人的情形下,进口国商标权人的利益损失会在出口国市场的商品销售中得以补偿;在进口国商标权人为独占被许可人的情形下,需要对平行进口的禁止或允许以及相应的条件以立法进行明确,使独占被许可人对于平行进口可能导致的损失产生法律预期,进而在独占许可费用的谈判中予以体现。相反,现行立法对于平行进口态度的模糊性和不明确性会不利于独占被许可人的利益保护。

本 章 小 结

商标权权利用尽规则源于协调商标权与所有权并存于同一商品所生权利冲突的制度安排,经营者在转售商品中可以基于商标权的用尽不经商标权人许可使用原商标。但商标权权利用尽规则的适用存在边界限制,此边界既有其效力属性和适用对象的限制,也有地域范围的限制,因此并不适用于所有的商品转售行为。

---

① See Lisa Harlander, *Exhaustion of Trademark Rights beyond the European Union in Light of Silhouette International Schmied v. Hartlauer Handelsgesellschaft: Toward Stronger Protection of Trademark Rights and Eliminating the Gray Market*, Georgia Journal of International and Comparative Law, Vol. 28, p. 267 – 292 (2000).

在商品的首次销售中，商标权人与商品购买者对商品的转售设定销售价格、销售区域、销售方式等方面的限制，该购买者以及其他经营者若违反此售后限制条款转售商品，则该商品上的商标权是否发生用尽取决于对售后限制条款法律性质的判断。售后限制条款如果属于商标权人转移商品所有权的必备要件，违反该条款约定则商品买卖合同不成立或不生效，那么经营者转售的商品为非经商标权人同意而售出的商品，因此不能适用商标权权利用尽规则。笔者认为，再销售限制条款具有合同条款的法律性质，其并非商标权人与商品购买者之间商品买卖合同成立或生效的附条件法律行为，而是设定负担行为，以相应的价格约定为对价，为商品购买者附加义务。基于此，得出如下结论：第一，根据合同效力的相对性，售后限制条款仅对合同主体也即商品的首次购买者具有法律约束力，不能延及首次购买者之外的其他经营者。第二，在售后限制条款具有法律效力的情况下，首次购买者或其他经营者违法该条款转售商品，应当承担违约责任，而非商标侵权责任。第三，商标权属于绝对权，商标权权利用尽规则作为对商标权的限制，其适用及效力应当具有法定性和绝对性，不应由其权利主体以约定或其他方式任意改变。

商标权权利用尽是经商标权人同意合法投入市场的商品上的商标权的用尽，若经营者销售的商品即为商标权人投放市场的原商品，则符合商标权权利用尽规则的适用条件。但是，经营者在对原商品进行分包装、加工、翻新、改变标识信息等行为之后再次销售，转售商品的外观、品质、性能等状况相比原商品已经发生改变，此种改变如果属于实质性改变，则与原商品为两个不同的商品，由于适用对象不符合条件，因此不能适用商标权权利用尽规则。如果转售商品发生的变化并非实质性改变，能否将原商品扩大化理解为未发生实质性改变的商品从而适用商标权权利用尽规则，值得探讨。一方面，商标权人在转售商品上的经济利益已在首次销售中得以实现，而且改变商品再销售是经营者行使其所有权的合理需要。从满足消费者的多元化消费需求、实现物尽其用以及循环经济发展的角度考量，有必要为出于正当目的转售商品的经营行为提供适度的法律空间。另一方面，滥用商标权权利用尽规则会损害商标功能的实现，打破商标权人利益与商品所有权人利益之间的平衡，也有悖于商标权权利用尽规则的制度初衷。基于此，笔者提出在转售商品相比于原商品未发生实质性改变的前提下，该商品上的商标权是否用尽以商标功能不受破坏为边界，同时须在商品及包装上进行信息的充分披露,以在维护商标权人商标利益和保障经营者合理性行使商品所有权之间实现平衡,由此对商标权权利用尽规则的适用对象做出适度的扩大化界定。

商标权权利用尽是承载于商品上的商标权的用尽,以有效的商标权存在为前提,而商标权具有地域性特点,其排他性效力仅限于授权确权国的主权领域范围之内,除有特别规定之外,商标权权利用尽通常应为国内用尽。平行进口的商品是由出口国商标权人合法投放至出口国市场的商品,该商品上的商标权在出口国应当用尽,此点并无疑问。但是,经营者将其进口至国内市场并使用原商标销售,由于相同商标已在进口国核准注册,不同于该商标在出口国核准的商标权,因此未经进口国商标权人许可在相同商品上使用相同商标会构成商标侵权,除非适用商标权权利用尽规则。商标权是否发生国际用尽涉及不同主体的利益,更多意义上是国家的政策取向问题,鉴于尚未有明确的立法规定,笔者在国内用尽的前提下探讨商标权权利用尽规则是否可以适用于平行进口。平行进口与一般进口的不同之处在于:平行进口商品上使用的商标在进口国和出口国均已核准注册,且进、出口国的商标权人为同一主体或者存在经济上的关联控制关系,基于此,尽管为两个不同的商标权,但商标相同且商标权主体之间具有的特别联系,可以将其视为是同一个商标权,由出口国商标权人同意在出口国市场销售商品视同为经得国内商标权人同意,在符合本书第二章所述的适用条件的情况下,可以发生商标权的权利用尽。

Chapter 5 第五章

商标权权利用尽规则在我国商标法中的引入

商标权权利用尽规则作为商标权限制制度的必要组成部分，是排除商标侵权行为成立的前置性考量要素，也是被诉商标侵权人可以援用的商标侵权抗辩事由。但是，我国现行商标立法尚未规定商标权权利用尽规则，使得相关适用要件、地域范围等具体规则尚不明晰。司法实践中，商标权权利用尽也并非法定的商标侵权抗辩事由，难以作为案件审判的法律依据。问题由此出现，我国商标法是否有必要引入商标权权利用尽规则？若有必要，又当如何规定？本章在论证我国商标法规定商标权权利用尽规则具有必要性的基础上，从体例选择、要件确定、适用地域等方面对商标权权利用尽规则在我国商标法中的引入提出建议。

第一节 我国商标法规定商标权权利用尽规则的必要性

商标权权利用尽规则是商标权限制制度的重要内容，理应作为法定商标侵权抗辩事由，是判定商标侵权成立的前置性排除要件。有必要在我国商标法中明确规定商标权权利用尽规则，既是完善商标法律制度的需要，也是规范商标权司法保护的需要，也有利于顺应社会经济发展的现实需求，推动经济贸易的自由化发展。

一、完善商标法律制度的需要

（一）商标权权利用尽规则是商标权限制制度的重要部分

法学基础理论认为，任何权力或权利都存在滥用的可能，立法应当对权力或权利设置必要的限制。商标权是商标所有人依法对其注册商标享有的专有权，具有独占、排他效力，为避免商标权被滥用，商标权的行使也须受到一定限制，不应有所例外。

商标权以注册商标为权利客体，而注册商标通常以文字、图形、字母、数字等为组成要素，由注册商标组成要素具有的公共性和外部性特点所决定，为了维护商标注册领域中的公共领域，有必要对商标权以一定程度的限制。同时，商标权的行使涉及其他市场竞争者利益以及消费者利益，在注册商标专用权范围之内对商标权效力以必要的限制作为商标侵权的例外，实现在注册商标权人利益、其他市场经营者利益、消费者利益以及社会公众利益等不同主体之间利益平衡，促进市场的充分、有效竞争。

商标权限制作为对商标权人行使商标权专用效力的限制，可以有效界定商标权利的合理边界，确保商标权人规范行使商标权。正如有学者所言，商标法律制度的完善不能仅从商标权人利益出发强化商标权的保护，还应从消费者利益、其他市场经营者利益以及市场经济秩序的角度出发完善商标权的限制制度，[①]完整的商标权限制制度的构建也是商标立法完善的重要组成部分。

依据商标权权利用尽规则，经商标权人同意投放市场的商标商品在之后的市场交易和流通转让中，商标权人不得以行使商标权为由阻止，以此保持商标权人与物权所有人之间的利益平衡，保障商品在市场中的自由流通。因此，商标权权利用尽是通过商标权人在特定商品上享有的商标权的用尽，以限制商标权人对其合法投入市场的商品行使商标权，为商标权设定行使边界，属于商标权限制的重要内容。将商标权权利用尽规则引入商标立法既是对我国商标权

---

① 参见徐升权：《商标法：原理、规范与现实回应》，知识产权出版社2016年版，第168页。

限制制度的重要补充,也是完善我国商标法律制度的必要内容。

(二)商标权权利用尽规则缺位于我国商标立法

我国现行《商标法》《商标法实施条例》以及相关行政规章、司法解释均未明确规定商标权权利用尽规则,商标权权利用尽也并非商标侵权的法定抗辩事由,由此导致商标权权利用尽规则在我国现行商标立法中的空白与缺失。我国《商标法》第 59 条是现行商标法规定商标权权利限制的重要条款,商标权权利用尽规则作为商标权限制制度的重要组成部分,并未列入现行商标法规定的商标权权利限制情形之中,使得商标权限制制度欠缺和有失完整,不利于商标权限制制度体系的完善。对此,李扬教授提出,我国《商标法》第 59 条规定了商标权限制的三种情形,范围非常有限,司法实践中早已发展出了其他限制注册商标权的情形。①

商标权权利用尽规则在我国商标立法中的缺位使得商标权在何种条件下用尽、在何地域内用尽、自何时起用尽、是否存在用尽例外等问题处于非确定状态,相关商标权用尽指向的权利内容、允许的商标使用方式等具体规则也不曾可知,目前仅有理论界学者在学理层面的研讨,可谓各抒己见、难成定论。学理研究成果即使具有合理性,且已为学界达成共识的定论,因不为法律所认可,自然不具有法律效力,也使得商标权权利用尽规则因无法律规定为依据而难以适用于司法实践。

法律作为调整人与人之间社会关系的法律规范,既是行为规则,也具有教育、指引、预防、矫正等功能。商标权权利用尽规则在我国商标立法中的缺失会导致相关商标权权利用尽的法律关系缺乏有效的规则调整,也使得商标权的效力范围有失明确,难以为商标权的合法行使提供有效规范和法律依据,有放纵商标权滥用、阻碍商品自由流通之风险。同时,也使商品经营者从事重新包装、分包装后再销售以及加工、翻新后再销售等市场经营陷入商标侵权困境,因为难以在商标法律层面寻求法律支撑而被迫放弃诸多可以满足消费者不同消费需求的多元化、创新性经营,由此为商品所有人的市场经营带来阻碍,不利于自由贸易的发展,也不利于良性市场经济秩序的形成。

---

① 参见李扬:《商标法基本原理》,法律出版社 2018 年版,第 157 页。

(三)明确商标权权利用尽规则以规范商标权利的合理行使

综合德国、法国、英国、日本、新加坡等国家的商标法可以发现,商标权利限制制度体系主要有权利用尽、在先权利、合理使用以及商标权自身瑕疵等组成,在限制商标权利扩张、确定商标权权利边界的同时,也为商标侵权人提供正当、有效的侵权抗辩事由。比较而言,我国现行《商标法》已有先用权、叙述性正当使用的限制性规定,但没有商标权权利用尽的具体规定,应该补充商标权用尽以及指示性使用两种商标侵权抗辩制度。① 杜颖教授认为,我国第三次修订后的《商标法》对商标权权利用尽、指示性合理使用、商标戏仿等未加明确,不能不说是一种缺憾,未来还有制度完善的空间。② 构建我国商标权权利限制制度应将商标权权利用尽规则纳入其中,明确规定权利用尽的含义、权项、范围以及适用条件,避免司法实践中产生歧义。③

笔者认为,商标权的效力与商标权的限制相互作用合力形成商标权的边界,而商标权限制也是应对商标权权利扩张的有效利器,可以保障商标权利在合理边界内安全行使,防止权利扩张导致的权利滥用、垄断、不正当竞争等后果。商标权权利用尽规则是商标权限制制度的重要组成部分,旨在规范商标权人在商标商品投入市场之后的权利行使行为,以保障贴附注册商标的商品不因商标权人行使注册商标专用权利而在市场流通中受到阻碍,具有防止商标权利滥用、平衡商标权人与物权人之间的利益冲突、保障商品自由流通等制度功能。针对商标权利用尽在我国商标立法中的缺位现象,基于完善商标权限制制度的需要,有必要在我国商标立法中明确规定商标权权利用尽规则,既有利于商标权利合理边界的确定,为商标权人规范行使商标权提供法律依据,也可以引导商品经营者在法律允许的范围内合法从事市场经营,避免陷入商标侵权纠纷困境。

---

① 参见刘铁光:《商标法基本范畴的界定及其制度的体系化解释与改造》,法律出版社 2017 年版,第 146 页。

② 参见杜颖:《商标法律制度的失衡及其理性回归》,载《中国法学》2015 年第 3 期。

③ 参见杨源哲、杨振洪:《商品状况改变后的权利穷竭问题研究》,载《知识产权》2014 年第 1 期。

二、规范商标权司法保护的需要

在商标权司法保护实践中，基于商标权权利用尽规则在商标立法中的缺位，导致被告人的商标权权利用尽抗辩难以得到支持、无法以商标权权利用尽作为判决依据、相同类型案件审理结果不一致等问题。在商标立法中明确规定商标权权利用尽规则，使得被告在商标侵权纠纷诉讼中提出的权利用尽抗辩于法有据，案件审理部门可以直接适用权利用尽规则作为商标侵权的法定排除事由，为商标侵权行为的判定和商标侵权纠纷案件的审理提供新的思路，使商标权的司法保护更加规范、有效。

（一）明确商标权权利用尽规则为法定的商标侵权抗辩事由

我国现行《商标法》并未明确规定商标权权利用尽规则，商标权权利用尽因此不能作为商标侵权的法定抗辩理由。司法实践中，有被告以权利用尽作为侵权抗辩理由的实例，偶有法院直接适用权利用尽规则，认定商标侵权行为不成立。[①] 例如，在大连冠华食品有限公司与王某侵害商标权纠纷案中，王某经营冠华公司已生产售出的商品，不存在商品侵权问题，符合商标权权利用尽规则。但通常情况下，法院并不适用权利用尽作为判定不构成商标侵权的理由。[②] 正如佛山市东鹏陶瓷集团诉诺可可艺术砖有限公司侵犯商标权纠纷案的审理法院刘红法官所言，本案不适用商标权用尽原理，理由在于，“商标权权利用尽原则在我国只是一种理论和学说，我国《商标法》对此没有明文规定。作为一种学理，它不能成为案件审理的直接依据。”[③]

在商标侵权诉讼实践中，被告以商标权用尽为由提出侵权抗辩的实例大有存在，但少有法院对权利用尽抗辩予以明确、直接支持。例如，在保罗弗兰克实

---

① 参见哈尔滨市中级人民法院民事判决书，(2012)哈知初字第 140 号。

② 在绝对有限公司、保乐力加(中国)贸易有限公司与苏州隆鑫源酒业有限公司侵害注册商标权及不正当竞争纠纷案中，法院认为，隆鑫源公司辩称其行为适用商标权利用尽原则不构成侵权，于法无据，本院不予采纳。参见江苏省苏州市中级人民法院民事判决书，(2013)苏中知民初字第 0175 号。

③ 刘红：《购买带有商标的产品加工后出售的行为构成商标侵权》，载《人民法院报》2001 年 9 月 22 日，第 3 版。

业有限公司与青岛美派国际贸易有限公司侵害商标权纠纷案中,[1]保罗弗兰克实业有限公司(以下简称保罗弗兰克公司)为"大嘴猴图形"商标、"大嘴猴图形+文字"商标、"PAULFRANK"商标的注册人(商品类别为服装、鞋、帽、袜产品),青岛美派国际贸易有限公司(以下简称美派公司)擅自经营"PAULFRANK"专卖店,经营销售标注有保罗弗兰克公司注册商标的产品,并且店面装潢、商品名称、商品包装上均使用了保罗弗兰克公司的前述注册商标,保罗弗兰克公司认为美派公司侵犯其商标权,提起商标侵权诉讼。

美派公司抗辩称,其销售的"PAULFRANK"系列品牌产品均来自我国香港FOREVERMOSTINVESTMENT. LTD 公司,香港 FOREVERMOSTINVESTMENT. LTD 公司将涉案产品销售给美派公司系基于香港 SHOW:ROOMAPPAREL. LTD 公司的授权,而香港 SHOW:ROOMAPPAREL. LTD 公司销售给香港 FOREVERMOSTINVESTMENT. LTD 公司的涉案产品来自保罗弗兰克公司的授权,也即其销售的带有相关商标标识的商品是由商标权人保罗弗兰克公司授权的产品,来源合法,未侵犯保罗弗兰克公司的商标专用权。一审法院认为,美派公司销售的"PAULFRANK"系列品牌产品来源合法,系正牌产品,并非假冒保罗弗兰克公司品牌的产品,不构成商标侵权行为。二审法院认为,美派公司对其销售被控侵权产品的来源尽到审慎的审查义务,有理由相信其经销产品已获得商标权人许可,来源合法。保罗弗兰克公司不能证明美派公司明知经销的产品为侵权产品且来源不明,故商标侵权行为不成立。

本案是典型的可适用商标权权利用尽规则的案例,被告以商品来源合法为由提出抗辩,法院也仅就以被告的经销商品为原告商标权人的授权商品为焦点予以调查和说理,并未对销售授权商品构成商标权用尽,应为商标侵权行为成立的排除事由予以说明。在类似案情的审理中,审理法院对于事实上符合商标权权利用尽条件的情形,也大多回避适用商标权权利用尽规则。笔者认为,此问题依然源于商标权权利用尽规则并未在商标立法中得以明确规定,因此不能作为案件审理依据。在商标立法中规定商标权权利用尽,可以确立商标权权利用尽为法定的商标侵权抗辩事由,使被诉商标侵权人提出的商标权权利用尽抗辩得到司法部门的明确支持。

---

① 参见山东省高级人民法院民事判决书,(2014)鲁民三终字第265号。

(二)明确商标权权利用尽规则为商标侵权的前置性排除事由

在我国,司法审判应当以现行法律规定为依据,对于商标侵权纠纷案件的审理也须遵循商标立法关于商标侵权行为的规定。根据我国《商标法》第 57 条规定,商标侵权行为以"容易导致混淆"为成立要件,而《商标法》第 59 条所列情形则为判断商标侵权行为成立与否的前置性排除要件。基于此,对于被诉的商标侵权行为,应当首先判断其是否属于《商标法》第 59 条规定的商标权限制情形,如果属于其中情形则可以排除商标侵权行为的成立,如果不在其中,则适用混淆可能性标准判断被诉侵权人的商标使用行为是否具有引发混淆的可能性。

鉴于商标权权利用尽目前并不属于《商标法》第 59 条规定的商标权限制情形,司法实践中,商标权权利用尽并非商标侵权判定的前置性排除事由,对于被诉的商标侵权行为,即使被诉侵权人提出商标权权利用尽抗辩,审理法院依然会适用混淆可能性标准作为判断商标侵权行为成立与否的依据,并不会将商标权权利用尽作为排除商标侵权行为成立的前置性考量要件。

混淆可能性是指相关消费者中的相当部分尽管给予合理谨慎的注意力,仍然极有可能误认商品的来源,或误认为两种商品来源之间存在许可、附属等关联关系,并可能作出错误的购物决策的状态。[①] 我国《商标法》第 57 条第 2 项规定明确将混淆可能性作为商标侵权的判定要件。[②] 但根据我国《商标法》第 57 条第 1 项规定,在相同商品上使用与注册商标相同的商标仅以未经商标注册人许可为条件即可直接判定商标侵权行为成立。[③] 因此,以混淆可能性作为商标侵权判定要件具有适用条件的限定。TRIPS 第 16 条第 1 项规定,在相同商品或服务上使用相同标记,应当推定具有混淆的可能性。有学者认为,在系争双方商标相同且商品相同的情况下,立法直接推定被诉侵权人的行为极有可能造成消费者混淆而构成商标侵权,并不意味着放弃对消费者混淆的考察。[④] 正如美

---

① 参见姚鹤徽:《商标混淆可能性研究》,知识产权出版社 2015 年版,第 3 页。

② 根据我国《商标法》第 57 条第 2 项规定,未经商标注册人的许可,在同一种商品上使用与其注册商标近似的商标,或者在类似商品上使用与其注册商标相同或者近似的商标,容易导致混淆的,属于侵犯注册商标专用权行为。

③ 根据我国《商标法》第 57 条第 1 项规定:未经商标注册人许可,在同一种商品上使用与其注册商标相同的商标的,属于侵犯注册商标专用权行为。

④ 参见姚鹤徽:《商标混淆可能性研究》,知识产权出版社 2015 年版,第 455 页。

国法院法官在案件审理中所述,消费者混淆的一些可能性必须与商标的合理使用相一致,事实上也的确如此。[①] 笔者认为,基于《商标法》第 57 条第 1 项之明确规定,对于相同商品上使用相同商标的行为,应当更多地适用商标权限制制度考察其是否存在商标侵权的排除事由。由进口或转售商品引发的商标侵权纠纷中,若经销商对商品不做改变,则多为《商标法》第 57 条第 1 项规定的在相同商品上使用相同注册商标的行为,对此行为的侵权认定应当首先考量是否存在商标权权利用尽等侵权抗辩事由,但基于商标权权利用尽规则在商标立法中的缺失,商标权权利用尽既不能作为排除商标侵权成立的法定前置事由,也不能作为被诉侵权人的法定抗辩事由,法院在案件审理中适用商标权权利用尽规则会缺少法律依据。

在维多利亚的秘密商店品牌管理有限公司诉上海锦天服饰有限公司侵害商标权及不正当竞争纠纷案中,原告是注册商标"维多利亚的秘密"(第 35 类和第 25 类)、"VICTORIA'S SECRET"(第 25 类)专用权人,被告从原告的母公司处进口标识有原告注册商标的商品并在国内销售,被告以原告的注册商标专用权已经用尽提出商标侵权抗辩,法院则以被告销售的是正牌商品而非假冒商品,不会造成相关公众对商品来源的混淆、误认为由,认定不构成商标侵权。[②] 本案中,被告在国内销售的商品源于原告的母公司,基于原告与其母公司之间的关联关系以及商标使用许可行为,符合商标权权利用尽规则的适用要件,原告在被告销售的商品上的商标权应当用尽,但审理法院并未支持原告的权利用尽抗辩,而是适用混淆标准判定商标侵权行为不成立,其原因在于我国商标法并未明确规定商标权权利用尽规则,因此不能作为相关案件审理中排除商标侵权行为成立的法律依据。

在商标法中规定商标权权利用尽规则可以为商标侵权纠纷案件的审理提供明确的法律依据,案件审理部门可以将商标权权利用尽作为判定商标侵权的法定前置性排除事由,有利于规范商标权的司法保护。

---

① See KP Permanent Make-Up, Inc. v. Lasting Impression I, Inc. ,543 U. S. 111,121 - 22 (2004).

② 参见上海市第二中级人民法院民事判决书,(2012)沪二中民五(知)初字第 86 号。

(三)明确商标权权利用尽规则维护司法审判权威

司法审判的权威性首先体现为对于相同类型案件给予判决结果的一致性，由此体现出案件审理的公正性。但司法实践中，在相关商标权权利用尽的商标侵权纠纷案件审理中，案情涉及的法律原理相同或类似，判决结果却不尽一致，甚至截然相反，由此损害司法审判的权威性。笔者在此仅以商品分装销售中商标侵权纠纷司法判决为例做以下分析：对于分装商品在市场流通中产生的商标侵权纠纷，法院多以商标侵权判定标准为依据，基于经营者对商品的再流通是否会导致消费者混淆作出侵权与否的判决，侵权排除事由也仅限于现行商标法规定的商标权限制情形。限于商标权权利用尽在我国商标立法中的缺位，少有法院以商标权权利用尽为审理依据，由此出现了截然不同的判决依据和判决结果。

在不二家(杭州)食品有限公司诉钱某某、浙江淘宝网络有限公司商标侵权纠纷案中，被告钱某某将来源于原告不二家(杭州)食品有限公司生产的糖果重新包装并贴附原告的注册商标后再行销售，杭州市余杭区人民法院认为，商标具有来源识别、质量保障、信誉承载等功能，如果商标功能被损害，不论相关公众是否易于混淆，均可直接认定构成商标侵权。虽然被告的行为并未产生相关公众混淆商品来源的直接后果，但其分装商品行为损害涉案商标的信誉承载功能，构成商标侵权。①

但在老凤祥股份有限公司与苏果超市(淮安)有限公司侵害商标权纠纷案中，经销商文兴公司将原告生产的 10 支装“中华 101 绘图铅笔”分包装为每袋 4 支，在制作外包装并贴附原告注册商标后在苏果超市(淮安)有限公司销售。审理法院认为，基于文兴公司对分包装商品使用原告的注册商标是善意、规范性使用，属于对注册商标的合理性使用，不会使相关公众对商品来源产生混淆或者误认，不构成对原告注册商标专用权的侵害。②

前述案例均为经销商在分装商品后再销售中与商标权人之间的纠纷，涉案商品是经商标权人同意投入市场的商品，商品在再销售中依然标识其分装之前

① 参见杭州市余杭区人民法院民事判决书，(2015)杭余知初字第 416 号。

② 参见江苏省淮安市中级人民法院民事判决书，(2014)淮中知民初字第 0007 号。

的注册商标,由此出现经销商在分装商品再销售行为中对商标权人注册商标的使用是否构成商标侵权的争议。对此,审理法院分别以损害商标功能和属于合理性使用为由作出侵权和不侵权判决。但笔者认为,此类案件首先涉及商标权权利用尽问题,也即在分装再销售的商品上的商标权是否发生用尽,具体来说,认定分装再销售商品是否发生商标权权利用尽的关键在于,判断分装后的商品与经商标权人同意售出的商品是否为同一商品。如果符合商标权权利用尽的构成要件和适用条件,则基于已经用尽的商标权当然不存在商标侵权行为的可能性,自然无须去考量相关公众是否会对商品来源产生混淆、商标的功能是否受到损害等商标侵权行为的判定标准。需要注意的是,笔者的前述观点在司法实践中的适用须以商标权权利用尽规则在商标立法中的明确规定为前提,对于商标权权利用尽的内涵、要件和限定,若有界定清晰的法律规定为审判依据,与此相关的案情相近判决结果却截然不同的现象可得以有效避免,也足以说明我国《商标法》明确规定商标权权利用尽的必要性和迫切性。

三、适应社会经济发展的需要

法律是统治阶级意志和国家意志的反映,这种意志最终由社会物质生活条件决定,并受客观规律的制约。[①] 植根于经济社会发展现状与现实需求应为制定和调整国家法律的重要依据,商标法作为调整商标在注册、使用、管理和保护中发生的社会关系的法律规范的总称,应当对社会、经济、贸易发展中涉及的商标问题以应对和回应,为商标的合理使用和有效保护提供法律依据。

一方面,在倡导建立节约、环保社会的形势背景下,对商品加工、维修、回收后再销售以实现物尽其用尤为重要。而我国地域辽阔、人口众多,国民消费需求的差别化比较明显,分装商品重新包装后再销售以满足不同的消费需求也实有必要。另一方面,随着经济贸易的发展和社会分工的日益细化,商品的营销方式更加专业化、多元化,这需要商品的权利归属清晰、权利行使边界明确,以确保商品在市场中的流通能够更加自由和便利。对于集商标权与物权为一体的商品而言,界定商标权的行使范围与边界,协调商标权人与商品所有人在权

---

① 参见陈金钊主编:《法理学》,山东大学出版社 2008 年版,第 39 页。

利行使中产生的利益冲突,是实现商品自由流通和贸易便利化的前提要件。

商标权权利用尽规则作为对商标权权利行使的限制,旨在合理平衡商标权与物权并存于同一商品上所产生的权利冲突,明确规定在商标立法中有助于保障商品在市场交易中的自由流通,促进我国经济贸易发展。同时,商标权权利用尽规则对于商标权边界的划定意义重大,理应作为法定的商标侵权抗辩事由,为商品在重新包装、加工维修、回收利用后再销售以及平行进口中的商标使用行为性质的认定提供法律依据。对于商品再销售中使用商标权人注册商标但违反销售区域、销售价格、销售条件等约定限制条款的行为,是否构成商标侵权、应予承担商标侵权责任抑或合同违约责任等问题也因商标权权利用尽规则纳入立法规定而得以明确。前述经营行为法律性质的明晰也为经营者从事商业经营提供法律依据和行为指导,为其创新经营模式、排除商标侵权障碍,也将促进社会经济发展。

综上所述,我国商标立法应当明确规定商标权权利用尽规则,作为商标权限制制度的必要内容,成为商标侵权抗辩的法定事由。此外,为商品所有人从事多元化的商品经营行为提供合理的规范指引和法律预期,以确保市场行为和交易的安全性。

第二节　我国商标法规定商标权权利用尽规则的体例选择

在商标立法中规定商标权权利用尽规则,需要考量商标权权利用尽的内涵、要件、时间界限、地域范围、允许的商标使用方式等要素在法律规定表述中的取舍安排,以及有无例外规定、但书条款等问题,由此涉及关于商标权权利用尽规则的立法体例或模式的选择,是商标法规定商标权权利用尽规则应当首先解决的问题,本节拟对权利用尽规则在商标立法中的体例选择进行探讨。

一、商标权权利用尽规则的立法模式分析

世界范围内，在商标立法中规定商标权权利用尽规则主要采用“内涵 + 例外”立法模式和“内涵 + 条件”立法模式，前述两种立法模式各有特点，笔者拟对其分析如下：

（一）商标权权利用尽规则“内涵 + 例外”立法模式分析

“内涵 + 例外”立法模式是指商标法在规定商标权权利用尽具体内涵的同时，对于商标权权利用尽的例外情形也进行明确规定。目前，在商标立法中规定商标权权利用尽规则的国家中，大部分采用“内涵 + 例外”立法模式，例如，《欧盟商标条例》第 15 条、德国《商标和其他标志保护法》第 24 条、法国《知识产权法典》第 L. 713 –4 条规定、英国《商标法》第 12 条规定、新加坡《商标法》第 29 条规定均采用此种立法模式规定商标权权利用尽规则。

“内涵 + 例外”立法模式的特点在于：其一，在形式方面，对于商标权权利用尽的规定由“内涵”和“例外”两部分组成，立法表述通常采用但书条款方式，两部分的结合方可完整诠释商标权权利用尽的内涵和外延。其二，对于商标权权利用尽“内涵”的规定相对宽泛，“例外”情形虽然符合“内涵”规定，但不发生商标权的权利用尽。其三，将符合商标权权利用尽的内涵规定但不发生商标权权利用尽的例外情形以法律形式明确规定，为商标权人主张排除商标权权利用尽，以寻求商标权保护提供明确的法律依据。其四，在例外情形的规定中通常需要设置具体的条件性限制，使商标权权利用尽的例外规定更具可操作性和可执行性。

由上述商标权权利用尽规则“内涵 + 例外”立法模式的特点分析可知，以“内涵 + 例外”立法模式规定商标权权利用尽的法律后果在于，对于“内涵”的规定相对宽泛，“例外”条款的规定基于条件限制而更具严谨性和可执行性。因此，在“内涵 + 例外”立法模式下，通常会适用“例外”条款的规定判定被诉商标侵权的商标使用行为是否属于例外情形，并由此确定其是否适用商标权权利用尽规则，也即通过反向排除方式判定商标权权利是否用尽。

需要说明的是，采用“内涵 + 例外”立法模式规定商标权权利用尽规则，须

要相关权利用尽例外情形的规定明晰且确定,如果其中的立法表述用语较为抽象,则使得例外情形规定因边界模糊而难以界定,因此使得该规则具有被泛化适用或滥用的风险,难以实现其限制商标权以保障商品自由流通的立法意图。在分析德国、法国、英国等国家的商标立法关于商标权权利用尽例外情形的规定中发现,上述国家的商标立法普遍以"商品发生变化或损害"为商标权权利用尽的例外,与此同时亦通过"有正当理由或合法理由"为权利用尽例外留出弹性空间。笔者认为,商标权权利用尽规则作为对商标权的限制,是界定商标权边界的重要方式,其适用及例外应当明晰、确定,在商标权权利用尽例外的规定中设置弹性空间是应对立法滞后性的技术体现,但也会由于"正当理由或合法理由"的宽泛化使用,增加商标权权利用尽规则适用的不确定性,不利于规范商标权人及商品经营者的商标使用行为。比较而言,笔者更加赞同新加坡《商标法》第 29 条关于商标权权利用尽的规定,①该规定以"商品状况发生改变或者损害、在商品上使用商标会降低商标显著性"为商标权权利用尽的例外,在商品状况有改变或损坏而且降低商标显著性的双重要件下商标权不发生用尽,其中并无商标权权利用尽例外的弹性规定,使商标权权利用尽的例外情形明晰且确定。

(二)商标权权利用尽规则的"内涵 + 条件"立法模式分析

"内涵 + 条件"立法模式是指商标法在规定商标权权利用尽规则中明确规定商标权权利用尽的内涵、适用条件、地域范围、时间界限等要件,对于不适用商标权权利用尽的情形不予规定,也即并不涉及商标权权利用尽的例外规定。此种立法模式以《发展中国家商标、商号和不正当竞争行为示范法》第 20 条关于商标权权利用尽规则的规定为典型性代表。②

---

① 参见新加坡《商标法》第 29 条规定,尽管有第 27 条的规定,经注册商标所有人明示或默示同意(有条件或其他)将标识有其注册商标的商品投放至新加坡国内或国外市场,则在此产品上使用该商标不构成对注册商标的侵害。如果该商品的状况在投放市场后发生改变或者损害,并且在该商品上使用注册商标会以不公平的方式淡化注册商标的显著性特征,则不适用于第一款规定。See The Statutes of the Republic of Singapore Trade Marks Act (Chapter 332) [Revised Edition 2005, as amended up to the Supreme Court of Judicature (Amendment) Act 2019]。

② 参见《发展中国家商标、商号和不正当竞争行为示范法》第 20 条规定,商标注册不给注册所有人以权利,阻止第三者对于在该国在该商标名下合法销售的商品上使用该商标,只要这些商品没有任何变化。参见 Baidu 百科网,https://baike. baidu. com/item/发展中国家商标、商号和不正当竞争行为/6286149? fr = aladdin。

相比于“内涵+例外”立法模式,商标权权利用尽规则“内涵+条件”立法模式的特点在于:其一,将适用商标权权利用尽规则的时间起点、地域范围、商品有无变化或者变化的程度等要件在商标立法中进行明确规定,相关要件的规定即是决定商标权权利用尽与否的法律依据。其二,不规定商标权权利用尽的例外情形,也即符合立法中的要件规定但商标权权利不用尽的情形并不存在。因此,列入商标立法规定中的适用条件是商标权权利是否用尽的唯一法律依据。

在此种立法模式下,商品经营者在商品转售中对于商标权人注册商标的使用能否以商标权权利用尽而免于商标侵权的关键在于,其商标使用行为是否符合商标立法关于商标权权利用尽要件的规定。如果符合商标权权利用尽要件的规定,则商标权权利用尽;如果不符合要件规定,商标权权利则不用尽。由此看出,不同于“内涵+例外”立法模式通过规定例外情形排除商标权权利用尽方式确定商标权权利是否用尽,“内涵+条件”立法模式是从正面规定商标权权利用尽的要件,以此判定具体行为是否符合规定的要件,由此确定商标权权利是否用尽。“内涵+例外”与“内涵+条件”两种立法模式的主要区别在于是否在法律层面上认可商标权权利用尽的例外,此区别在本质上源于对商标权权利用尽界定方式的不同。前者可以通过相对宽泛的方式明确商标权权利用尽的内涵,决定商标权权利是否用尽的重点在于对权利用尽例外情形条款的设置;后者则须对权利用尽的要件以周延性提炼和概括,确保该要件对于相关案件具有普遍的适用性。

在现有的明确规定商标权权利用尽规则的商标立法例中,大多数国家采用“内涵+例外”立法模式,“内涵+条件”立法模式则较少适用。笔者认为,其原因除不同国家在立法传统方面有所不同之外,与各国在商标权保护与商品自由流通之间的倾向性取舍有关。有学者认为,以“内涵+例外”立法模式规定商标权权利用尽规则,为商标权保护在商标权权利用尽框架下提供可能。[①] 例如,法国作为世界奢侈品牌的集结地,为防止商品被分装或重装后重新投入市场,影响商标权人的原装商品市场,《法国知识产权法典》允许商标权人在商品发生改

---

① 参见刘铁光:《商标法基本范畴的界定及其制度的体系化解释与改造》,法律出版社2017年版,第149页。

变或损害的条件下主张商标权。[①] 笔者赞同该观点,在商标权权利用尽规则的立法规定中设置例外情形的确可以为商标权保护提供一定的弹性空间,但同时也增加了商标权权利用尽适用的不确定性,恐有违于将该规则引入商标立法规定的初衷。

二、我国规定商标权权利用尽规则的应然模式

(一)适用“内涵 + 条件”模式规定商标权权利用尽规则

根据前述关于“内涵 + 例外”模式和“内涵 + 条件”模式的特点分析与比较,笔者认为,我国商标立法规定商标权权利用尽规则应当采用“内涵 + 条件”立法模式,在确定商标权权利用尽的内涵、要件、限定等要素的基础上,以“内涵 + 条件”模式将相关要素在商标法中以明确规定,作为适用商标权权利用尽规则的法律依据。适用“内涵 + 条件”模式规定商标权权利用尽规则,可以把相关商标权权利用尽规则的立法重点放在对商标权权利用尽条件的规定上,在立法层面排除商标权权利用尽的例外情形,使立法规定较具周延性,减少司法适用中的不确定性,可以更好地实现商标权权利用尽规则的制度功能和立法本意。

首先,适用“内涵 + 条件”模式规定商标权权利用尽规则可以提高商标权权利用尽立法规定的周延性。从商标权权利用尽的制度功能、运行机理、法理基础等方面分析其内在要件,提炼出商标权权利用尽须要具备的条件,在正面角度为判定商标权权利是否用尽提供法律依据。此法律依据由于周延性而具有普遍的适用性,可以用于解释所有与商标权权利用尽相关的行为和现象,并不存在特殊情形的例外,也是适用商标权权利用尽规则的唯一依据,因此明晰而确定。

---

① 参见法国《知识产权法典》第七卷“制造、商业及服务商标和其他显著标记”第 L. 713 - 4 条规定:商标权所有人无权禁止他人在所有人本人或经其同意将带有该商标的商品投放欧洲经济共同体或欧洲经济空间的市场后使用该商标。但是,如有正当理由,尤其是投放市场后商品的状况有所改变或损坏的,商标所有人可禁止进一步的商业流通。参见黄晖、朱志刚译:《法国知识产权法典》(法律部分),载《十二国商标法》翻译组译:《十二国商标法》,清华大学出版社 2013 年版,第 53 页。

其次,适用“内涵+条件”模式规定商标权权利用尽规则可以提高法律适用的确定性,较具可操作性和执行性。在司法实践中,经营者未经商标权人许可使用其商标若具备权利用尽的条件,则适用商标权权利用尽,不构成商标侵权;如果不具备商标立法规定的权利用尽条件,则商品上的商标权不发生用尽,不经商标权人同意的商标使用构成商标侵权行为。法律适用的确定性有利于提高商标权人和商品经营者对商标使用行为的法律预期,为社会公众从事合法行为提供规范指引,避免商品经营者陷入商标侵权困境或者商标权人滥用商标权阻碍商品自由流通。

最后,适用“内涵+条件”模式规定商标权权利用尽规则可以更好地实现该规则的制度功能。依据商标权权利用尽规则的制度功能、运行机理及其法理学基础和经济学基础提炼出的适用条件,由于不存在例外情形的适用而较具确定性,从而避免受主观性倾向或政策性影响通过行使自由裁量权方式给予商标权以不合理保护,偏离权利用尽规则本身的初衷。因此可以较好地实现其限制商标权以保障商品自由流通、平衡商标权人利益和商品所有权人利益的制度功能。

(二)排除以“内涵+例外”模式规定商标权权利用尽规则

尽管目前多数国家选择“内涵+例外”模式规定商标权权利用尽规则,但笔者认为,我国商标法规定商标权权利用尽规则不宜适用“内涵+例外”模式。其原因在于,一方面,从商标权权利用尽的法律原理分析,笔者不赞同商标权权利用尽例外情形的存在;另一方面,从法律规则适用和立法技术角度分析,选择“内涵+例外”模式规定商标权权利用尽会增加法律适用中的不确定性。具体分析如下:

第一,适用“内涵+例外”模式规定商标权权利用尽规则须涉及对商标权权利用尽例外情形的规定。商标权权利用尽的例外,也可以理解为不适用商标权权利用尽规则的特殊情形,也即符合商标权权利用尽的内涵和要件,但基于特殊原因商标权并不发生权利用尽。笔者认为,商标权权利用尽例外情形与商标权权利用尽的内涵及要件在本质上是相矛盾和冲突的,例外情形的存在本身就说明商标权权利用尽的内涵及要件有失严谨,需要通过例外情形予以补充完善方能普遍适用于社会实践。正如有学者所言,对于特定的商标侵权行为,如果权利用尽理论无法进行解释,说明该理论存在不足,应该努力寻找更加合理、更具周延性的权利用尽理论，而不能以“例外”为由进行搪塞。[①] 如果通过商标权权利用尽内涵及要件的完善就可以解释相关权利用尽的商标使用是否构成商标侵权，则不需要也不适合以例外情形规定商标权权利用尽规则。根据本书第二章关于商标权权利用尽要件的分析，商标权人同意、商品具有同一性、商品真实信息充分披露三个要件可以对商标权权利用尽规则的适用作出周延性的解释，符合前述要件但商标权权利不发生用尽的例外情形并不存在。基于在前述商标权权利用尽内涵及要件前提下对例外情形的排除，笔者不赞同适用“内涵＋例外”模式规定商标权权利用尽规则。

第二，适用“内涵＋例外”模式规定商标权权利用尽规则会增加法律适用中的不确定性。以例外方式规定不适用商标权权利用尽规则的情形是从反方向对商标权权利用尽内涵的补充，也是确定商标权权利是否用尽的关键内容。为确保商标权权利用尽规则的可操作性和可执行性，需要以明晰且确定的方式对权利用尽的例外情形进行规定。现有适用“内涵＋例外”模式规定商标权权利用尽规则的国家或地区中，新加坡《商标法》以及我国香港地区《商标条例》以列举的方式将商标权权利用尽的例外情形规定为，商品发生改变或损害而且在商品上使用商标会有损于商标的显著性。[②] 此种有限列举方式较为清晰、明确，有利于在现阶段适用中实现法律的确定性，但有限的列举难以适应社会经济发展中出现的新现象，因此也存在滞后性和不稳定性等问题。《欧盟商标条例》、德国《商标与其他标志保护法》、法国《知识产权法典》、英国《商标法》则以列举加兜底方式规定商标权权利用尽的例外情形，[③]以“有正当理由或合法理由”方

① 参见凌宗亮：《论商标权效力存续的时空边界》，载《上海政法学院学报(法治论丛)》2016 年第 3 期。

② 参见新加坡《商标法》第 29 条第 2 款规定：“如果该商品的状况在投放市场后发生改变或者损害，并且在该商品上使用注册商标会以不公平的方式淡化注册商标的显著性特征，则不适用于第一款规定”；中国香港特别行政区《商标条例》第 20 条第 2 款规定：“如货品在推出市场后其状况已有所改变或已受损，且就该等货品而使用有关注册商标会对该注册商标的显著特性或声誉造成损害，则第(1)款不适用。”

③ 参见《欧盟商标条例》第 15 条第 2 款规定：商标所有人有禁止其商品进一步商业化的合法理由的，尤其是商品的情况在投入市场后发生了变化或损害，可不适用前款之规定；德国《商标与其他标志保护法》第 24 条第 2 款规定：在商标或商业标志的所有人有合法的理由反对对该商品的进一步商业利用的情况下，不应适用第 1 款，特别是在商品投入市场之后，该商品的状况发生变化或损害；法国《知识产权法典》第 L. 713－4 条后半段规定：但是，如有正当理由，尤其是投放市场后商品的状况有所改变或损坏的，商标所有人可禁止进一步的商业流通；英国《商标法》第 12 条第 2 款规定：对注册商标所有人有法律依据不同意进一步处理这些商品的(尤其是在商品投放市场后，商品的条件已发生变化或发生损害)，本条第 1 款不适用。

式规定使权利用尽的例外较具弹性空间，可以应对市场经营发展中的新问题，但弹性空间的存在也增加了权利用尽规则适用的不确定性，不利于商品经营者利益的保护。

第三节　我国商标法规定商标权权利用尽规则的条款设计

在我国商标法中规定商标权权利用尽规则，除第二节所探讨的立法模式之外，也同时涉及立法条款的设计和具体表述，而商标权权利用尽规则要件的确定和地域范围的选择则为条款表述中的核心要素。本节拟在法律原理分析、对其他国家或地区的立法借鉴以及司法适用考察的基础上，对商标权权利用尽规则的要件确定、地域范围以及立法条款的具体表述提出笔者的思考和建议。

一、商标权权利用尽规则要件之确定

综合本书第二章和第三章的分析探讨，笔者认为，我国商标法规定商标权权利用尽规则，应当将其要件确定为以下三个：第一，商品首次投放市场须经商标权人同意；第二，商品未发生实质性变化；第三，商品信息充分披露。具体论证如下：

（一）商标权权利用尽规则要件的法律原理分析

商标权权利用尽并非是商标权人注册商标专用权的终止，而是商标权人承载于特定商品上的商标权的用尽，以此限制商品权利的行使，使商品所有权人可以自由处分其享有所有权的商品，保障商品在市场经营中的自由流通，协调商标权与所有权并存于同一商品却分属于不同权利主体而产生的冲突和矛盾。但是，商标权权利用尽对商标权的限制须以商标权人承载于商品上的商标利益的实现为前提，也须以标识于商品上的商标的功能不受损害为条件，此为商标权权利用尽规则旨在平衡商标权人利益与商品所有权人利益的内在要求。而且，商标来源识别功能和品质保证功能的正常发挥也是保护消费者利益、维护

市场竞争秩序的重要路径。因此,商标权权利用尽规则要件的确定应以确保商标权人商标利益实现和商标功能不受损害为核心考量要素。

1. 商品经商标权人同意投放市场

基于商标权权利用尽是商标权人承载于商品上的商标权的用尽,为确保商标权人在商品上的商标利益的实现,应当将"商品首次投放市场须经商标权人同意"为商标权权利用尽的首要要件。承载于商品上的商标的价值可以通过商品的价格得到体现,商品在经商标权人同意而销售的情况下,商标权人在该商品上的商标利益已经通过商品的价格得以实现。商品除以销售方式投放市场之外,还可以通过赠与、分发等其他方式投放市场,尽管此种方式并非以销售价格方式直接体现商标利益,但依然可以通过促销、推广、广告等方式实现商标的价值。商品的首次投放市场只要是经商标权人同意的,则商标权人的商标利益在销售价格、广告宣传、用户体验、商誉积累等方式中得以实现。由于商标权人在该商品首次投放市场中已经取得其在该商品上的商标利益,基于不可重复获利这一基本法律原理,商标权人不应当以行使商标权为由继续控制其已投放市场的商品的后续流通环节。

应当说明的是,商品经商标权人同意投放市场可以是商标权人自己把商品投放市场,也可以是被许可人把商品投放市场;既可以是经商标权人明示同意投放市场,也可以是由商标权人的默示同意而投放市场。例如,在商标权人与商品经营者存在母子公司关系的情况下,基于二者之间在经济上的关联控制关系,由商品经营者将商品投放市场可以视为已取得商标权人的同意。

2. 商品未发生实质性改变

商标权权利用尽是经商标权人同意投放市场的商品上的商标权的用尽,不是商标权的终止,也不是所有商标商品上的商标权的用尽。不能基于商标权人将某一商标商品或部分商标商品投放市场,而将全部商标商品上的商标权权利均视为用尽,因为商标权人在未经其同意投放市场的其他商标商品上的商标利益并未实现。在此值得注意的是,经商标权人同意投放市场的商品在进入市场流通流域之后发生改变,改变后的商品是在原商品基础上的改变,其与原商品是否具有同一性应当根据商品的改变程度和改变方式综合判定。如果商品发生了较大程度的改变,使原商品的品质性能、外观等发生变化以致与原商品有质的不同,则改变后的商品与原商品实质上是两个不同的商品,与原商品不具有同一性。如果商品有所改变但与原商品并不存在实质上的差别,则依然是原商品,应当认定为与原商品具有同一性。因此,判断进入市场流通领域的商品与商标权人首次投放市场的商品是否具有同一性,应当以商品经商标权人同意投放市场后是否发生实质性改变为标准。基于此,笔者将商品未发生实质性改变确定为商标权权利用尽规则的要件。

以商品未发生实质性改变为商标权权利用尽要件,在强调发生权利用尽的商品与原商品具有同一性的基础上,从而把有所变化但并非实质性改变的商品也纳入商标权权利用尽的保护范围之内,为经营者从事商品分装销售、回收翻新销售等市场经营行为提供适度的法律空间,与社会经济的创新发展和循环经济发展理念相适应。

3. 商品信息的充分披露

商标具有来源识别、品质保证、商誉积累等功能,商标功能的正常发挥既是商标法保护商标权的初衷和最终目的,也是商标权人享有商标利益的重要体现,更是消费者节约商品搜索成本、避免发生混淆或误认的制度保障。基于此,商标权权利用尽规则虽然是对商标权人商标权利的限制,但应以商标功能不受破坏为前提。在商品经商标权人同意投放市场之后,如果发生非实质性改变,尽管与原商品仍然具有同一性,但在性能、品质等方面与原商品可能有所差别,在原商品经回收翻新后再销售的情形中尤为明显,为避免相关公众对其所购买的商品来源产生误解,需要经营者将商品的真实信息予以充分披露,以反映商标、商品、商标权人三者之间的真实关系。

商品真实信息的充分披露可以让相关公众把商品因非实质性改变而导致的质量、性能方面的差异与商标权人相分离,与商品的提供者相联系,从而不会对商标的商誉产生不良影响,也可以保障商标来源识别功能、品质保证功能不受破坏。商品信息的充分披露应当以相关公众知悉商品的真实情况为目的,因此,商品信息的披露应当真实、充分而且善意,将商品的相关情况标示于商品及其包装上,确保普通的消费者以一般的注意力即可以发现商品发生变化的信息,避免误导消费者对商品来源发生混淆、误认。

(二)商标权权利用尽规则要件在其他国家或地区的立法考察

目前,在商标立法中明确规定商标权权利用尽规则的国家或地区中,不管是采用“内涵+例外”立法模式,还是选择“内涵+条件”立法模式,均通过具体立法条款的表述将商标权权利用尽规则的要件嵌入其中。在考察德国、法国、英国、新加坡以及我国香港特区、台湾地区关于商标权权利用尽规则规定中,笔者对前述国家或地区规定的商标权权利用尽要件做如下分析:

第一,均以商品投放市场须经商标权人同意为要件。目前,在商标立法中明确规定商标权权利用尽规则的国家或地区中,尽管不同国家或地区的具体表述方式不尽相同,但均以商品经商标权人同意投放市场为商标权权利用尽规则的要件。例如,《欧盟商标条例》第15条以“商标所有人或他人经其许可将其商标下的商品投入欧盟市场”表述;德国《商标与其他标志保护法》第24条规定为“商标所有人或经其同意的其他人,将使用其商标或商业标志的商品投入……”;新加坡《商标法》第29条规定为“经注册商标所有人明示或默示同意(有条件或其他)将标识有其注册商标的商品投放至新加坡国内或国外市场”;我国香港特别行政区在《商标条例》第20条中规定“该等货品是由拥有人或经其同意(不论是明示或隐含的同意,亦不论是附有条件或不附条件的同意)而在该商标下推出市场”。前述规定有所不同的是,对于“商标权人同意”的界定不尽相同,新加坡以及我国香港特区将“商标权人同意”明确界定为“明示或默示同意”,有些国家或地区则以“同意”表述,具体的内涵在司法适用中予以界定。笔者认为,商标权人同意应当包括明示同意和默示同意,而且应当在商标立法中予以明确,避免出现司法适用中的差异和不统一。

第二,均以商品不发生改变或损害为要件。大部分国家或地区采用“内涵+例外”模式规定商标权权利用尽规则,将商品发生改变或损害规定为商标权权利用尽的例外情形,但从前述国家或地区的立法规定中均可以得出适用商标权权利用尽须以商品未发生改变或损害为要件。不同的是,对于“商品改变”的界定和表述不尽相同,《欧盟商标条例》第15条以“尤其是商品的情况在投入市场后发生了变化或损害,可不适用”表述;德国《商标与其他标志保护法》第24条规定为“特别是在商品投入市场之后,该商品的状况发生变化或损害”;新加坡《商标法》第29条规定为“该商品的状况在投放市场后发生改变或者损害,并且在该商品上使用注册商标会以不公平的方式淡化注册商标的显著性特征,则不适用”;我国香港特区在《商标条例》第20条中规定“货品在推出市场后其状况已有所改变或已受损,且就该等货品而使用有关注册商标会对该注册商标的显著特性或声誉造成损害,则不适用”。上述国家或地区普遍以“商品发生变化或损害”表述,对商品发生变化的程度和范围未予界定,是指任何变化抑或实质性变化不予明确,但《发展中国家商标、商号和不正当竞争行为示范法》第20条则明确规定为“商品没有任何变化”。事实上,对商品变化程度的界定关系到对商标权人和商品经营者利益保护的倾向,也会影响商品经营方式的发展转变。笔者认为,在不破坏商标功能的前提下,为推动商品的自由流通,应当采用扩大化理解,将商品变化界定为实质性变化,允许非实质改变的商品适用商标权权利用尽规则。

第三,并未明确规定商品信息充分披露要件。在商标立法中明确规定商标权权利用尽规则的国家或地区中,大部分国家或地区并未要求经营者应当对商品的信息进行充分披露,笔者分析,在将“商品不发生变化”狭义界定为不发生任何变化的情况下,商品的具体信息已在原商品上标识,经营者转售的商品是未发生任何变化的商品,自然无须再有相关信息的披露。如果转售商品相比原商品有所改变,则不能适用商标权权利用尽规则,使用原商标销售商品会构成商标侵权。但也有少数例外,比如,新加坡《商标法》第29条规定中以“该商品的状况在投放市场后发生改变或者损害,并且在该商品上使用注册商标会以不公平的方式淡化注册商标的显著性特征,则不适用”表述;再如,我国香港地区在《商标条例》第20条中规定“货品在推出市场后其状况已有所改变或已受损,且就该等货品而使用有关注册商标会对该注册商标的显著特性或声誉造成损害,则不适用”表述。从中看出,新加坡《商标法》以及我国香港地区在《商标条例》中规定商标权权利用尽规则的条件有所不同,在商品不发生改变或损害的基础上,附加使用注册商标不会损害商标的显著性。笔者认为,前述规定中关于商标显著性不受损害附加条件的表述已经涉及对商标功能的保护。在允许有所变化但并非实质性改变的商品适用商标权权利用尽的情况下,商品信息充分披露也是维护商标功能正常发挥的重要路径,有必要将其作为适用要件进行规定。

(三)商标权权利用尽规则要件在其他国家和地区的司法适用

1. 商标权权利用尽规则要件在欧盟的司法适用

欧盟及其成员国普遍在商标立法中明确规定商标权权利用尽规则,对于商标权权利用尽的判断有明确的商标立法规定，司法实践中，通常根据法律规定作为商标权权利用尽规则的适用条件。值得强调的是，欧共体范围内的权利用尽规则，是由欧共体法院以《欧共体条约》第 28 条和第 30 条为基础，通过判例所确立的原则。[①] 其中，关于商标权权利用尽，主要在 Winthrop 典型案例中得以确立，随后在相关判例中进一步提炼商标权权利用尽规则的具体适用要素。在 Winthrop 案例中，欧共体法院认为，由商标所有人或经其同意将相关产品在其他成员国投入市场之后，该商标所有人依据其在本国法律中享有的权利，阻止相关产品进入该国市场销售，会违反《欧共体条约》所确立的“商品在共同体市场内自由流动的规则”。[②]

按照欧共体法院的相关判决，商标权人同意是适用商标权权利用尽规则的关键要素，也是欧共体法院审理商标权权利用尽案件的分析重点。商标权人同意大致包括商标权人自己销售或者经其许可由他人销售两种情形，前者从商标权人自己的销售行为可以作出判断，后者则需要依据合同、隶属关系等具体分析。在 1994 年的 Idea Standard 案中，欧共体法院在判决中指出：商品由商标权人同意在出口国投入市场后，商标权人不得依据成员国法律阻止该商品在进口国销售，否则会违反《欧共体条约》第 28 条和第 30 条规定。此为“权利用尽”，适用于进口国商标所有人与出口国商标所有人为同一人，或者二者具有母子公司关系、共同附属于某一集团等经济联系的情形。[③]

2. 商标权权利用尽规则要件在美国的司法适用

在美国、日本以及包括我国在内的一些国家，商标权权利用尽规则并未在商标立法中得以明确规定，司法实践中也会出现有关经营者在商品转售中使用原商标而引发的商标侵权纠纷，由此涉及商标权权利用尽规则的适用问题。笔

---

① 参见李明德、闫文军等：《欧盟知识产权法》，法律出版社 2010 年版，第 96 页；《欧共体条约》第 28 条规定：成员国之间，应当禁止有关进口的配额限制，以及所有的具有同等效力的措施。第 30 条规定：第 28 条和第 29 条的规定，对于禁止或限制商品进口、出口或者转口的某些措施，不应当适用，只要这些禁止或者限制是基于：公共道德、公共政策和公共安全；保护人类的健康和生命，保护动物和植物；保护具有艺术、历史和考古价值的国家宝物；以及保护工商业产权。但是这种禁止或者限制，对于成员国之间的贸易来说，不应当构成任意歧视的手段，或者隐蔽的限制。

② See Centrafarm BV et Adriaan de Peijper v. Winthrop BV, Judgment of the Court of 31 October 1974, Case 16/74. 关于该案件的详情，参见本书第四章部分。

③ See Judgement of the Court of 22 June 1994, Case C – 9/93 – IHT International Heiztechnik GmbH and Uwe Danzinger v. Ideal-Standard GmbH and Wabco Standard GmbH.

者在此以美国为例,考察商标权权利用尽规则要件的司法适用情况。

司法实践中,关于商品经营者对于商标权人商标的使用是否构成商标侵权的问题,美国法院一般适用混淆可能性标准,依据商品经营者的商标使用行为是否欺骗、误导消费者作出判断,在判决说理部分通常不涉及对商标权权利用尽规则的适用条件以及是否适用的说明。值得注意的是,笔者在梳理商品重新包装、修理、平行进口等相关商标权权利用尽的一系列案例中发现,美国法院在判断经营者的商标使用行为是否存在欺骗、误导消费者以及是否具有混淆可能性的过程中,会将经营者经销的商品是否为真品(由商标权人生产或经其同意生产的商品)、经销商品与原商品相比是否发生实质性变化、具体的商标使用行为是否会误导消费者等方面作为具体的考量要素。

例如,在 Chloride 公司诉 Henry 公司商标侵权案中,Henry 公司从汽车电池生产厂商 Chloride 公司购买未贴附任何标记的电池后,标识 Henry 公司名称和 Chloride 公司商标并在市场上销售,Chloride 公司认为 Henry 公司侵犯其商标权。初审法院认为,Henry 公司销售的是真实的由 Chloride 公司生产的电池。第八巡回上诉法院认为,Henry 公司销售的电池是真品,而且未对产品作出任何改变,对于商标权人商标的使用是用于说明商品的真实情况,不可能造成消费者混淆,不构成商标侵权。①

再如,在 Champion 公司诉 Sanders 公司商标侵权案中,Sanders 公司回收使用过的 Champion 火花塞,经修理后标识原商标再行销售,Champion 公司认为 Sanders 公司在销售修理后的火花塞上使用其商标构成商标侵权。美国最高法院认为,火花塞虽然是使用和修理过的,但确为 Champion 公司制造。修整后的火花塞即使达不到新产品的质量标准,但在充分披露信息的前提下,使用原商标不会引起消费者混淆,因此允许 Sanders 公司在标识"修理"字样后可以使用原商标销售回收修理后的火花塞。②

由此得知,如果经营者销售的商品确为商标权人或被许可人生产并投放市场的商品,在重新包装或修理中没有发生实质性变化,商标使用行为对商品的真实情况作以说明不存在欺骗、误导消费者情形,则认定经营者的商标使用行

---

① See Henry v. Chloride, Inc., 809 F. 2d 1334 (8th Cir., 1987).

② See Champion Spark Plug Co. v. Sanders, 331 U. S. 125 (1947).

为不构成商标侵权。从前述美国法院认定商标侵权的具体考量因素不难得知，其与商标权权利用尽规则的具体适用要件存在契合之处。尽管美国的商标立法以及司法实践并没有商标权权利用尽规则的具体规定与明确适用，但在实质意义上依然将商标权权利用尽规则的具体适用要件作为判定商标侵权行为成立与否的考量要素，也可以说是商标侵权行为成立的排除事由。

综上所述，笔者将商标权权利用尽规则的要件确定为商标权人同意、商品未发生实质性改变和商品信息充分披露。前述要件的设定旨在限制商标权利行使的同时，确保商标权人商标利益的实现，保障商标功能得以正常发挥，在商标权人与商品所有人之间取得适度的利益平衡，达致商标权保护与公平竞争和贸易自由的最佳契合。

二、商标权权利用尽规则的地域之选择

通过对商标权权利用尽规则地域范围的分析，在考察域外商标立法规定的基础上，结合我国的具体国情，笔者认为，我国目前应当将商标权权利用尽规则的地域范围限定在国内，实行商标权国内用尽。

（一）商标权权利用尽规则的地域范围分析

1. 对于商标权权利用尽规则地域范围的解释

一方面，商标权具有地域性，商标权权利用尽须以有效的商标权的存在为前提，商标权权利用尽应当是在商标授权确权国主权领域范围内的用尽，也即本国商标权在本国地域的用尽。因此，从字面意义理解，商标权权利用尽规则的地域范围应当是国内用尽，不可能存在国际用尽，除非有世界商标或国际商标的存在。① 另一方面，商品在一国市场的投放并不能当然地导致同一主体对相同商标在其他国家享有的商标权的用尽，因为商品首次投放市场国的法律不可能决定其他国家商标权的效力，商标权是否用尽应由该商标的授权确权国的商标法所决定，本国的商标法规定不能对其他国家的商标权的效力状态具有约束力。

① 参见刘明江：《商标权效力及其限制研究》，知识产权出版社2010年版，第292页。

应当肯定的是,基于商品在其他国家被首次投放市场的行为,本国商标法可以对本国的商标权的效力予以限制,但应当以商标法的明确规定为前提条件。例如,在本国商标法中规定,商品在世界范围内任一国家或地区被首次投放市场,则该商品上标识的商标在本国的商标权用尽,此为学界通称的“国际用尽”。因此,基于问题研究探讨的需要,本书在此与学界通常意义上所指的商标权权利用尽的地域范围相一致,商标权权利用尽规则的地域范围并非是指该规则本身具有法律效力的地域范围,而是指以商品首次投放市场的地域范围作为本国商标权权利是否用尽的依据。

2. 商标权权利用尽规则地域范围的类型分析

商标权权利用尽规则的地域范围有国际用尽、区域用尽和国内用尽三种类型。其中,国际用尽是指商品在世界范围内任一国家或地区投放市场,即视为本国商标权权利用尽;区域用尽是指商品在某一特定区域内投放市场,即视为本国商标权权利用尽;国内用尽是指只有商品在本国范围内投放市场,才视为本国商标权权利用尽。在国际用尽、区域用尽和国内用尽三种类型中,国际用尽更有利于商品在世界范围内的自由流通,商标权人一旦将其商标商品在任意角落投放市场,则其在该商品上承载的在世界不同国家的商标权全部用尽。国内用尽则将商品的自由流通局限于本国市场之内,商标权人在商品上享有的商标权不因该商品在其他国家市场的投放而用尽,仍然可以依据其在本国的商标权而控制该商品在本国市场的销售流通,因此可以为商标权人提供较强的商标权保护。

通常情况下,允许首次投放在本国之外一定区域市场或者国际市场上的商标商品适用商标权权利用尽,也即适用商标权的区域用尽或者国际用尽需要在商标立法中明确规定,对此未予规定的则视为商标权权利用尽的地域范围为国内用尽。

(二)商标权权利用尽规则地域范围在其他国家和地区的立法考察

笔者在考察其他国家或地区规定商标权权利用尽规则的立法例中发现,不同国家或地区对于商标权权利用尽规则地域范围的规定不尽相同,具体分析如下:

第一,欧盟及其成员国规定商标权区域用尽分析。根据《欧盟商标条例》第

15 条规定，商标权人将其商标商品投入“欧盟市场”后，无权禁止与该商品相关的商标使用；由德国《商标与其他标志保护法》第 24 条规定得出，使用商标的商品投入“德国、欧洲联盟其他成员国或其他欧洲经济区协定缔约国市场”后，商标权人无权禁止商标在该商品上的使用；根据法国《知识产权法典》第七卷“制造、商业及服务商标和其他显著标记”第 L. 713 – 4 条规定，商标权人将商标商品投放“欧洲经济共同体或欧洲经济空间的市场”后，无权禁止他人在该商品上使用该商标；由英国《商标法》第 12 条规定可知，在已经投放“欧洲经济地区市场”的商品上使用该商标不构成商标侵权。前述商标立法的共同点在于，由商标权人同意将商品投放在欧洲经济市场是该商标权在本国发生权利用尽的地域范围选择，也即以商品在欧洲区域市场的投放作为本国商标权权利用尽的地域条件。此种地域范围的选择有利于商品在欧洲市场的自由流通，是建立并发展欧洲经济共同体的法律推动器。

第二，新加坡及我国香港特区规定商标权国际用尽分析。根据新加坡《商标法》第 29 条规定，商品投放至“新加坡国内或国外市场”后，在此产品上使用商标不构成商标侵权；由我国香港特区《商标条例》第 20 条规定可知，就某些已在“世界上任何地方”推出市场的货品而使用某注册商标，不侵犯该注册商标；根据前述商标立法规定，商标商品在世界任意地方投放市场均会导致商标权人在该商品上的商标权权利用尽，为商品在世界范围内的自由流通排除商标侵权障碍，有利于推动国际贸易的自由发展。

第三，《发展中国家商标、商号和不正当竞争行为示范法》规定商标权国内用尽分析。根据《发展中国家商标、商号和不正当竞争行为示范法》第 20 条规定，商标权人无权阻止他人对于“在该国”在该商标名下合法销售的商品上使用该商标。从中看出，该示范法选择商标权权利用尽规则的地域范围为国内用尽，只有商品在国内市场的投放才会导致该商品上商标权的权利用尽。比较而言，国内用尽可以为商标权人提供相对高的商标权保护，但不利于商品在国际范围内的自由流通。笔者认为，该示范法适用商标权的国内用尽与发展中国家的经济发展水平和贸易发展水平相适应。

（三）我国商标权权利用尽规则地域范围的应然选择

由前述商标权国际用尽、区域用尽和国内用尽的分析以及不同国家或地区的不同选择看出，商标权权利用尽规则地域范围的选择关系到商标权人权利保护和消费者利益保护以及国家的经济贸易发展趋向问题，在商标权保护与消费者利益保护和经济贸易自由发展有冲突或矛盾时，商标立法即面临在前述不同主体之间的权衡和取舍，其中需要更多地考虑国家的经济发展现状和国际贸易政策。

如果选择国际用尽，会为商品在世界范围内的自由流通消除商标侵权壁垒，有利于推动国际贸易的自由发展，也为消费者提供更多的消费选择。但同时会打破商标权人通过注册商标取得的市场垄断地位，有损于商标权人的利益保护，随之会产生平行进口商免费搭乘商标权人的商誉便车以及商品的售后服务等问题，不利于商标权人通过提高商品质量、售后服务、广告宣传等方式打造商标知名度以提升商誉，最终也会有损于消费者利益，并对国内的市场竞争秩序和经济发展产生影响。重要的是，实行商标权国际用尽同时涉及国家在国际经济贸易中的政策取向，有学者因此提出此为国家政策问题，并非纯粹的商标法律问题。① 正因如此，TRIPS 在第一部分第 6 条规定，本协定的任何规定不得用于处理知识产权的权利用尽问题。不难得知，TRIPS 对于包括商标权在内的知识产权的权利用尽问题不予规定，而是采取回避方式以应对成员国在权利用尽的适用条件、地域以及例外等方面存在的分歧，也是将权利用尽的具体规则交由各成员国自行设置。

笔者认为，我国商标法在目前应当选择商标权的国内用尽。一方面，在当前国际政治、经济、贸易环境较为复杂多变的环境下，国家的经济贸易政策需要适时调整，从法律应当具有稳定性的角度考量，此时不便于将国家在经济贸易方面的政策取向规定在商标立法中，应当采取较为保守的立法态度，商标权国内用尽是对商品在国内市场流通中商标权的限制，不涉及国际贸易问题。另一方面，对于发展中国家而言，基于经济发展水平和贸易发展程度的差异，笔者倾向于对国内市场采取一定的贸易保护政策，实行商标权国内用尽可以对国内商标权人利益以较高程度的保护，为国外市场商品进入国内市场设置一定的商标权门槛。《发展中国家商标、商号和不正当竞争行为示范法》采取商标权国内用尽的规定更适合发展中国家的实际国情，值得我国借鉴。我国作为发展中国家

---

① 参见王迁：《知识产权法教程》（第 5 版），中国人民大学出版社 2016 年版，第 492 页。

的大国地位并未发生改变,在生产力水平以及经济、科技、贸易发展与发达国家尚存差距的情况下,对于商标权用尽的地域范围,应当采取保守态度,适用商标权的国内用尽较为稳妥。

对于平行进口问题,鉴于相同商标在进、出口国的商标权主体具有同一性或者存在母子公司等关联控制关系,在符合前述商标权权利用尽要件的情况下,可以变通性适用商标权权利用尽规则,也即适用商标权权利用尽规则有条件允许平行进口,从而为平行进口的商标商品适用商标权权利用尽规则预留一定的空间,但由国务院以另行规定方式予以明确更为适宜。目前,我国已经在特定领域内进行平行进口试点,例如,上海市商务委等8部门印发《关于促进中国(上海)自由贸易试验区平行进口汽车试点工作的实施意见》的通知,在汽车领域内允许平行进口。基于商标商品平行进口行为的特殊性,以及司法实践和贸易发展的需要,应当为符合相应条件的平行进口提供适用商标权权利用尽规则的可能性和可行性。

三、商标权权利用尽规则条款之表述

(一)商标权权利用尽规则在我国商标立法中的具体表述

鉴于商标权权利用尽是商标权限制制度的重要内容,应当将商标权权利用尽作为商标权的限制情形引入商标立法中。我国现行商标法在"第七章　注册商标专用权的保护"部分第59条采用列举方式对商标权的三种限制情形予以规定,笔者建议在《商标法》第59条规定中增加第4款规定以明确商标权权利用尽规则,为商标权权利用尽作为商标侵权的法定抗辩事由提供法律依据,也为其具体适用提供规则指引。在前述分析论证商标权权利用尽规则的体例选择、要件确定、地域范围的基础上,可以将商标权权利用尽规则条款具体表述为:由商标权人同意将附有注册商标之商品投入市场后,商标权人不得对该商品主张商标权,以该商品未发生实质性变化并且商品信息充分披露为条件。

由以上立法表述建议可以看出,商标权权利用尽的对象为由商标权人同意投入市场的贴附注册商标的商品,自商品投入市场之后其承载的商标权用尽,用尽的权利内容是特定商品上全部商标权的用尽,以商品未发生实质性变化和商品信息披露为条件。

(二)商标权权利用尽规则条款表述的具体阐释

笔者从以下方面对商标权权利用尽规则条款的表述进行具体阐释:第一,采用“内涵+条件”立法模式规定商标权权利用尽规则。与“内涵+例外”立法模式不同,此种表述并不涉及商标权权利用尽的例外情形,而是将商标权权利用尽规则的条件嵌入立法条款的具体表述中,从正面为该规则的具体适用提供法律依据和规范指引。符合该条件则商标权权利用尽,不具备适用条件则特定商品上的商标权不用尽,使商标权权利用尽规则明晰、确定,而且更具周延性和严谨性。第二,将商标权权利用尽规则的要件确定为商标权人同意、商品未发生实质性变化和商品信息充分披露。一方面要求权利用尽的商品须是经商标权人同意投放市场的商品,确保商标权人在该商品上的商标利益已经实现;另一方面要求商品在进入市场流通领域之后未发生实质性变化,在主张权利用尽的商品与商标权人投入市场的商品具有同一性的前提下,为商品经营者从事商品分装、翻新、加工等一定程度改变后再销售适用商标权权利用尽规则留出适度的法律空间,同时通过商品信息充分披露将商品由非实质性改变导致品质的变化与商标权人相分离,保障商标来源识别、品质保证等功能不受破坏。第三,规定商标权权利用尽规则的地域范围为国内市场。以商品在国内市场的投放作为该商品上商标权用尽的地域选择,商标权人在国外市场销售商品不会导致该商品在本国商标权的用尽,给商标权人以相对高的商标权保护。对于销售平行进口商品是否适用商标权权利用尽问题在立法中不予明确回应,较为模糊的立法态度为平行进口商品条件性适用商标权权利用尽规则留出一定的空间,也为相关部门针对平行进口问题出台具体规定留出空间。

本章小结

商标权权利用尽是商标权限制制度的重要内容,理应作为法定的商标侵权抗辩事由和判定商标侵权行为成立的前置性排除要件,有必要在我国商标法中明确规定商标权权利用尽规则，既是完善商标法律制度的需要，也是规范商标权司法保护的需要，也有利于顺应社会经济发展的现实需求，推动经济贸易的自由发展。同时，也为商标权人合理行使商标权和经营者从事多元化市场经营行为提供合理的规范指引和法律预期，以确保市场行为和交易的安全性。

世界范围内，在商标立法中规定商标权权利用尽规则主要采用"内涵 + 例外"立法模式和"内涵 + 条件"立法模式。"内涵 + 例外"立法模式是指商标法在规定商标权权利用尽具体内涵的同时，对于商标权权利用尽的例外情形也作以明确规定，立法表述通常采用但书条款方式，将符合商标权权利用尽的内涵但不发生商标权权利用尽的例外情形以法律形式明确规定，为商标权人主张排除商标权权利用尽，以寻求商标权保护提供明确的法律依据。目前，在商标立法中规定商标权权利用尽规则的国家，大部分采用"内涵 + 例外"立法模式。"内涵 + 条件"立法模式是指商标法在规定商标权权利用尽规则中明确规定商标权权利用尽的内涵、适用条件、地域范围、时间界限等要件，对于不适用商标权权利用尽的情形不予规定，也即并不涉及商标权权利用尽的例外规定。此种立法模式以《发展中国家商标、商号和不正当竞争行为示范法》关于商标权权利用尽规则的规定为典型性代表。我国商标立法规定商标权权利用尽规则应当采用"内涵 + 条件"立法模式，将相关要素在商标法中以明确规定，作为适用商标权权利用尽规则的法律依据，在立法层面排除商标权权利用尽的例外情形，使立法规定较具周延性，减少司法适用中的不确定性，可以更好地实现商标权权利用尽规则的制度功能和立法本意。

我国商标法应当将商标权权利用尽规则的要件确定为：商品首次投放市场须经商标权人同意、商品未发生实质性变化和商品信息充分披露。在限制商标权人商标权利的同时，确保商标权人商标利益实现和商标功能不受损害，以协调商标权与所有权并存于同一商品却分属于不同权利主体所产生的冲突和矛盾，平衡商标权人利益与商品所有权人利益。在地域范围方面，基于我国作为发展中国家的基本国情以及在经济发展水平、贸易发展程度的差异，应当采取较为保守的立法态度，实行商标权国内用尽。在此基础上，将商标权权利用尽规则条款具体表述为：由商标权人同意将附有注册商标之商品投入市场后，商标权人不得对该商品主张商标权，以该商品未发生实质性变化并且商品信息充分披露为条件。

结 论

商标作为区别同类商品或者服务的标志，须实际使用于具体的商品或者服务中以发挥其来源识别、品质保证等功能。由此，在标识有注册商标的同一商品上会并行存在物权和商标权两种权利，随着商标商品的首次售出，该商品上承载的物权与商标权的权利主体会发生分离，由物权与商标权的专有权属性决定，不同权利主体对于同一商品分别行使物权与商标权，权利冲突不可避免。例如，商品所有人在转售或处分其合法取得的商品时，通常会在商品上继续保留其原有的注册商标，根据我国《商标法》第57条规定，未经商标权人许可在销售商品中使用商标权人的注册商标将会构成商标侵权。商标权权利用尽规则作为协调同一商品上由商标权与物权并存引发权利冲突的重要制度安排，通过对商标权人投入市场的商品上的商标权的限制，确保商品在市场交易中的自由流通，在商标权人与商品所有人之间实现利益平衡，同时防止商标权利滥用。

依据商标权权利用尽规则，标识有商标权人注册商标的商品，在由商标权人或被许可人将其合法投入市场后，商标权人不得对该商品主张商标权利，以此限制商标权人商标权利的行使。但是，商标权权利用尽有其适用条件限制：其一，商品进入市场流通领域须经商标权人同意，明示同意和默示同意均可认定为商标权人同意。其二，经商标权人同意投入市场的商品与适用商标权权利用尽的商品为同一商品,其在投入市场之后并未发生实质性变化。其三,商品经过重新包装或者回收、修理等方面的真实信息需要充分披露,以避免消费者产生混淆或误认。此外,商标权权利用尽为特定商品上的商标权的用尽,始于商品的首次销售,适用于商品流通过程中,包括旧物回收后再次进入市场销售的二次流通。商标权权利用尽的权利内容包括使用权和禁止权的全部用尽,其地域范围一般应为国内用尽。

商标权权利用尽具有绝对性,不因商标权人与经营者或其他主体之间的约定而改变。在原商品状况发生改变后,若再售商品相比原商品未发生实质性变化,且充分披露商品的真实信息,确保商标功能不受破坏,则可以适用商标权权利用尽规则。在平行进口商品的转售中,如果商品上贴附的商标在进口国和出口国分别取得商标权,在两个商标权的权利主体为同一人或者具有母子公司关系或者共同从属于某一主体的情况下,虽然实质上为两个不同的商标权,但基于商标权人之间所具有的同一性关系,可以将同一商标权主体在进口国和出口国分别享有的两个商标权视为同一个商标权。在此前提下,平行进口的商标商品由出口国商标权人或经其同意合法投入市场,进口商在出口国以合法途径取得该商品并在进口国市场销售,在平行进口的商标商品与进口国商标权人销售的商品不存在实质性差别的情况下,与商标权权利用尽规则的适用要件具有契合之处,可以适用商标权权利用尽规则规制商标商品的平行进口。

商标权权利用尽是对商标权利的限制,对于私权利的限制须以符合法律规定为前提。但是,我国现行商标立法并未明确规定商标权权利用尽,商标权权利用尽也并非商标侵权的法定抗辩事由,使商标权权利用尽的具体规则并不明晰,也使商标权限制制度有失完整。司法实践中,商标权权利用尽抗辩难以得到审理法院的明确支持。基于此,有必要在我国商标立法中明确规定商标权权利用尽规则。我国应当采用“内涵 + 条件”模式规定商标权权利用尽,以强调对于商标权权利用尽规则适用条件和适用限制的规定,从正面阐释商标权用尽的本质,使得商标权用尽的内涵得以更加明确。具体立法条款可以表述为:由商标权人同意将附有注册商标之商品投入市场交易,商标权人不得对该商品主张商标权,以该商品在市场流通中未发生实质性变化为条件。

商标权权利用尽涉及商标权人、商品所有人以及消费者等不同主体的利益,关系到商标权保护与商品自由流通之间的冲突与协调,也会影响国家的市场经济秩序和国际贸易政策。在商标立法中明确规定商标权权利用尽规则,既是对商标权限制制度体系的完善,又有助于商标权边界的合理确定,也为经营者从事商品经营行为提供规范性指引。笔者通过对商标权权利用尽规则制度功能、构成要件、适用限定等问题的分析,为商标权权利用尽规则在商标立法中的构建提出建议,期待对我国商标法律制度的完善有所裨益。

因研究能力所限,笔者对商标权权利用尽问题的研究多聚焦于法学领域,经济学理论的分析与运用不够深入,对于国际贸易形势以及我国贸易政策的研究则较少涉及,在研究视野方面有失广度。受限于语言障碍,对于国外判例文献的研究多为英文资料,在德国、法国、日本商标权权利用尽规则方面的研究多局限于译著和现有研究成果,一手文献资料的收集不够全面,研究有待深入,前述不尽完美之处,将在进一步研究中予以完善。

参考文献

一、著作及译著类

1. 郑成思:《知识产权论》,社会科学文献出版社 2007 年版。

2. 吴汉东等:《知识产权基本问题研究》(第 2 版)(总论、分论),中国人民大学出版社 2009 年版。

3. 李明德:《美国知识产权法》(第 2 版),法律出版社 2014 年版。

4. 李明德、闫文军等:《欧盟知识产权法》,法律出版社 2010 年版。

5. 李明德、闫文军:《日本知识产权法》,法律出版社 2020 年版。

6. 何敏:《知识产权法总论》,上海人民出版社 2011 年版。

7. 王莲峰:《商标法学》(第 3 版),北京大学出版社 2019 年版。

8. 王迁:《知识产权法教程》(第 6 版),中国人民大学出版社 2019 年版。

9. 陶鑫良、袁真富:《知识产权法总论》,知识产权出版社 2005 年版。

10. 马乐:《国际知识产权贸易中平行进口法律规制研究》,法律出版社 2011 年版。

11. 王春燕:《平行进口法律规制的比较研究》,中国人民大学出版社 2012 年版。

12. 王太平:《商标法:原理与案例》,北京大学出版社 2015 年版。

13. 卓泽渊:《法的价值论》,法律出版社 2006 年版。

14. 刘茂林:《知识产权法的经济分析》,法律出版社 1996 年版。

15. 冯术杰:《商标法原理与应用》,中国人民大学出版社 2017 年版。

16. 李阁霞:《论商标与商誉》,知识产权出版社 2014 年版。

17. 冯晓青主编:《商标侵权专题判解与学理研究》,中国大百科全书出版社 2010 年版。

18. 冯晓青:《知识产权法利益平衡理论》,中国政法大学出版社 2006 年版。

19. 冯晓青:《知识产权权利正当行使(权利限制)专题判解与学理研究》,中国大百科全书出版社 2010 年版。

20. 刘宁:《知识产权若干理论热点问题探讨》,中国检察出版社 2007 年版。

21. 杜颖:《商标法》(第 3 版),北京大学出版社 2016 年版。

22. 杜颖:《社会进步与商标观念:商标法律制度的过去、现在和未来》,北京大学出版社 2012 年版。

23. 黄晖:《商标法》(第 2 版),法律出版社 2016 年版。

24. 曾陈明汝:《商标法原理》,中国人民大学出版社 2003 年版。

25. 徐升权:《商标法:原理、规范与现实回应》,知识产权出版社 2016 年版。

26. 姚鹤徽:《商标法基本问题研究》,知识产权出版社 2015 年版。

27. 姚鹤徽:《商标混淆可能性研究》,知识产权出版社 2015 年版。

28. 李扬:《商标法基本原理》,法律出版社 2018 年版。

29. 刘明江:《商标权效力及其限制研究》,知识产权出版社 2010 年版。

30. 刘铁光:《商标法基本范畴的界定及其制度的体系化解释与改造》,法律出版社 2017 年版。

31. [日]田村善之:《日本知识产权法》(第 4 版),周超、李雨峰、李希同译,知识产权出版社 2011 年版。

32. [美]谢尔登 · W. 哈尔彭、克雷格 · 艾伦 · 纳德、肯尼思 · L. 波特:《美国知识产权法原理》,商务印书馆 2013 年版。

33. [德]黑格尔:《法哲学原理》,范扬、张企泰译,商务印书馆 1995 年版。

34. [美]E. 博登海默:《法理学:法律哲学与法律方法》,邓正来译,中国政法大学出版社 2004 年版。

35. [美]罗伯特 · 考特、[美]托马斯 · 尤伦:《法和经济学》(第 6 版),史晋川、董雪兵等译,格致出版社、上海三联书店、上海人民出版社 2012 年版。

36. [美]A. 米切尔 · 波林斯基:《法和经济学导论》(第 3 版),郑戈译,法律出版社 2009 年版。

37. 吕明瑜:《知识产权垄断的法律控制》,法律出版社 2013 年版。

38. [日]森智香子、[日]广濑文彦、[日]森康晃:《日本商标法实务》,北京林达刘知识产权代理事务所译,知识产权出版社 2012 年版。

39. 李龙:《日本知识产权法律制度》,知识产权出版社 2012 年版。

40. 杨和义:《日本知识产权法》,北京大学出版社 2014 年版。

41. 高富平主编:《民法学》(第 2 版),法律出版社 2009 年版。

42. 王利明、杨立新、王轶、程啸:《民法学》(第 3 版),法律出版社 2011 年版。

43. 王泽鉴:《民法总则》,北京大学出版社 2009 年版。

44. 韩世远:《合同法总论》(第 4 版),法律出版社 2018 年版。

45. 中国人民大学知识产权教学与研究中心:《十二国商标法》,中国人民大学知识产权学院《十二国商标法》翻译组译,清华大学出版社 2013 年版。

46. 孔祥俊:《商标法适用的基本问题》(增订版),中国法制出版社 2014 年版。

47. 王利明:《合同法研究》(第 1 卷)(修订版),中国人民大学出版社 2011 年版。

48. 黄晖:《郑成思知识产权文集》(商标和反不正当竞争卷),知识产权出版社 2017 年版。

49. [澳]彼得 · 德霍斯:《知识财产法哲学》,周林译,商务印书馆 2017 年版。

50. [美]威廉 · M. 兰德斯、[美]理查德 · A. 波斯纳:《知识产权法的经济结构》(第 2 版),金海军译,北京大学出版社 2016 年版。

51. [美]理查德 · A. 波斯纳:《法律的经济分析》,蒋兆康译,中国大百科全书出版社 1997 年版。

52. 吴汉东:《知识产权多维度学理解读》,中国人民大学出版社 2015 年版。

53. 吴汉东:《无形财产基本问题研究》(第 3 版),中国人民大学出版社 2013 年版。

54. [美]罗伯特·P. 莫杰思:《知识产权正当性解释》,金海军、史兆欢、寇海侠译,商务印书馆 2019 年版。

55. 王先林:《知识产权滥用及其法律规制》,中国法制出版社 2008 年版。

56. 龙卫球:《民法总论》(第 2 版),中国法制出版社 2002 年版。

57. [澳]彭道敦、李雪菁:《普通法视角下的知识产权》,谢琳译,法律出版社 2010 年版。

58. [美]苏珊·K. 塞尔:《私权、公法——知识产权的全球化》,董刚、周超译,中国人民大学出版社 2008 年版。

59. [日]富田彻男:《市场竞争中的知识产权》,廖正衡、张明国、徐书坤、金路译,商务印书馆 2017 年版。

60. 曹新明、梅术文:《知识产权保护战略研究》,知识产权出版社 2010 年版。

61. 曹新明:《中国知识产权法典化研究》,中国政法大学出版社 2005 年版。

62. 彭学龙:《商标法的符号学分析》,法律出版社 2007 年版。

63. 邓宏光:《商标法的理论基础——以商标显著性为中心》,法律出版社 2008 年版。

64. 王太平、邓宏光:《商标法》,北京大学出版社 2017 年版。

65. 万琦:《专利产品首次销售侵权抗辩研究——以财产权转移理论为研究进路》,知识产权出版社 2014 年版。

66. 黄武双、刘维等著译:《商标共存:原理与判例》,法律出版社 2013 年版。

67. 黄武双、黄骥等著译:《美国商标案件金钱偿还数额的计算:原理与判例》,法律出版社 2014 年版。

68. 李雨峰:《侵害商标权判定标准研究》,知识产权出版社 2016 年版。

69. 刘维:《商标权的救济基础研究》,法律出版社 2016 年版。

70. 朱广新:《合同法总则研究》,中国人民大学出版社 2018 年版。

71. 陈昭华:《商标法之理论与实务》(第 2 版),台北,元照出版有限公司 2015 年版。

72. [美]弗兰克·I. 谢克特:《商标法的历史基础》,朱冬译,知识产权出版社 2019 年版。

73. 陈匡正:《商标法专题研究:以商标使用、耗尽原则及混淆误认之判断为中心》,台北,元照出版有限公司 2020 年版。

74. 王莲峰:《商业标识立法体系化研究》,北京大学出版社 2009 年版。

75. 姜向阳、张艳冰:《商标法律实务精解与百案评析》,中国法制出版社 2017 年版。

76. 王莲峰主编:《外国商标案例译评》,北京大学出版社 2014 年版。

77. 张玉敏:《商标注册与确权程序改革研究——追求效率与公平的统一》,知识产权出版社 2016 年版。

78. 郑其斌:《论商标权的本质》,人民法院出版社 2009 年版。

79. 何怀文:《商标法:原理规则与案例讨论》,浙江大学出版社 2015 年版。

80. 刘维、陶钧、范静波:《商标法:原理与案例》,中国法制出版社 2020 年版。

81. 黄晖:《中国商标及不正当竞争案例精要》,知识产权出版社 2021 年版。

二、论文类

1. 冯晓青:《知识产权法中专有权与公共领域的平衡机制研究》,载《政法论丛》2019 年第 3 期。

2. 刘文琦、李晓光:《从商标功能审视商标权利穷竭原则适用的限制》,载《中华商标》2018 年第 2 期。

3. 王莲峰:《新〈商标法〉第四条的适用研究》,载《政法论丛》2020 年第 1 期。

4. 王太平、周兰:《商标指示性正当使用与商标权用尽的区分》,载《中华商标》2019 年第 3 期。

5. 杨源哲、杨振洪:《商品状况改变后的权利穷竭问题研究》,载《知识产权》2014 年第 1 期。

6. 李萍:《商品加工后销售行为的商标法规制——对“之宝”案的反思》,载《河北法学》2016 年第 5 期。

7. 卢学丽、张今:《"改变商品外观"的商标侵权行为探析》,载《中华商标》2013 年第 4 期。

8. 卿越:《商标平行进口的理论探讨与立法抉择》,载《云南大学学报(法学版)》2016 年第 3 期。

9. 杜颖、张建强:《平行进口与商标权保护的法律实践》,载《中华商标》2018 年第 12 期。

10. 陶钧:《"正当商业化使用"不构成对商标专用权的侵害》,载《中华商标》2014 年第 9 期。

11. 李晓秋:《论商标挟持行为的司法控制》,载《现代法学》2017 年第 4 期。

12. 成文娟、张书青:《破坏商标品质保证功能构成商标侵权——"不二家案"判前判后的思考》,载《电子知识产权》2016 年第 6 期。

13. 袁博:《改变商品包装构成商标侵权吗?》,载《中华商标》2015 年第 3 期。

14. 吴祎:《从美国司法实践看重新包装后转售行为的商标侵权问题》,载《中华商标》2016 年第 6 期。

15. 宁立志、芦加人:《旧货翻新销售行为的商标法检视》,载《暨南学报(哲学社会科学版)》2017 年第 10 期。

16. 李士林:《回收利用中的商标权穷竭》,载《云南大学学报(法学版)》2010 年第 1 期。

17. 李晓秋、吴罡:《旧货翻新销售中商标侵权判定的是与非——以商标权用尽原则的适用为分析中心》,载《重庆邮电大学学报(社会科学版)》2014 年第 6 期。

18. 谭洁、王倩雯、唐功远:《权利用尽原则的适用及相关纠纷的解决》,载《北京仲裁》2013 年第 4 期。

19. 吴汉东:《知识产权法价值的中国语境解读》,载《中国法学》2013 年第 4 期。

20. 杜颖:《商标法律制度的失衡及其理性回归》,载《中国法学》2015 年第 3 期。

21. 崔国斌:《商标挟持与注册商标权的限制》,载《知识产权》2015 年第 4 期。

22. 张玉敏、凌宗亮:《商标权效力范围的边界与限制》,载《人民司法》2012年第17期。

23. 凌宗亮:《论商标权效力存续的时空边界》,载《上海政法学院学报(法治论丛)》2016年第3期。

24. 曹文泽、王迁:《中国知识产权法制四十年:历程、特征与展望》,载《法学》2018年第11期。

25. 吴汉东:《中国知识产权法律变迁的基本面向》,载《中国社会科学》2018年第8期。

26. 黄武双:《翻新手机"维修"与"再造"的区分》,载《检察风云》2011年第13期。

27. 贺炯:《商标权用尽原则及其限制》,载《检察风云》2011年第13期。

28. 张永艾:《商标权穷竭原则质疑》,载《政法论丛》2004年第1期。

29. 王春燕:《贸易中知识产权与物权冲突之解决原则——权利穷竭的含义、理论基础及效力范围》,载《中国人民大学学报》2003年第1期。

30. 徐飞:《知识产权权利穷竭的地域性和普遍性——由美国两起平行进口案例谈起》,载《人民司法》2005年第4期。

31. 沈宗灵:《法、正义、利益》,载《中外法学》1993年第5期。

32. 冯晓青:《商标权的限制研究》,载《学海》2006年第4期。

33. 赵西巨:《论知识产权权利穷竭原则中的"同意"规则——以欧盟法和英美法为主导》,载《山东大学法律评论》2004年第2辑。

34. 伍鉴萍,郭文:《商品商标权权利穷竭研究》,载《云南大学学报(法学版)》2004年第1期。

35. 马强:《商标权权利穷竭研究》,载《现代法学》2000年第1期。

36. 祝建军:《判定商标侵权应以成立"商标性使用"为前提——苹果公司商标案引发的思考》,载《知识产权》2014年第1期。

37. 祝建军:《判定侵犯注册商标专用权的正确思路——米其林商标侵权纠纷案引发的思考》,载《知识产权》2009年第6期。

38. 李亮:《在商标领域,是通行权利穷竭还是权利限制?》,载《法治研究》2008年第1期。

39. 邹一凡:《平行进口与知识产权权利穷竭问题思考》,载《贵州大学学报

(社会科学版)》2004 年第 1 期。

40. 王莲峰:《我国商标权限制制度的构建——兼谈〈商标法〉的第三次修订》,载《法学》2006 年第 11 期。

41. 吴伟光:《商标平行进口问题法律分析》,载《环球法律评论》2006 年第 3 期。

42. 何金梅:《知识产权与物权的冲突与平衡——权利穷竭原则初探》,载《玉溪师范学院学报》2005 年第 1 期。

43. 梁志文:《论知识产权法的合同限制》,载《国家检察官学院学报》2008 年第 5 期。

44. 严桂珍:《论我国对商标平行进口的法律对策——兼评长沙 MICHELIN 牌轮胎平行进口案》,载《同济大学学报(社会科学版)》2012 年第 3 期。

45. 任爱荣:《滥用知识产权排除、限制竞争行为规制的初步探索》,载《科技与法律》2013 年第 4 期。

46. 易继明:《禁止权利滥用原则在知识产权领域中的适用》,载《中国法学》2013 年第 4 期。

47. 郑鹏程、肖小梅:《论我国反垄断法规制知识产权许可限制的基本立场——兼评〈关于知识产权领域反垄断执法的指南〉》,载《河南社会科学》2013 年第 3 期。

48. 董美根:《论专利产品销售所附条件的法律效力》,载《华东政法大学学报》2009 年第 3 期。

49. 董美根:《美国专利使用权穷竭对我国的借鉴——以 Quanta Computer, Inc. v. LG Electronics, Inc. 案为研究进路》,载《知识产权》2008 年第 6 期。

50. 吴汉东:《试论知识产权限制的法理基础》,载《法学杂志》2012 年第 6 期。

51. 王利明:《论他物权的设定》,载《法学研究》2005 年第 6 期。

52. 吴汉东:《知识产权的制度风险与法律控制》,载《法学研究》2012 年第 4 期。

53. 任军民:《我国专利权权利用尽原则的理论体系》,载《法学研究》2006 年第 6 期。

54. 阮开欣:《涉外知识产权归属的法律适用》,载《法学研究》2019 年第

5 期。

55. 彭学龙:《论连续不使用之注册商标请求权限制》,载《法学评论》2018 年第 6 期。

56. 孔祥俊:《我国知识产权保护的反思与展望——基于制度和理念的若干思考》,载《知识产权》2018 年第 9 期。

57. 黄汇:《商标使用地域性原理的理解立场及适用逻辑》,载《中国法学》2019 年第 5 期。

58. 张鹏:《品质保证功能在商标侵权判断中的地位》,载《知识产权》2020 年第 10 期。

59. 朱志刚:《商品回收利用与商标侵权两难境地的可行出路》,载《中华商标》2020 年第 4 期。

60. 黄汇:《商标法中的公共利益及其保护——以"微信"商标案为对象的逻辑分析与法理展开》,载《法学》2015 年第 10 期。

61. 孔祥俊:《由政策治理到规则治理——当前我国知识产权保护的转型问题》,载《中国市场监管研究》2020 年第 4 期。

62. 马忠法:《论知识产权制度的主要使命:促进知识产权运用》,载《深圳社会科学》2021 年第 1 期。

63. 马一德:《中国知识产权治理四十年》,载《法学评论》2019 年第 6 期。

64. 王太平:《论我国未注册驰名商标的反淡化保护》,载《法学》2021 年第 5 期。

65. 向威、张颜华:《翻新销售的商标侵权界限研究》,载《湖南行政学院学报》2020 年第 4 期。

66. 刘晓春、叶家臣:《跨境电商警惕平行进口商品侵权》,载《中国对外贸易》2019 年第 8 期。

67. 杨凯旋:《显著性视角下商标使用体系化作用研究》,载《河南科技大学学报(社会科学版)》2021 年第 3 期。

68. 邓文:《商标在先使用规则中应赋予在先使用人排他权的证伪》,载《商业研究》2021 年第 3 期。

69. 冯晓青、李薇:《商标法中公共领域问题研究》,载《法学论坛》2021 年第 3 期。

70. 何松威:《论〈民法典〉中知识产权专有的体系功能》,载《现代法学》2021 年第 3 期。

三、报纸类

1. 李丹:《商标权利用尽理论的适用》,载《中国知识产权报》2014 年 5 月 30 日,第 7 版。

2. 孙坚:《分包装引发的商标性使用不构成商标侵权——江苏淮安中院判决老凤祥公司诉苏果超市(淮安)公司侵害商标权案》,载《人民法院报》2015 年 8 月 27 日,第 6 版。

3. 祝建军:《购进商品后添加图案再销售不适用“商标权穷竭原则”——评美国之宝制造公司诉李某侵犯商标权案》,载《中国知识产权报》2014 年 12 月 31 日,第 9 版。

4. 黄璞琳:《白酒经销商擅自更换包装仍使用厂家商标是否侵权?》,载《中国市场监管报》2011 年 11 月 3 日,B03 版。

5. 邓卓:《如何理解商标的品质保证功能》,载《中国知识产权报》2015 年 11 月 6 日,第 5 版。

6. 邹征优、吴懿:《回收不具有标识功能的酒瓶使用不构成商标侵权——江西赣州中院判决燕京广东公司公诉京都公司侵害商标权纠纷》,载《人民法院报》2014 年 2 月 13 日,第 6 版。

7. 张伟君:《在促进自由贸易与加强知识产权保护间取得平衡》,载《中国市场监管报》2014 年 4 月 10 日,第 7 版。

8. 胡宓:《非典型性平行进口中的商标侵权认定——评维多利亚的秘密公司诉锦天公司商标侵权案》,载《中国知识产权报》2013 年 12 月 4 日,第 8 版。

9. 袁博、黄伯青:《“旧物翻新”行为之刑法规制》,载《人民法院报》2012 年 4 月 25 日,第 6 版。

10. 胡平:《浅谈如何界定经营者翻新旧手机后再销售行为》,载《中国市场监管报》2011 年 12 月 29 日,B03 版。

11. 刘红:《购买带有商标的产品加工后出售的行为构成商标侵权》,载《人民法院报》2001 年 9 月 22 日,第 3 版。

四、学位论文类

1. 叶赟葆:《抗辩视角下商标权限制体系研究》,华东政法大学 2014 年博士学位论文。

2. 李东海:《商标权边界研究》,西南政法大学 2014 年博士学位论文。

3. 陈青:《国际知识产权法中的权利用尽原则研究》,西南政法大学 2012 年博士学位论文。

4. 高亦鹏:《专利权利用尽原则研究》,中南财经政法大学 2018 年博士学位论文。

5. 潘晓宁:《商标权限制制度比较研究——以美国法和欧盟法为中心》,华东政法大学 2010 年博士学位论文。

6. 王弈通:《国际贸易中知识产权的权利穷竭问题研究》,复旦大学 2011 年博士学位论文。

7. 沈成燕:《知识产权法公共利益条款司法适用研究》,中南财经政法大学 2019 年博士学位论文。

8. 曾友林:《中国商标法制近代化研究》,西南政法大学 2019 年博士学位论文。

9. 党晓林:《商标权注册取得制度研究》,中国政法大学 2018 年博士学位论文。

10. 乔宜梦:《商标许可使用的法律分析》,中南财经政法大学 2018 年博士学位论文。

11. 赵建良:《商标指示性合理使用研究》,西南政法大学 2017 年博士学位论文。

12. 许波:《我国知识产权案例指导制度研究——以司法案例运行机制为视角》,中国社会科学院 2018 年博士学位论文。

13. 芦加人:《竞争法视野下的平行进口问题研究》,武汉大学 2017 年博士学位论文。

14. 凌洪斌:《商标共存法律问题研究》,武汉大学 2016 年博士学位论文。

15. 陈瑶:《论知识产权权利限制规制体系的基础性架构及其宪法功能》,南京大学 2015 年博士学位论文。

16. 张惠彬:《商标财产化研究》,西南政法大学 2014 年博士学位论文。

17. 刘维:《商标财产论》,华东政法大学 2014 年博士学位论文。

五、外文著作类

1. Shubha Ghosh & Irene Calboli, *Exhausting Intellectual Property Rights*, Cambridge University Press, 2018.

2. Irene Calboli & Edward Lee, *Research Handbook on Intellectual Property Exhaustion and Parallel Imports*, Edward Elgar Publishing, 2016.

3. Irene Calboli & Edward Lee, *Trademark Protection and Territoriality Challenges in a Global Economy*, Edward Elgar Publishing, 2014.

4. Irene Calboli & Jacques De Werra, *The Law and Practice of Trademark Transactions*, Edward Elgar Publishing, 2016.

5. Tim W. Dornis, *Trademark and Unfair Competition Conflicts: Historical-Comparative, Doctrinal, and Economic Perspectives*, Cambridge University Press, 2017.

6. United States Patent & Trademark Office, *US Trademark Law Rules of Practice and Federal Statues*, Createspace Independent Publishing, 2010.

7. Seelen & Niki, *Trademark Abuse in the Fashion Industry*, VDM Verlag, 2010.

8. Richard Henry Paynter & E. S. Woodworth, *A Psychological Study of Trademark Infringement* (1920), Kessinger Publishing, 2010.

9. David T. Keeling, *Intellectual Property Rights in EU Law*, Oxford University Press, 2004.

10. Robert P. Merges & Jane C. Ginsburg, *Foundations of Intellectual Property*, Foundations Press, 2004.

11. Graeme B. Dinwoodie, *Trademarks and Unfair Competition: Law and Policy/* 5th edition, Wolters Kluwer, 2018.

12. Eleonore Gaspar, *Genuine Use of Trademarks*, Kluwer Law International 2018.

13. Gordian N. Hasselblatt, *European Union Trademark Regulation (EU)* 2017/

1001:*Article-by-Article Commentary*/2nd edition, Beck, 2018.

14. Mary LaFrance, *Understanding Trademark Law*/fourth edition, Carolina Academic Press LLC, 2019.

15. Alexander von Muhlendahl, *Trademark Law in Europe*/3rd edition, Oxford University Press, 2016.

16. David C. Hilliard & Joseph Nye Welch, *II Uli Widmaier*: *Trademarks and Unfair Competition*/8th edition, Lexis Nexis, 2010.

17. Timothy H. Hiebert, *Parallel importation in U. S. trademark Law*, Greenwood Press, 1994.

18. David Keeling, *Intellectual Property Rights in EU Law*, Oxford University Press, 2003.

六、外文论文类

1. Loannis Avgoustis, *Parallel Imports and Exhaustion of Trade Mark Rights*, European Intellectual Property Review, Vol. 2, 2012.

2. Antoni Rubi Puig, *Copyright Exhaustion Rationales and Used Software*, Information Technology and Electronic Commerce Law, Vol. 4, 2013.

3. Irene Calboli, *Trademark Exhaustion in the European Union*: *Community-Wide or International*, Marquette Intellectual Property Law Review, Vol. 6, 2002.

4. Justin D. Swindells, *Repackaging Original Trademarked Goods*: *Trademark Exhaustion or Consumer Confusion*, Federal Circuit Bar Journal, Vol. 7, 1997.

5. Gouthami Vanam, *Impact of Lexmark Case on Patent Exhaustion*, John Marshall Review of Intellectual Property Law, Vol. 16, 2017.

6. Irene Calboli, *Reviewing the (Shrinking) Principle of Trademark Exhaustion in the European Union (Ten Years Later)*, Marquette Intellectual Property Law Review, Vol. 16(2012).

7. Andrew Beckerman-Rodau, *The Interaction of Patent Exhaustion and Transactions in Patented Goods after Impression Products v. Lexmark International*, SMU Science and Technology Law Review, Vol. 22(2019).

8. Kimberly Reed, *Levi Strauss v. Tesco and E. U. Trademark Exhaustion: A Proposal for Change*, Northwestern Journal of International Law & Business, Vol. 22 (2002).

9. S. Savych, *Legal Regulation of Exhausting of Trademark Rights in Ukraine (Single Issues)*, Law Review of Kyiv University of Law, Vol. 2013(2013).

10. Daniel J. Hemel & Lisa Larrimore Ouellette, *Trade and Tradeoffs: The Case of International Patent Exhaustion*, Columbia Law Review Online, Vol. 116(2016).

11. Elisabeth Kasznar Fekete, *Judicial Protection of Trademark Rights*, The Trademark Reporter, Vol. 108(2018).

12. Molly Shaffer Van Houweling, *Exhaustion and the Limits of Remote-Control Property*, Denver Law Review, Vol. 93(2016).

13. Thomas Hays, *An Application of the European Rules on Trademark Exhaustion to Extra-Market Goods*, The Trademark Reporter, Vol. 91(2001).

14. Theodore H. Jr. Davis, *Territoriality and Exhaustion of Trademark Rights under the Laws of the North Atlantic Nations*, The Trademark Reporter, Vol. 89 (1999).

15. Radim Charvat, *Limitation of the Principle of Exhaustion of Copyright and Related Right in Digital Environment under EC Law*, Teoreticky Casopis Pre Otazky Statu a Prava, Vol. 88(2005).

16. James B. Jr. Kobak, *Contracting around Exhaustion: Some Thoughts about the CAFC's Mallinckrodt Decision*, Journal of the Patent and Trademark Office Society, Vol. 75(1993).

17. Guy A. Rub, *Rebalancing Copyright Exhaustion*, Emory Law Journal, Vol. 64(2015).

18. Stacey L. Dogan & Mark A. Lemley, *What the Right of Publicity Can Learn from Trademark Law*, Stanford Law Review, Vol. 58(2006).

19. Stephen P. Ladas, *Foreign Territorial Arrangements and the Theory of Exhaustion of Trademark Rights*, The Trademark Reporter, Vol. 55(1965).

20. Daniel Chow, *Exhaustion of Trademarks and Parallel Imports in China*, Santa Clara Law Review, Vol. 51(2011).

21. Greg Lastowka, *Trademark's Daemons*, Houston Law Review, Vol. 48 (2011).

22. Ofer Tur-Sinai, *Exhaustion in the Service of Progress*, Cardozo Arts & Entertainment Law Journal, Vol. 37(2011).

23. P. Sean Morris, *Beyond Trade: Global Digital Exhaustion in International Economic Regulation*, Campbell Law Review, Vol. 36(2013).

24. Herbert Hovenkamp, *Reasonable Patent Exhaustion*, Yale Journal on Regulation, Vol. 35(2018).

25. Lisa Harlander, *Exhaustion of Trademark Rights beyond the European Union in Light of Silhouette International Schmied v. Hartlauer Handelsgesellschaft: Toward Stronger Protection of Trademark Rights and Eliminating the Gray Market*, Georgia Journal of International and Comparative Law, Vol. 28(2000).

26. Frank I. Schechter, *The Rational Basis of Trademark Protection*, Harvard Law Review, Vol. 40(1927).

27. Irene Calboli, *Market Integration and (the Limits of) the First Sale Rule in North American and European Trademark Law*, Santa Clara Law Review, Vol. 51 (2011).

28. Alandis Kyle Brassel, *Confused, Frustrated, and Exhausted: Solving the U. S. Digital First Sale Doctrine Problem Through the International Lens*, Vanderbilt Journal of Transnational Law, Vol. 48(2015).

29. Stacey L. Dogan, *Trademark Remedies and Online Intermediaries*, Lewis & Clark Law Review, Vol. 14(2010).

30. Yusing Ko, *An Economic Analysis of Biotechnology Patent Protection*, 102 Yale Law Journal, Vol. 102(1992).

31. William M. Landes & Richard A. Posner, *Trademark Law: An Economic Perspective*, Journal Law & Economy, Vol. 30, 1987.

32. David W. Barnes, *A New Economics of Trademarks*, Northwestern Journal Technology & Intellectual Property, Vol. 5, 2006.

33. David W. Barnes, *Congestible Intellectual Property and Impure Public Goods*, Northwestern Journal Technology & Intellectual Property, Vol. 10, 2011.

34. Stacey L. Dogan & Mark A. Lemley, *Trademarks and Consumer Search Costs on the Internet*, Houson Law Review, Vol. 41, 2004.

35. David W. Barnes, *Free-riders and Trademark Law's First Sale Rule*, *Santa Clara Computer & High Technology Law Journal*, Vol. 27, 2011.

36. Vladimir L. Nechev, *Globalizing the First-Sale Doctrine to Prohibit Potential Loopholes and Unfair Profiting and to Facilitate the Free Flow of Goods*, New England Journal of International and Comparative Law, Vol. 18, 2012.

37. Stephanie Peatman, *Moving Toward Uniform International Trademark Protection: How Amending the Trips Agreement will Make Parallel Importing of Gray Goods Less Gray*, Southwestern Journal of International Law, Vol. 20, 2014.

38. David W. Barnes, *Trademark Externalities*, Yale Journal of Law & Technology, Vol. 10, 2007.

39. Samuel dobrin&Archil Chochia, *The Concepts of Trademark Exhaustion and Parallel Imports: A Comparative Analysis between the EU and the USA*, Baltic Journal of European Studies, Vol. 6, 2016.

七、中文判决类

1. 浙江省杭州市余杭区人民法院民事判决书，(2015)杭余知初字第416号。

2. 浙江省杭州市余杭区人民法院民事判决书，(2013)杭余知初字第110号。

3. 浙江省杭州市中级人民法院民事判决书，(2013)浙杭知终字第154号。

4. 天津市第二中级人民法院民事判决书，(2012)二中民三知初字第422号。

5. 天津市高级人民法院民事判决书，(2013)津高民三终字第0024号。

6. 江苏省淮安市中级人民法院民事判决书，(2014)淮中知民初字第0007号。

7. 江苏省南京市中级人民法院民事判决书，(2014)宁知民终字第16号。

8. 江苏省南京市中级人民法院民事判决书，(2014)宁知民终字第20号。

9. 江苏省南京市鼓楼区人民法院民事判决书,(2013)鼓知民初字第246号。

10. 江苏省苏州市中级人民法院民事判决书,(2013)苏中知民初字第0175号。

11. 江苏省南京铁路运输法院民事判决书,(2013)宁铁知民初字第19号。

12. 江苏省南京铁路运输法院民事判决书,(2013)宁铁知民初字第22号。

13. 江苏省南通市中级人民法院民事判决书,(2003)通中民三初字第15号。

14. 广东省深圳市中级人民法院民事判决书,(2007)深中法民三初字第421号。

15. 广东省深圳市中级人民法院刑事裁定书,(2011)深中法知刑终字第207号。

16. 广东省深圳市福田区人民法院刑事判决书,(2010)深福法知刑初字第3号。

17. 广东省广州市中级人民法院民事判决书,(2012)穗中法知民初字第54号。

18. 广东省高级人民法院民事判决书,(2014)粤高法民三终字第101号。

19. 广东省高级人民法院民事判决书,(2007)粤高法民三终字第255号。

20. 广东省广州市中级人民法院民事判决书,(1999)穗中法知初字第82号。

21. 上海市浦东新区人民法院民事判决书,(2014)浦民三(知)初字第772号。

22. 上海市第二中级人民法院民事判决书,(2012)沪二中民五(知)初字第86号。

23. 北京知识产权法院民事判决书,(2015)京知民终字第2480号。

24. 北京市第二中级人民法院民事判决书,(2014)二中民初字第00291号。

25. 北京市第二中级人民法院民事判决书,(2013)二中民初字第1691号。

26. 北京市高级人民法院民事判决书,(2013)高民终字第3998号。

27. 黑龙江省高级人民法院民事判决书,(2015)黑知终字第26号。

28. 广西壮族自治区南宁市中级人民法院民事判决书,(2011)南市民再初字第 4 号。

29. 重庆市第一中级人民法院民事判决书,(2015)渝一中法民初字第 00305 号。

30. 最高人民法院民事裁定书,(2012)民申字第 887 号。

31. 湖南省长沙市中级人民法院民事裁定书,(2009)长中民三初字第 0072 号。

32. 哈尔滨市中级人民法院民事判决书,(2012)哈知初字第 140 号。

33. 山东省高级人民法院民事判决书,(2014)鲁民三终字第 265 号。

34. 山东省高级人民法院民事判决书,(2011)鲁民三终字第 205 号。

35. 北京市第一中级人民法院民事判决书,(1994)中经知初字第 566 号。

36. 天津市第二中级人民法院民事判决书,(2012)二中民三知初字第 422 号。

37. 天津市高级人民法院民事判决书,(2013)津高民三终字第 0024 号。

38. 北京市第三中级人民法院民事判决书,(2014)三中民(知)初字第 12873 号。

39. 北京市高级人民法院民事判决书,(2015)高民(知)终字第 1931 号。

40. 广州知识产权法院民事判决书,(2019)粤 73 民终 6975 号。

41. 广州知识产权法院民事判决书,(2019)粤 73 民终 6976 号。

42. 广州知识产权法院民事判决书,(2019)粤 73 民终 6944 号。

43. 广州知识产权法院民事判决书,(2016)粤 73 民初 2529 号。

44. 广东省高级人民法院民事判决书,(2017)粤民终 2659 号。

45. 广东省深圳市宝安区人民法院民事判决书,(2019)粤 0306 民初 16415 号。

46. 广东省深圳市罗湖区人民法院民事判决书,(2020)粤 0303 民初 16417 号。

47. 湖北省黄冈市中级人民法院民事判决书,(2019)鄂 11 民初 342 号。

48. 湖北省孝感市中级人民法院民事判决书,(2019)鄂 09 民初 72 号。

49. 湖北省高级人民法院民事判决书,(2020)鄂知民终 24 号。

50. 福建省厦门市中级人民法院民事判决书,(2019)闽 02 民初 875 号。

51. 北京市朝阳区人民法院民事判决书,(2015)朝民(知)初字第 46812 号。

52. 湖南省长沙市中级人民法院民事判决书,(2016)湘01民初1463号。

53. 浙江省宁波市北仑区人民法院民事判决书,(2019)浙0206民初4638号。

54. 浙江省宁波市中级人民法院决书,(2020)浙02民终934号。

55. 北京市东城区人民法院民事判决书,(2015)东民(知)初字第03450号。

56. 广东省广州市南沙区人民法院民事判决书,(2018)粤0115民初2363号。

57. 云南省高级人民法院民事判决书,(2010)云高民三终字第89号。

58. 湖南省高级人民法院民事判决书,(2011)湘高法民三终字第40号。

59. 最高人民法院民事裁定书,(2019)最高法民申4241号。

60. 最高人民法院民事裁定书,(2011)民申字第945号。

61. 最高人民法院民事裁定书,(2014)民申字第1182号。

62. 上海市高级人民法院民事判决书,(2013)沪高民三(知)终字第111号。

八、外文判决类

1. General Elec. Co. v. Speicher, 877 F. 2d 531, 534 (7th Cir., 1989).

2. Mont Carlo Shirt, Inc. v. Daewoo International Corp, 707 F. 2d 1054.

3. Prestonettes, Inc. v. Coty, 264 U. S. 359(1924).

4. Champion Spark Plug Co. v. Sanders, 331 U. S. 125 (1947).

5. El Greco Leather Prods. Co. v. Shoe World, 806 F. 2d 392 (2d Cir., 1986).

6. Adolph Coors Co. v. A. Genderson & sons, Inc., 486 F. Supp. 131 (D. Colo. 1980).

7. Levi Strauss & Co. v. Tesco Stores Ltd., C-415/99, 2001 E. C. R.

8. A. Bourjois & Co. v. Katzel, 260 U. S. 689(1923).

9. Lever Brothers Co. v. Untied States, 877 F. 2d 101(D. C. Cir., 1988).

10. Lexmark Int'l, Inc. v. Impression Prods., 816 F. 3d 721, 726 (Fed. Cir., 2016).

11. Impression Prods. v. Lexmark Int'l, Inc., 137 S. Ct. 1523, 1529 (2017).

12. Ninestar Tech. Co. v. Int'l Trade Comm'n, 667 F. 3d 1373 (Fed. Cir., 2012).

13. LG Elecs., Inc. v. Hitatchi, Ltd., 655 F. Supp. 2d 1036 (N. D. Cal. 2009).

14. Static Control Components, Inc. v. Lexmark Int'l, Inc., 615 F. Supp. 2d 575, 588 (E. D. Ky. 2009).

15. Kirtsaeng v. John Wiley & Sons, Inc., 133 S. Ct. 1351, 1384 (2013).

16. Sebastian Int'l v. Longs Drug Stores Corp., 53 F. 3d 1073 (9th Cir., 1995).

17. Au-Tomotive Gold Inc. v. Volkswagen of America, Inc., 603 F. 3d 1133, 1136 (9th Cir., 2010).

18. KP Permanent Make-Up, Inc. v. Lasting Impression I, Inc. 543 U. S. 111 (2004).

19. Allison v. Vintage Sports Plaques, 136 F. 3d 1443, 1448 (11th Cir., 1998).

20. Australian Gold, Inc. v. Hatfield, 436 F. 3d 1228, 1237 (10th Cir., 2006).

21. Brilliance Audio, Inc. v. Haights Cross Commc'ns, Inc., 474 F. 3d 365, 373 (6th Cir., 2007).

22. NEC Electronics, Inc. v. CAL Circuit Abco, Inc., 810 F. 2d 1506, 1509 (9th Cir., 1987).

23. Iberia Foods Corp. v. Romeo, 150 F. 3d 298 (3d Cir., 1998).

24. Matrix Essentials, Inc. v. Emporium Drug Mart, Inc., of Lafayette, 988 F. 2d 587 (5th Cir., 1993).

25. Bandag, Inc. v. Al Bolser's Tire Stores, 750 F. 2d 903 (Fed. Cir., 1984).

26. Mary Kay, Inc. v. Weber, 661 F. Supp. 2d 632, 638 (N. D. Tex. 2009).

27. Food Sciences Corp. v. Nagler, No. 09 – 1798, slip op. 1 (D. N. J. March 22, 2010).

28. Davidoff & CIE, S. A. v. PLD Intern. Corp., 263 F. 3d 1297, 1301 – 02 (11th Cir., 2001).

29. KP Permanent Make-Up, Inc. v. Lasting Impression I, Inc. 543 U. S. 111,

117 - 18 (2004).

30. Nat'l Basketball Ass'n v. Motorola, Inc., 105 F. 3d 841 (2d Cir., 1997).

31. Amazon. com, Inc. v. Barnesandnoble. com, Inc., 239 F. 3d 1343 (Fed. Cir., 2001).

32. Shapiro v. Gen. Motors Corp., 472 F. Supp. 636, 645 (D. C. Md. 1979).

33. Smith Kline Beecham Consumer Healthcare, L. P. v. Watson Pharm., Inc., 211 F. 3d 21, 29 (2d Cir., 2000).

34. Playboy Enterprises, Inc. v. Welles, 279 F. 3d 796, 805 (9th Cir., 2002).

35. New Kids on the Block v. News Am. Publ'g, 971 F. 2d 302, 307 - 08 n. 6 (9th Cir., 1992).

36. Dresser-Rand Co. v. Virtual Automation Inc., 361 F. 3d 831, 839 (5th Cir., 2004).

37. Brett M. Frischmann & Mark A. Lemley, Spillovers, 107 Colum. L. Rev. 257, 291 (2007).

38. Karl Storz Endoscopy-America, Inc. v. Surgical Tech., Inc., 285 F. 3d 848, 854 (9th Cir., 2003).

39. Enesco Corp. v. Price/Costco Inc., 146 F. 3d 1083 (9th Cir., 1998).

40. NEC Elecs v. CAL Circuit Abco, 810 F. 2d 1506, 509 (9th Cir., 1987).

41. Alexander Binzel Corp. v. Nu-Techsys Corp., 785 F. Supp. 719, 723 (N. D. Ill., 1992).

42. Roho, Inc. v. Marquis, 902 F. 2d 356 (5th Cir., 1990).

43. Scarves by Vera, Inc. v. American Handbags, Inc., 188 F. Supp. 255 (D. C. N. Y. 1960).

44. Rolex Watch, U. S. A., Inc. v. Michel Co., 179 F. 3d 704 (9th Cir., 1999).

45. General Motors Corp. v. Keystone Automotive Industries, Inc., 453 F. 3d 351, 358 (6th Cir., 2006).

46. Acushnet v. Nitro Leisure Products, 341 F. 3d 1356 (Fed. Cir., 2003).

致　谢

有幸在参加工作之后能够回归学生身份走进古朴优雅的华政校园,在韬奋楼聆听法学大家的真知灼见,在图书馆静心读书、专心写作,在操场和苏州河畔漫步……普通且平淡的学习生活对我而言却倍感来之不易,倍觉珍贵和美好！三年的博士学习紧张且忙碌,也有过选题的迷茫和困惑、写作的焦虑和痛苦,也经历过辗转反侧的不眠之夜,一路走来在尝尽其中的酸甜苦辣之后,终感不忘初心、不负韶华！

感谢恩师王莲峰教授的传道、授业、解惑,王莲峰教授治学严谨、勤勉认真,此博士学位论文的选题、结构安排、撰写、修改和定稿都倾注了王老师大量的心血,感激之情难以言表。难忘和王老师一起喜迎新年、共度中秋之夜,难忘在脆弱无助之时王老师给予的温暖和鼓励,难忘王老师的关怀、教导和叮嘱,莲峰山庄的师训:"踏实做人、认真做事、淡泊明志、宁静致远",吾将铭记于心！

感谢何敏教授、黄武双教授、丛立先教授、王迁教授、许春明教授、袁真富教授、吕国强教授的精彩授课,你们的专业和敬业将激励和鞭策我在学术之路上不断进取,再接再厉！感谢黄武双教授、丛立先教授、许春明教授、袁秀挺教授、龙文懋教授在论文答辩中给予的指导,你们的宝贵建议使我对商标权用尽问题有了更多的思考和探讨！特别感谢凌宗亮法官在我论文写作遭遇"瓶颈"之时给予的指导和帮助,凌法官对于权利用尽问题的理性思考和创新性见解为本人论文写作指点迷津，帮助甚大，不胜感激！感谢刘润涛博士对论文选题和写作提出的中肯建议和帮助！

感谢父母、爱人和女儿对我学业的支持和帮助。辛苦的求学路上，有勤劳的父母帮忙操持家务使我可以安心学业。迷茫、困惑之时，爱人总能不厌其烦地倾听、开导，为我分忧解难，是我顺利完成学业的精神支柱和坚实后盾。女儿聪慧可爱，也乖巧懂事，她总会给我各种惊喜，也会经常念叨博士妈妈早日毕业，让我论文写作不敢懈怠，也倍感幸福和温暖！你们的爱和陪伴让我不畏艰难，勇敢追梦！

感谢同窗好友江闵松博士、朱尉贤博士、张书青博士、卜红星博士、邓文博士、陈虎博士的陪伴和帮助，我们来自天南海北，亦有不小的年龄差，却有机会一起研讨问题、分享观点，真乃缘分使然！

感谢室友王洪根博士和六号宿舍楼的黄琳琳博士、谈晨逸博士、沈奕灵博士、卜红星博士、朱玉梅博士，单调枯燥的学习之余，总能在宿舍里和你们一起分享生活中的诸多美好，或是热播影视剧、主持人大赛等娱乐节目，或是外出小聚，或是吐槽倾诉。自制的水果酸奶、香气四溢的咖啡、美味的端午肉粽、从云南带回的玫瑰鲜花饼，让我至今难忘！你们热爱生活、乐观向上、努力进取，因为你们的爱心陪伴，让我感受到博士生活并非传说中那么压抑、那么痛苦，而是充满温馨、温暖，且富有温度。

感谢吕慧娜博士、夏平博士、李前程博士，我们总是在图书馆法律阅览室不期而遇，写作疲倦之时抬头寻觅，总能在固定位置见到你们伏案写作，看到你们不知疲倦的背影不由给了我坚持下去的动力。你们对梦想的坚持和努力感染着我，相信只要脚踏实地，所有困难都能被克服，梦想终能实现！

博士阶段的学习、生活已然结束，不仅学有所获、所悟、所感，亦有师生情、同学情，这将是我人生中难忘的经历、宝贵的财富。整理思绪、收拾行囊，带着这份美好和感动再度出发，继续前行！祝愿我们出走半生，归来仍是少年！